Irmtraut Mecke

Zeitzeuginnen - arbeitslos

Wie drei ostdeutsche Frauen die Wendezeit erlebten.
Zwei Betrachtungsweisen.

Mecke, Irmtraut: Zeitzeuginnen – arbeitslos. Wie drei ostdeutsche Frauen die Wendezeit erlebten. Zwei Betrachtungsweisen / Björn Bedey (Hrsg.), Hamburg, Diplomica GmbH 2003

ISBN 3-8324-7639-3
© Diplomica GmbH, Hamburg 2004

Bibliografische Information der Deutschen Bibliothek
Die Deutsche Bibliothek verzeichnet diese Publikation in der Deutschen Nationalbibliografie; detaillierte bibliografische Daten sind im Internet über <http://dnb.ddb.de> abrufbar.

Alle Rechte, insbesondere das Recht der Vervielfältigung und Verbreitung sowie der Übersetzung, vorbehalten. Kein Teil des Werkes darf in ingendeiner Form (durch Fotokopie, Mikrofilm oder ein anderes Verfahren) ohne schriftliche Genehmigung der Autorin reproduziert oder unter Verwendung elektronischer Systeme gespeichert, verarbeitet, vervielfältigt oder verbreitet werden.

Inhalt

1. VORWORT 1

TEIL I 3

2 HANDLUNGSFORMEN DREIER ARBEITSLOSER FRAUEN VOR DEM HINTERGRUND IHRER SOZIALGESCHICHTLICHEN EINFLÜSSE 3

2.1 Geschichtlicher Abriss der drei Protagonistinnen 3

2.2 Die drei Protagonistinnen 6
    2.2.1 Hannah Kapweber 6
    2.2.1 Petra Wiesow 12
    2.2.3 Florence Hauser 23
    2.2.4 Resümee 32

3. KURVENVERLAUF DER ARBEITSLOSIGKEIT 35

TEIL II 37

4. PARTNERSCHAFTLICHE INTERAKTIONSPROZESSE 37

4.1 Hannah Kapweber 37
    4.1.1 Biographie 37
    4.1.2 Biographische Gesamtformung 40

4.2. Petra Wiesow 79
    4.2.1. Biographie 79
    4.2.2 Biographische Gesamtformung 81

4.3 Florence Hauser 133
    4.3.1 Biographie 133
    4.3.2 Biographische Gesamtformung 135

4.4 Kontrastierung der Interviews 188

5. BIBLIOGRAPHIE III

1. Vorwort

Drei Bewohnerinnen der ehemaligen DDR erleben die Wiedervereinigung beider deutscher Staaten und die Zeit danach, jede auf ihre Weise. – Das, was sie verbindet, ihre Arbeitslosigkeit, trennt sie von anderen. Weil es außer diesen drei Frauen noch viele Betroffene, zu viele mit dieser Gemeinsamkeit gibt, stellen sich eine Reihe von Fragen: etwa ob historische, milieubedingte oder gendertypische Prägungen zu den Handlungsformen und Reaktionen der Betroffenen auf den Verlauf ihrer Berufsbiographie führten; oder aber wie ihr Umgang mit Handlungsräumen vor, in und nach der Wende war und schließlich, inwieweit sich Entscheidungs- und/oder Erleidensprozesse formiert haben.

Die auf der Mikroebene anhand von drei Einzelfalluntersuchungen nachgezeichneten Veränderungen im Gefüge von Lebensgemeinschaften und deren Auswirkungen helfen, Einzelschicksale sozialgeschichtlich einzubinden, dies wird im ersten Teil des Buches dargestellt. Als Quellenmaterial dienen fallinterne Kontrastierungen dreier Interviews, die in Form einer Gesamtkontrastierung im Rahmen einer wissenschaftlichen Studie *(Mecke, Irmtraut; 2001)* herausgearbeitet worden sind, und die den zweiten Teil des Buches ausmachen.

Ziel dieses Buches ist nicht, die Auswirkungen der Sozial- und Gesellschaftspolitik mit intendierten bzw. nicht intendierten Folgen nachzuzeichnen, sondern Berufsbiographien und Handlungsformen vor dem Hintergrund ihrer sozialgeschichtlichen Einflüsse darzustellen. Dies insbesondere auch deshalb, weil sich "dass Ausmaß und die Probleme sozialer Differenzierung [...] besonders gut verdeutlichen" [lassen], "wenn man die DDR als eine um Arbeit zentrierte Gesellschaft versteht und die gesellschaftliche Organisation der Arbeit als Ausgangspunkt für die Strukturierung der Lebensläufe betrachtet" *(Kohli, Martin; 1994:32)*. Da es um die sozialgeschichtliche Einbindung der Betroffenen geht, bedarf es einer Betrachtung der wirtschaftlichen Ausgangslage der SBZ/DDR und der Abbildung der 'sozialistischen Frauenpersönlichkeit` als offiziell propa-

1. Vorwort

gierten Frauenideal, zumal gerade gesellschaftspolitische Abläufe und erlebte Disziplinierungsmaßnahmen Dispositionen verinnerlichen, die langfristig eine Verhaltensmatrix programmieren, aus der heraus sowohl weitere Handlungen resultieren, als auch spätere Ereignisse bewertet werden. Auch wenn das Ziel der Veröffentlichung nicht die Beantwortung der Frage sein soll, "ob soziale Klassen auch emotionale Klassen" schaffen, die längerfristig das gesellschaftspolitische Bild prägen, scheinen sich nicht nur die Habituskonzepte von Bourdieu[1] und Ciompi[2] anhand dieser drei lebensgeschichtlichen Interviews zu bestätigen, sondern helfen die über Jahre hinweg beibehaltenen Verhaltensweisen und Denkschablonen der Interviewten darüber hinaus, vor allem den Gebrauch ihrer Handlungsräume zu verstehen.

---

[1] "Seine berühmte Definition des Habitus bezeichnet ihn als "Handlungs-, Wahrnehmungs- und Denkmatrix" aus verinnerlichten Dispositionen, welche Verhalten und Denken, Wahrnehmung und Sprache, Mimik und Gestik usw. regulieren und steuern." *Wehler, Hans-Ulrich; 2000: 471.*

[2] "Ciompi kommt bei seiner Synthese aus Neurobiologie, Psychiatrie und Evolutionslehre zu der vergleichbaren Bilanz, dass der Mensch jeweils eine "Gefühls-, Denk- und Verhaltensprogrammatik" entwickelt und ihr dann folgt, ihr weitihn zu folgen hat." *Vgl.: Ciompi, Luc; 1997: zit. nach: Wehler, Hans-Ulrich.*

Teil I

2 Handlungsformen dreier arbeitsloser Frauen vor dem Hintergrund ihrer sozialgeschichtlichen Einflüsse

2.1 Geschichtlicher Abriss der drei Protagonistinnen

Die Protagonistinnen sind drei Frauen aus dem gleichen "konjunktiven Erfahrungsraum" *(Mannheim, Karl; 1980: 271-279)*. Sie sind zwischen 30 und 40 Jahre alt, bzw. weichen geringfügig von dieser Alterskonfiguration ab. Jede von ihnen ist Mutter eines noch nicht oder gerade schulpflichtigen Kindes. Zum Zeitpunkt des Interviews gelten sie zum ersten oder wiederholten Male seit mindestens einem halben Jahr als arbeitslos und jedenfalls zu Beginn dieser Arbeitslosigkeit lebten sie in einer festen heterosexuellen Partnerschaft.

Zwei von ihnen wohnen seit ihrer Geburt, die dritte Frau erst seit wenigen Jahren vor der deutschen Wiedervereinigung in derselben Großstadt der damaligen DDR. Sie sind zwischen 1958 und 1966 geboren, also in einer Zeit, in der sich als sichtbarer Ausdruck organisatorischer Verfestigung wesentliche staatliche Organe, der am 07.10.1949 gegründeten DDR, konstituierten: 1958 die Volkskammer, 1960 der Staatsrat. Ihre Eltern hatten offenbar für sich entschieden, nicht an der Massenflucht in den Westen teilzunehmen, und die – wie sich in den Folgejahren herausstellen sollte - einen nicht unerheblichen Einfluss auf die gesellschaftliche Stellung der Frau in der DDR und ihre Chancen bezogen auf eine Erwerbstätigkeit[3] haben sollte.

Als gleichermaßen mitverantwortlich für die Integration der Frau in das Berufsleben muss das aus der Sowjetunion übernommene planwirtschaftliche System angesehen werden. Entgegen allgemein verbreiteter Meinung waren die an die

---

[3] Kohli spricht daher auch von einer "Arbeitsplatzgesellschaft" anstelle einer "Arbeitsgesellschaft". *Kohli, Martin; 1994: 39.*

Sowjetunion zu erbringenden Reparationsleistungen der ehemaligen DDR längerfristig eher ein positiver Stimulator für die Wirtschaft der SBZ. Die Demontage ganzer Industriezweige erforderte einen schnellen Neuaufbau, der naturgemäß einem neueren technischen Stand entsprach und bei dem jede Arbeitskraft, in Ermangelung von Männern nun auch die der Frauen zählte. Die parallel initiierte starke Überbetonung der Schwerindustrie und die systeminnewohnenden Autarkiebestrebungen führten zu nachhaltiger Vernachlässigung sowohl der Konsumgüterindustrie als auch der in Teilen noch bestehenden Privatindustrie *(vgl. Buchheim Christoph, 1999: 524ff)*. Daran änderte auch Anfang der 60-er Jahre die Einführung eines "Neuen Ökonomischen Systems der Planung und Leitung der Volkswirtschaft (NÖS)" *(Steiner, A.; 1999: 54f. Zitiert nach Puhle, Hans-Jürgen; 1999: 528)* nichts – im Gegenteil: Der Steuerungsanspruch der Partei setzte neben selbstregulierenden ökonomischen, auch soziale und kulturpolitische Prozesse außer Kraft, ohne den "sozialstrukturellen Traditionsballast" oder generations- und milieutypische Prägungen *(vgl. Kleßmann/ Wagner, 1991: 357)* wirkungslos werden zu lassen. Aller Diskontinuitäten zum Trotz entwickelten die Mitglieder der Gesellschaft Eigenheiten, sicherten die Menschen sich in ihrem Privatbereich nischenähnlich "gesellschaftliche Sphäre[n] des Informellen" *(Wierling, Dorothee; 1999: 843, FN 41, in: Hübner/ Tenfelde 1999)*, in denen sie fern vom politischen Alltagsgeschehen weitgehend ungestört agieren konnten. Dieser indirekte Freiraum wurde von offizieller Seite viel zu spät wahrgenommen, dann aus taktischen Erwägungen heraus, solange er sich im Rahmen sozialistischer Positionen bewegte, nicht beschränkt.

Als markantes Beispiel für diesen Freiraum dient das Verhalten junger Frauen der 1980er Jahre, die sich dem Staat als Reproduktionsorgan und gleichzeitig Berufstätige, mit dem Hinweis auf fehlende soziale Einrichtungen, verweigerten. Insbesondere in der Frauenpolitik, die weder ein traditionelles Rollenverständnis der Männer in Frage stellte, noch über die Abschaffung von Niedriglohngruppen eine nachvollziehbare Chancengleichheit verfolgte *(vgl. Helwig Giesela; 1995: 1263f)* zeigt sich, wie wenig zumindest bezogen auf die Gleichstellung von Mann und Frau von den Zielen des realen Sozialismus in die Praxis umgesetzt worden ist.

Und doch profitierten Frauen insoweit von gezielten Fördermaßnahmen, als die Produktionsbetriebe, insbesondere direkt nach dem zweiten Weltkrieg und nach den Abwanderungsbewegungen der 1960er Jahre dringend Arbeitskräfte benötigten. Seit 1952 gab es zu diesem Zwecke Frauenförderpläne, die innerhalb der Betriebskollektivverträge zum Pflichtbestandteil avancierten, um 1964, jetzt über den Weg des Kommissionssitzes institutionalisiert, Eingang in die Betriebsgewerkschaftsleitungen fanden *(Hampele, A.; 1993: 292f)*. Kampagnen, wie die der 'Mütterpolitik`, proklamierten vorrangig die parallele Bewältigung von Produktivarbeit und Familienbildung, der vermehrte Bau von Kinderkrippen und –tagesstätten war lediglich ein Abfallprodukt. Erst nach dem Bau dieser Einrichtungen lässt sich deshalb auch ein Ansteigen der Frauenarbeitsquote verzeichnen.

Wirklich hohe Berufstätigkeitsquoten für beide Geschlechter konnten ungeachtet aller Kampagnen erst erzielt werden, als mittels psychologischer Überzeugungsarbeit die Arbeit an sich aufgewertet wurde. Es gelang, im Bewusstsein der Menschen eine erfolgreiche Kopplung von Menschsein und Ausübung einer Tätigkeit zu verankern. Gemeint ist der von offizieller Seite zugemessene Stellenwert, die ideologische Aufwertung von Arbeit, die die DDR eher als "Arbeits-,"[...] [denn als] "Wirtschaftsgesellschaft" auszeichnete, in der alles "auf die Arbeitstätigkeit und ihre betriebsförmige Organisation [...]" mit einer "betriebszentrierten Sozialpolitik [....]" ausgerichtet war und infolge dessen, der Betrieb zum "wichtigste[n] Vergesellschaftungskern dieser Sozialstruktur" *(Kohli, Martin; 1994: 39)* stilisiert werden konnte.

Zwei Aspekte sind in diesem Zusammenhang zu untersuchen: Zum einen die Befindlichkeit und der Verbleib von Menschen, die sich freiwillig dieser realsozialistischen Vergesellschaftung entzogen haben und zu einem späteren Zeitpunkt – aus welchen Gründen auch immer – eine Reintegration anstrebten[4]. Zum anderen, welche Auswirkungen ein Zwangsentzug dieses Sozialisationsraumes für die Betroffenen, bezogen auf deren Berufsbiographie und Befindlichkeit haben kann, ein Umstand, wie er nach der Wiedervereinigung beider

---

[4] Hierzu dient insb. das zweite Interview.

deutscher Staaten, für überproportional viele ostdeutsche Frauen eintrat *(Jessen, Ralph; 1995: 99f)*, indem sie arbeitslos wurden.

"Das Besondere an der 40-jährigen Gesellschaftsgeschichte der DDR ist nicht, dass es der SED gelungen wäre, eine Gesellschaft nach marxistisch-leninistischen Bauplan zu konstruieren. Das Besondere ist vielmehr, dass dies mit historisch beispielloser Entschlossenheit versucht worden ist, ohne dass die Ergebnisse dieses Versuchs den Absichten ihrer Urheber entsprochen hätten."[5]

Hieran änderte auch der Bau der Mauer, am 13.08.1961 ebenso wenig. Gleichwohl hinderte sie die Mehrheit der Bevölkerung endgültig daran, das Land zu verlassen. Das am 02.01.1964 alle Einwohner Personalausweise mit dem Vermerk 'Bürger der Deutschen Demokratischen Republik' erhielten, und der Staatsrat der DDR der Öffentlichkeit am 08.04.1965 Berlin vermeintlich als völkerrechtliche und geographische Hauptstadt der DDR präsentierte, macht politische Ausgangslage, in die diese drei Frauen hineingeboren wurden, deutlich. Sie sind Bürgerinnen eines sich souverän darstellenden Staatsgebildes, eingebunden in den sozialistischen Bündnisblock. Ihre Prägungen mit den personenbezogenen "Bedeutsamkeiten" sind zwar individuell erlebt, können aber mit ihren Erlebnissen in der Kindheit und Adoleszenzphase stellvertretend für viele Frauen in ähnlicher Lebenskonstellation auf dem Gebiet der ehemaligen DDR verstanden werden.

2.2 Die drei Protagonistinnen[6]

2.2.1 Hannah Kapweber

Die erste Probandin[7] wächst behütet von der nicht extern berufstätigen Mutter in einem Elternhaus des oberen Bildungsmilieus einer Kleinstadt in eher ländlicher Umgebung auf. Ihre wie auch die Eltern der anderen Probandinnen z. Zt.

---

[5] *Jessen, Ralph (1995):* Die Gesellschaft im Staatssozialismus. Probleme einer Sozialgeschichte der DDR. 99f. In: Geschichte und Gesellschaft 21 (1995). 96-110.
[6] Namen, Orte der Handlungen und sonstige Angaben, aufgrund deren Rückschlüsse auf die Person der Interviewpartnerinnen zu ziehen möglich wäre, sind verändert.

des dritten Reiches geboren, können als traditionell konservativ eingestuft werden, als Mitglieder einer Generation, die "in der Regel politisch angepasst und mit Vorsichtsmaßnahmen [gegenüber politischen Neuerungen] ausgerüstet" *(Zwahr, Hartmut; 1994: 450)* waren. "Die NS-Erfahrungen waren der Anpassungsmaßstab [....] [ihnen] fehlte oft jeder Vergleich, der über ihre neue enge Lebenswirklichkeit hätte hinausführen können" *(ibid, 451)*. Vielleicht vermochten deshalb weder das "Gesetz über den Kinder- und Mutterschutz und das der Rechte der Frau"[8], mit dem ökonomischer Druck seitens der Staatsorgane auf die bis dahin nicht erwerbstätigen Mütter in Richtung Aufnahme einer Berufstätigkeit ausgeübt wurde, noch die auf Initiative der SED 1952 angeregten betrieblichen Frauenausschüsse zur Etablierung von Frauen in Industriebetrieben oder 1958 die Kampagne zur Integration von Hausfrauenbrigaden[9] die traditionelle Rolle der Mutter der Interviewten in Frage zu stellen. Möglicherweise wirkten hier eher die "Weichenstellungen, Ressourcen, Erfahrungen und Handlungsstrategien,... welche im Verlauf eines Lebens und zum Teil bereits in der Vorgeneration akkumuliert worden" *(Huinik/ Mayer; 1993: 151)* waren. Die Interviewte erlebt ihre Mutter jedenfalls als Hausfrau, in einer Funktion durch deren Degradierung ihr intellektueller Vater seine Stellung in der Familie behauptet. Die Mutter wird in zwei Bereichen erlebt, in dem der ausgebeuteten Hausfrau, als Ausführungsorgan väterlicher Vorstellungen und Anweisungen und als treu sorgende Mutter, die unter Einsatz ihrer Person weitestgehende häusliche Harmonie zwischen den sich häufig streitenden Elternteilen herstellt. Bereits als Jugendliche fasst die Tochter vor diesem Hintergrund den festen Vorsatz, im eigenen Leben nur die jeweils als positiv empfundenen Teile der elterlichen Rollen aufzugreifen. Dies bedeutet für sie einerseits, Kinder haben zu wollen, andererseits auf jeden Fall eine Koppelung der Rollen Mutter und Hausfrau durch rechtzeitige Weichenstellung in Richtung einer späteren intellektuellen Berufstä-

---

[7] Anonymisierte Namen der Protagonistinnen. Zur Entstehung ihrer Namen *vgl. Mecke, Irmtraut; 2001: 54-58.*
[8] Gesetzblatt (GBL) I, 1037, „Gesetz über den Mutter- und Kinderschutz und die Rechte der Frau vom 27.09.1950. i. d. G. des Gesetzes zur Änderung vom 28.05.1958", GBL I, 416.
[9] Die 1958 vom DFD initiierte Etablierung von Hausfrauenbrigaden sollte Frauen zwecks Vollbeschäftigung in die Betriebe integrieren. Ende 1958 existieren bereits 1470 Brigaden mit ca. 10000 weibl. Mitgliedern. *Scholze, Siegfried; 1986: 134.*

tigkeit auszuschließen. Unklar bleibt zunächst welches Berufsziel die Eltern für ihre Tochter anstrebten und welchen Einfluss die staatlichen Erziehungsorgane als richtungsweisende Kraft für eine ´Berufstätigkeit auf jeden Fall` ausübten. "Bei der Berufsorientierung [...] wiederspiegelt sich [...]" offenkundig wohl eher der Einfluss der Herkunftsfamilie, ihre Erziehungsbestrebungen zur Fortschreibung des familiären Status mit allen "tradierten Strukturen [...] sozialstrukturellen Traditionsballast[es] *(Kleßmann, Christoph; 1991: 146-54)*[10]. Andere gesellschaftliche [und mediale] Faktoren wirken dagegen wesentlich geringer" *(Bertram, Barbara; 1975: 132)*. Inwieweit die Interviewte mit ihren Vorsätzen dem von der SED idealisierten Bild der ostdeutschen Frau entspricht, wird später an geeigneterer Stelle aufgezeigt werden. Spätestens als die Interviewte arbeitslos wird und ein emotionales Chaos das andere ablöst lassen ihre Handlungsformen Rückschlüsse auf den erkennbaren Einfluss der Erziehungsorgane der DDR zu.

Bis zu ihrer Arbeitslosigkeit 1989 verläuft das Leben der Probandin stringent in vorgezeichneten Bahnen. An die schulische Ausbildung schließt sich nahtlos ein nahezu gänzlich im sozialistischen Ausland absolviertes pädagogisches Studium an, was für die Interviewte neben der Ausbildung als solcher die einzig denkbare Flucht aus dem, wie sie meint, viel zu reglementierten Elternhaus, aber auch vor den sich häufig streitenden Eltern bedeutet. Symptome politischer und gesellschaftlicher Veränderungsprozesse scheinen im behüteten Auslandsstipendiatentum spurlos an ihr vorübergegangen zu sein. Ihren jahrelangen Auslandsaufenthalt erlebt sie eher als Fortführung bisherigen Lebens, darüber hinaus auf Veranstaltungen für ausländische StudentInnen oder beim Besuch kultureller Veranstaltungen als Privilegierte in der Fremde und ebenso privilegierte Rückkehrerin, auf die das Sonderförderprogramm für Frauen im Hochschulbereich Anwendung findet. Dies sichert ihr bereits während der Studienzeit im Ausland für die Zeit nach ihrer Rückkehr und Beendigung ihres Studiums einen festen Arbeitsplatz zu *(Bertram, Barbara; 1975: 132)*, verankert sie damit gleichzeitig in das Bildungssystem, realisiert teilweise das sozialistische

---

[10] Auch die DDR-Forschung kannte den dominierenden Einfluss der Herkunftsfamilie gegenüber öffentlicher Einflussnahme. *Vgl. Starke, Kurt; 1979.*

Emanzipationsideal und trägt zur Abkehr von der traditionellen Rolle der Frau bei. Die Ergebnisse derartiger Hochschulförderung sprechen für sich: Im Zeitraum von 1960 bis 1988 verfügen im Durchschnitt 25% der Frauen, aber nur 19% der Männer über einen Hochschul-/Universitätsabschluss, von allen Berufstätigen sind im Jahr 1988 49% Frauen *(Herbst/ Ranke/ Winkler; 1994: 288)*. Demgegenüber relativiert sich die Repräsentanz von Frauen jedenfalls in dem obersten Bereich praktizierender Politik. So sind von insgesamt 68 Mitgliedern des Politbüros bis 1988 nur fünf Frauen *(ibid, 290)*. ein Indiz dafür, dass selbst unter Berücksichtigung von Frauenförderplänen eher von Integration der Frau ins Erwerbsleben als von ihrer Emanzipation in der Gesamtgesellschaft gesprochen werden kann.

Frauen, die ihr Studium nach festgelegten Effizienzkriterien absolvierten und auf die festgeschriebenen institutionellen Muster vertrauten, war dennoch jedenfalls die Berufsbiographie nahezu vorgezeichnet, was die These von der Erfüllung sozialistischer Planungsziele im Kontext gesamtgesellschaftlicher Institutionenordnung erhärtet *(Lepsius, Rainer M.; 1994)*.

Hier kann die betroffene Interviewte allerdings, als sie kurz vor der politischen Wende nach Hause zurückkehrt, entgegen bis dato festgefügter Vorhersehbarkeit gerade noch ihr Studium mit der Promotion beenden und einen im Ausland kennen gelernten Studienkollegen heiraten. Dann wird sie trotz hoher wissenschaftlicher Qualifikation, die aufgrund der inzwischen geänderten gesellschaftspolitischen Bedingungen nicht als solche anerkannt wird, arbeitslos. Fassungslos reagiert und *erleidet* sie diesen Zustand als einen fremdbestimmten, "einschneidenden biographischen Prozess", in dem sie sich zuerst weigert, ihre Arbeitslosigkeit überhaupt zur Kenntnis zu nehmen. So vergehen Monate, in denen sie tief deprimiert alle Stufen eines Orientierungszusammenbruchs durchlebt, bis sie vor allem psychisch durch ihren Ehemann unterstützt die Initiative ergreift, diese als deprimierend und ungerecht empfundene Situation - insbesondere im Verhältnis zu allen westlichen Hochschulabsolventen - durch Arbeitssuche zu beenden.

Erst mit mehrmonatiger Verzögerung nimmt sie den Kampf gegen konditionale äußerliche Verkettungen von gesellschaftspolitischen Wandel und daraus resultierender Arbeitslosigkeit auf. Um sich selber in der Rolle einer Intellektuellen zu

Teil I
2. Handlungsformen dreier arbeitsloser Frauen vor dem Hintergrund ihrer sozialgeschichtlichen Einflüsse

bestätigen, aber auch um gegenüber dem Ehemann vehement die verhasste Hausfrauenrolle verweigern zu können, beginnt sie in ihrer Arbeitslosigkeit zunächst mit einem Aufbaustudium, nimmt im Anschluss daran erzwungener Maßen für kurze Zeit an einer ABM teil, bis es ihr schließlich aufgrund eigeninitiierter Bewerbungen gelingt, über eine zeitlich befristete Beschäftigung den Einstieg in das Berufsleben zu finden. Damit unterbricht sie die sich bis dahin abzeichnende "negative Verlaufskurve, [die] Fallkurve", und setzt Eckpfeiler für eine "positive, [eine] Steigkurve". Der Kurvenverlauf ändert sich jedoch wieder, als der befristete Arbeitsvertrag ausläuft, und sie erneut in den Schockzustand Arbeitslosigkeit gerät.

Trotz erneuter Phasen tiefer Depression setzt sie ihre bereits in der Kindheit gefassten Vorsätze durch, Mutter und Intellektuelle zu sein. Sie umsorgt weitestgehend alleine das während ihrer Arbeitslosigkeit geborene Kind, wobei sie ganz selbstverständlich auf den Fortbestand der in der DDR in den siebziger Jahren geschaffenen familienpolitischen Hilfen für Frauen zur Eingliederung in den Arbeitsprozess *(vgl. Hockerts, Hans Günter; 1994: 533)*, wie Kinderkrippen und Möglichkeiten zur Hortunterbringung von Kleinkindern *(vgl. Helwig, Giesela; 1987)* setzt. Den Haushalt erledigen beide Partner gemeinsam oder der vollbeschäftigt im Arbeitsprozess stehende Partner alleine.

Ihr Lebensinhalt, einen adäquaten Beruf auszuüben und Kind(er) zu haben, lässt sich erst nach längeren inneren und äußeren Kämpfen und nur unter Einbeziehung des Partners, als dem von ihr als Leidtragenden dieser Lebensvorstellungen bezeichneten Teil, realisieren. Nachdem Berater des Arbeitsamtes sie trotz ihres Studiums als gänzlich unvermittelbar einstufen und ihr Ergänzungskurse, an deren Ende der bisherige Studienabschluss anerkannt werden könnte, anbieten, erlebt sie erstmals bewusst die Wiedervereinigung, nun jedoch mit einer sehr persönlichen Konsequenz: Sie bezeichnet sich als Ossi, als Bürgerin zweiter Klasse, degradiert und erniedrigt, ihres Habitus beraubt, fühlt sich aus der Gesellschaft ausgegrenzt als eine, deren Handlungsraum bis zum Ersticken verengt ist.

Im Gegensatz dazu hatten sich in ihrem bisherigen Leben unter Beachtung institutioneller gesellschaftspolitischer Forderungen Entscheidungsnischen in ihrem Handlungsraum herausgebildet. Aufgrund der Stellung des Vaters konnte sie ungehindert überall ins sozialistische Ausland reisen, dort studieren, erhielt aufgrund frühzeitiger Heirat noch während ihres Studiums eine der äußerst begehrten Wohnungen aus dem Kontingent für Jungverheiratete und aufgrund der - später wert- und gegenstandslosen Arbeitsplatzzusage die Zuzugsgenehmigung für eine Großstadt.

Die Wiedervereinigung beider deutscher Staaten beendet abrupt diese "Mitnahme-Effekte" des sozialpolitischen Entwicklungsprogramms der DDR-Gesellschaft *(vgl. Sozialreport, 1991: 35f)*, wobei gleichzeitig ebenso dieser in die Lebensplanung einbezogene "stabile sozialpolitische Lebensrahmen [...], [mit dem] die Sozialpolitik [...]" der ehemaligen DDR insgesamt gesehen allerdings auch "zu einem starren Strukturelement [...] [wurde], das die innere Entwicklung der DDR erheblich lähmte *(Lepsius, Rainer M.; 1994: 24)*, entfällt. Andererseits unterstützten sehr hohe Beschäftigtenquoten die staatlichen Versuche "umfassender Daseinsregulierung".

Die Betroffene wird ersichtlich von den nun geforderten, durch Eigeninitiative geprägten, neuen intrapersonellen, ihr unbekannten Handlungsstrategien überrollt. Erst als sie nach mehrmaliger Arbeitslosigkeit aus ihrem gewohnten Schema ausbricht, nicht mehr im alten Handlungsrahmen agiert, stattdessen selber die Initiative ergreift, zeichnet sich für die Zeit nach dem Interview eine dauerhafte Phase von Beschäftigung und damit das Ende ihrer Arbeitslosigkeit ab.

Ihr Erklärungsmuster für diese neu gewonnene Entscheidungsautonomie gleicht einer Beitrittserklärung zu der nun gemeinsamen Ost- und West Republik: Sie verortet sich als Ossi, agiert bezogen auf Bewerbungen offensiv und - wie sie meint - mit der einzig erfolgversprechenden Herangehensweise, der einer West-Frau. Aber schon bald, als ihr Weltbild mit dem Selbstverständnis einiger ihr bekannter West Frauen kollidiert, die einen dreijährigen Erziehungsurlaub oder das Recht nur Mutter und Hausfrau zu sein wählten, zeigt ihre Kritik und ihr Unverständnis für diese Entscheidungen, wie viel Handlungsraum sie anderen Menschen zugestehen kann bzw. wie tiefgehend sozialistische Interpretationsmuster bezogen auf abweichende Lebenseinstellungen internalisiert wurden.

Gerade der Grad der Erwerbstätigkeit der Gesamtbevölkerung ist von allen sozialistischen Idealen u. a. durch intensive Fördermaßnahmen im Bereich der Kinderbetreuung[11] am nachhaltigsten erfolgreich umgesetzt worden. Ungeachtet rückläufiger Zahlen aller Arbeitsfähigen stieg die Quote der Erwerbstätigen von 1950 bis 1989 von rd. 50% *(Nickel, Hildegard M.; 1995: 237)* auf über 90% *(Belwe, K.; 1989: 129)* gemessen an der Gesamtbevölkerung. Das Leitbild der "sozialistischen Frauenpersönlichkeit" wurde in diesem Zusammenhang hauptsächlich von Konformität gegenüber staatlicher Frauenförderpolitik, d. h. der Vorstellung von einem erfüllten Erwerbs- und Familienleben geprägt.[12] Im Umkehrschluss bedeutete dies: nur eine erwerbstätige Frau, die sich keiner Familienbildung entzog, war ein vollwertiges Mitglied der neuen sozialistischen Gesellschaft. Je tiefgehender diese Wertzumessung als rechtmäßiger Anspruch des Staates an das Individuum von diesem akzeptiert und verinnerlicht wurde, umso größer geriet das Dilemma einer von unvorhersehbarer Arbeitslosigkeit betroffenen Persönlichkeit und je geringer war das Verständnis für eine freiwillige innerhäusige Beschäftigung ausgeprägt.

So kann davon ausgegangen werden, dass die Bewältigungsformen und -muster eines durch Arbeitslosigkeit erzwungenen Hausfrauendaseins sowohl von der Sozialisierung der Betroffenen als auch von der Herkunftsfamilie und den Kindheitserlebnissen abhängig sind. Letzteres zeigt sich insbesondere bei der zweiten Interviewten.

2.2.1 Petra Wiesow

Stark konträr bezüglich des Herkunftsmilieus, erstaunlich ähnlich in den Denkstrukturen als Erwachsene lässt sich der Lebensverlauf mit seinen Handlungsräumen der zweiten Interviewten abbilden. Als glücklichste Zeit ihres Lebens stellt sie die ersten 10 Lebensjahre vor, in denen sie gemeinsam mit ihrer Mut-

---

[11] 1949 standen 1000 Interessierten 8 Kinderkrippenplätze für Kinder im Alter von 0,.. bis zu 3 Jahren zur Verfügung, 1959 waren es 130, 1969 bereits 271, 1979 immerhin 603 Plätze und im Jahre 1989 802 Plätze. *Statistisches Jahrbuch der DDR 1990. Berlin 1990: 62.*

[12] Das Leitbild der Frau wurde u. a. propagiert im Buch "Die Frau". Dieses Buch reichte beinahe an die 1 Mill. Auflage heran. *Uhlmann, Irene; 1987: 6.*

ter im Haus eines Familienangehörigen wohnt, der ihr den unbekannten Vater ersetzt. Mit dem Tod dieses Mannes verliert die Mutter neben ihrer Tätigkeit als Haushälterin auch die Unterkunft für sich und ihre Tochter. Relativ schnell stellt die Mutter den ursprünglichen Lebensrhythmus wieder her. Als sie einen Partner kennenlernt, begibt sie sich erneut freiwillig in eine patriarchalische Familienstruktur, durch die sie im Austausch gegen rollenkonformes Verhalten finanziell abgesichert wird *(vgl. Prokop, Ulrike; 1977: 55-58).*

Mit dieser "Beharrungskraft auf tradierte Strukturen" in der Funktion einer Hausfrau unterläuft auch die Mutter dieser Interviewten die sozialistische Frauenpolitik der DDR, die ihrerseits – wie bereits dargestellt - allerdings weniger auf Emanzipation als auf Eingliederung der Frauen in den Arbeitsprozess bedacht war *(Helwig; 1995: 1223ff).* Diese staatliche Förderpolitik richtete sich sowohl an Frauen besserverdienender Funktionäre[13] als auch an Ungelernte, denen mit Einstieg ins Berufsleben eine Ausbildung versprochen wurde *(Statkowa, Susanne; 1974: 57).* Immerhin stieg der Beschäftigungsgrad der Frauen von im Jahre 1950 rd. 54%, auf rd. 82% im Jahre 1979 und rd. 91% im Jahre 1988. Branchenbezogen arbeiteten 1950 3.875 Frauen im Baugewerbe, 450.000 in der Textil- und Bekleidungsbranche und 350.000 als Hausgehilfinnen *(Bundesarchiv, DR 2/839).* Damit liegt die ursprüngliche Berufswahl der Mutter der Probandin, gemessen am Verteilerschlüssel aller damaligen Berufstätigen an zweiter Stelle, d. h. ihre Rolle als Hausfrau kann für sich genommen nur schwerlich für die später auftretende ablehnende Einstellung der Tochter gegenüber der Mutter und ihr Beziehungsungleichgewicht verantwortlich sein.

Für die Interviewte bilden die Ereignisse in ihrem 10. Lebensjahr eine Zäsur. Sie verliert mit dem Wegzug aus der gewohnten Umgebung das räumliche und mit Wegfall der männlichen Bezugsperson auch das affektive Kontinuum *(Dolto, Francoise; 1993: 21).* Noch als Erwachsene verbindet die Probandin diesen Zwangsauszug aus dem Haus ihres ´Ziehvaters` mit der abhängigen sozialen Stellung ihrer Mutter als Hausangestellte. Diese eher als missglückt anzusehenden "ersten Muster sozialräumlicher Orientierung" *(Matthes, Joachim; 1978:*

---

[13] Die sich bildenden neuen Arbeitseinheiten wurden unter dem Namen "Hausfrauenbrigaden" bekannt. Vgl. *Mattes, Martin; 1999: 36-61.*

157) verstärken sich zusätzlich durch das in der Person des Stiefvaters nicht zu realisierenden Vaterbild, prägen aber insoweit die Interviewte, als sie im späteren Leben als zentrale Partneraufgabe die finanzielle Absicherung und persönliche Versorgung erwartet. Die gravierendsten Auswirkungen sind dann auch dort anzutreffen, wo neben dem Verlust des 'affektiven Kontinuums' in der Herkunftsfamilie ein bleibender sozialer Abstieg erlebt wird, d. h. die Verortung der Restfamilie über die nun veränderte Position der Mutter offenkundig wird.

Sowohl die immateriellen als auch die als materielle Verluste empfundenen Diskontinuitäten dieser frühkindlichen Ereignisse treten später im Erwachsenenleben in Form von Forderungen an die Menschen der unmittelbaren Umgebung zutage. Sei es in Form von geplanter Flucht aus einem Staat, der ihr nicht gewähren will, was ihr i. E. zusteht, sei es das Haus, das zu bauen sie vom Partner fordert, um endlich ihre Persönlichkeit entfalten zu können oder seien es die Freunde, die sich nicht an das Reglement von ihr aufgestellter Lebensgrundsätze halten und denen darum die Freundschaft entzogen wird.

In der chronologischen Reihenfolge der Geschehnisse wendet sich die Interviewte schon sehr früh, kurz nachdem sie feststellt, dass ihr Stiefvater nicht ihren Ansprüchen genügt, emotional von der Mutter ab und anderen Objekten zu. Nach dieser Abkehr folgen Jahre des begeisterten Engagements in der FDJ, der Jugendorganisation der SED,[14] die gemäß ihrem gesellschaftspolitischen Auftrag die Interviewte in ein Kollektiv einbindet und sie ideologisch 'sozialisiert'. Für die Probandin scheint vor allem das Freizeitangebot attraktiv, darüber hinaus glaubt sie ihre Interessen gewahrt und fühlt sich mit ihren Problemen verstanden. Nach der Wende, als die sozialistischen Errungenschaften mit denen des Kapitalismus gedanklich in Konkurrenz treten, zeigt sich auch bei ihr die tiefe Verwurzelung einer zumindest in Teilbereichen gelungenen sozialistischen Erziehung, etwa wenn sie über die heutige Jugend urteilt, die ihrer Ansicht nach nichts weiter will als konsumieren, die herumlungert und in 'dicken

---

[14] Die FDJ, Freie Deutsche Jugend wurde am 07.03.1946 gegründet, erhielt aber erst nach dem Mauerbau 1961 ihre Funktion als Hüterin der sozialistischen Erziehung. Ihre Mitgliedszahlen, 1946 waren es 160 000 Kinder und Jugendliche, stiegen bis ca. 1978 auf 2,3 Mio. an, was einen Organisationsgrad von 2/3 der Gesamtheit bedeutete. *Zilch; D.; 1996: 216.*

Autos` die Mitmenschen mit dröhnender Musik belästigt, statt sich zu engagieren. Im Gegensatz zur behütet aufgewachsenen und in ihren Entscheidungen durch das Elternhaus stark beeinflussten ersten Interviewten, scheinen hier die zwischenmenschlichen Erfahrungen eher im öffentlichen, in einem durch die Partei gestalteten Raum gemacht worden zu sein. Ihre Ausbildung - 10 Jahre Grund-/ Hauptschule, danach ein Fachschulbesuch - wird in seiner Spezialisierung nicht durch sie, sondern wie damals üblich von den Volksbildungsorganen, d. h. von staatlicher Seite der aktuellen politischen Schwerpunktsetzung entsprechend bestimmt (*Herbst/ Ranke/ Winkler; 1994: 109-121*). (*vgl. Haase, Norbert, u.a; 1983*). Aus Mangel an technischem Verständnis und weil sie die Welt verbessern möchte, verfolgt sie trotz politischer Kampagnen zum Ergreifen technischer Berufe für Mädchen (*SAPMO; 24/8566*), einen traditionellen Frauenberuf im pädagogischen Bereich. Wie alle SchülerInnen erhält auch sie anschließend ihre Arbeitsstelle zugewiesen.

In den ersten fünf Jahren nach Berufsbeginn verhält sie sich innerhalb des vorgegebenen Rahmens systemkonform. Als im sechsten Jahr ihrer Berufstätigkeit die pädagogischen Zielstellungen mit ihren eigenen kollidieren – eine als Erklärungsmuster insgesamt sehr vage Beschreibung für eine folgenschwere Weichenstellung -, beantragt sie in Kenntnis der Konsequenzen die Freistellung von dieser Tätigkeit und wird aus eigenem Antrieb erstmals arbeitslos, d. h. sie lebt u. a. ohne Anspruch auf Unterstützung. Mit diesem ungewöhnlichen Schritt verstößt die Interviewte gleich in mehrfacher Hinsicht gegen die gesellschaftlichen und rechtlichen Grundsätze der DDR, die mit ihrer Sozialpolitik neben dem Recht auf Arbeit in Art. 24 der Verfassung auch die Pflicht hierzu festschrieb und als Sanktion nach § 249 StGB eine Haftstrafe in Aussicht stellte (*vgl. Voigt, Dieter; 1985: 463ff*) (*vgl. Zimmermann, Hartmut; 1987: 234. Zitiert nach Schroeder, Klaus, 1998: 516*).

Andererseits beschränken sich die Ziele gesetzlich verankerter Sozialpolitik[15] auf den Schutz von Gesundheit und Arbeitskraft. Da als Ausfluss des Rechts

---

[15] Art. 35 der Verfassung der DDR. Das Arbeitsgesetzbuch von 1978 schrieb das Arbeits- und Sozialversicherungsrecht fest. *Arbeitsgesetzbuch der DDR, 1978.*

auf Arbeit nach offizieller Lesart Arbeitslosigkeit so gut wie unbekannt war, gingen etwa 1988 die Ausgaben für die Sozialfürsorge, die ohnehin nur einsetzten, wenn keine Hilfe von seiten der Familie zu erwarten war *(vgl. Vortmann, H.; 1989: 335; zitiert nach Schroeder, 1998: 525)*, auf "0,1% der gesamten Sozialausgaben" *(Schroeder; 1998: 524f)* zurück.

Um ihren notwendigen Lebensunterhalt zu sichern, verkauft die Interviewte deshalb Teile ihres Hausstandes. Schließlich gelingt es ihr, für 4 ½ Jahre einen Job in einer Bücherei zu bekommen: ein Glücksfall, den sie selber keineswegs als solchen betrachtet, obwohl Aussteiger aus dem weitgehend durch staatliche Organe bestimmten Lebensablauf äußerst misstrauisch registriert wurden und häufig nur Institutionen in freier Trägerschaft eine spätere Einstellung wagten. Rückblickend gilt der Interviewten diese Zeit als Erholungspause; die Arbeit unterfordert, ist langweilig und wenig abwechslungsreich, sodass der beginnende, anfänglich nur auf den Job entfallende Unmut schließlich ihre gesamte Lebenseinstellung beeinflusst. Zahlreiche Versuche, eine berufliche Um- oder Neuorientierung durch ein Stipendium finanziell abzusichern, scheitern.

Unklar bleibt warum und seit wann sich ihr Freundeskreis aus immer mehr Ausreisewilligen zusammensetzt, in welcher Funktion sie sich selbst innerhalb dieser Gruppe verortet und warum nach der Wende diese Bewegung ihrerseits augenscheinlich keinerlei Beachtung mehr findet.[16] Anfang 1988 stellt sie für sich den Antrag auf Entlassung aus der Staatsbürgerschaft der DDR und reiht sich damit in das jährlich wachsende Heer der Ausreisewilligen ein.[17] Gleichzeitig vertraut sie weiterhin auf die verbrieften Rechte zur Frauenförderung und beantragt – wiederum erfolglos - die Zulassung zu einem Studium. Als sie Ende 1988 schwanger wird, beherzigt sie den Rat ihrer Freunde im Westen und si-

---

[16] Möglicherweise übertragbar, wenngleich ursprünglich bezogen auf die BRD, gibt es Überlegungen zu der Frage nach den Funktionen und Positionierungen der Anhänger sozialer Gruppen (in der BRD), *vgl. Roth, Roland; 1987: 68-88.*

[17] In der Zeit von 1962 bis 1983 gab es rd. 10 000 Übersiedlungen/Jahr, 1984-88 bereits 40 000/Jahr; vom 01.01.1989 bis 30.06.1989 erhöhte sich die Zahl nochmals auf rd. 125 000, meist gut ausgebildete hochmotivierte Männer, die im Westen einen Neuanfang versuchen wollten. *Hilmer, Rita; 1995: 430ff.*

chert sich und ihr Kind gegen mögliche Repressalien ab, indem sie die Hilfe einer Menschenrechtsorganisation erbittet.[18]

Im Oktober 1989 erhält sie ihre Ausreisepapiere. In aller Eile werden die erforderlichen Formalitäten erledigt, auch die Kündigung des Arbeitsvertrages. Im letzten Moment scheut sie jedoch – inzwischen hochschwanger- vor den vollen Aufnahmelagern zurück, sodass ihre Tochter letztlich doch noch als Bürgerin der DDR geboren wird.

Es folgt der 09. November 1989, neben dem Tod ihres 'Ziehvaters' das zweite Schlüsselerlebnisses ihres Lebens. Der durch den Ausreiseantrag dokumentierte Anspruch, "anders zu sein" als die angepassten DDR-Bürger, wird innerhalb eines Tages ebenso zunichte wie der Vorsatz zum lebensgeschichtlichen und berufsbiographischen Neuanfang im Westen. Die Grenzöffnung löscht ihre eigene individuelle Grenzziehung zum Geburtsland aus, ihre in den letzten Jahren entwickelte innere Abgrenzung zur DDR und der damit verbundene, immer noch aufrechterhaltene Selbstbestimmungsanspruch wird ihr aus der Hand genommen. Das veranlasst sie, erst einmal im Status quo zu verharren. Mit dem 09. Nov. 1989 verbindet sie Wut, den Einstieg in ein neues Leben im Westen nicht rechtzeitig geschafft zu haben, arbeitslos zu sein. Vor allem aber nagt der Zorn auf die Menschen an ihr, denen nun alle Privilegien gleichsam in den Schoß fallen, die sie selber auf dem risikoreichen Weg einer Ausreise zu erreichen suchte.

Nach einiger Zeit der Konsolidierung ihrer Lebensumstände bedeutet die politische Wende für die Interviewte andererseits auch, die Intensität eines veränderten Lebensumfeldes wahrzunehmen. Die Vorteile dieses neuen Lebens korrespondieren für sie jedoch gleichzeitig mit Kritikpunkten am System der ehemaligen DDR: nicht mehr Anstehen zu müssen, alles kaufen und die ganze Welt bereisen zu können. Auch wenn sich für eine Arbeitslose und spätere Sozialhilfeempfängerin davon wahrscheinlich nicht viel mehr als zu DDR-Zeiten realisie-

---

[18] Insbesondere Menschen, die einen Antrag auf Entlassung aus der Staatsbürgerschaft gestellt hatten, mussten unter Rückgriff auf § 219 StGB mit Repressalien und Einleitung von Ermittlungsverfahren wegen vermeintlicher Straftaten rechnen, wobei diejenigen, die Kontakt zu Westinstitutionen hergestellt hatten, besonders betroffen waren: insg. 3364 Personen in der Zeit vom Ende Juni 1986 bis Jan. 1989. Vgl. *BStU-HA IX 3319, Blatt 3,7 und 10.*

ren lässt, bleiben Vergleiche zwischen zwei gesellschaftspolitischen Systemen vor diesem Hintergrund und mit dem Wertmaßstab des nicht erreichten persönlichen Wohlstandes nicht aus: In der Retrospektive lassen sich im alten System erfahrene Ungleichgewichte nivellieren, Erinnerungen werden wach. Schon im Marxismus-Leninismus Unterricht wurden die wirtschaftlichen Abhängigkeiten vermittelt, wurde der Goldene Westen 'entlarvt`, der viel verspricht, aber lediglich Arbeitslosigkeit und damit weitere Abhängigkeiten bereithält.

Nach der Wende, in ihrer 'ABM-Karriere` inzwischen am Ende der vierten Maßnahme, fühlt sie sich sowohl durch die jeweiligen zeitlichen Begrenzungen als auch durch rigide inhaltliche Einschränkungen und eine ihrer Leistung nicht entsprechenden Bezahlung degradiert. Darum fordert sie ihren Interessen folgend eine Fortbildung oder eine Umschulung und bis zur endgültigen Klärung, welcher Berufstätigkeit sie nachgehen wird, für sich und ihre Tochter finanzielle staatliche Unterstützung.[19] Den Partner, den sie kurz nach dem politischen Umbruch kennen gelernt hat,[20] und der – wie sie quasi als Vorwegnahme ihrer Lebensgeschichte feststellt – nicht der Vater ihrer Tochter ist, spielt nur zu Beginn der Partnerschaft eine mitentscheidende Rolle in ihrer Lebensplanung. Je länger die Beziehung andauert, umso mehr kristallisieren sich gegenseitige Versorgungsaspekte heraus, bei denen der Mann eine durchorganisierte Familie im Austausch gegen lebenslange Versorgung erhält, bzw. in kritischen Phasen unter der Voraussetzung, dass er die Hälfte aller anfallenden Arbeiten und Kosten übernimmt, nicht aus der Wohnung der Interviewten gewiesen und von ihr versorgt wird, um weitgehend ungestört seiner Arbeit nachgehen zu können.

Die Interviewte möchte keinesfalls wie ihr Partner im Büro "rumschwitzen" oder sich in das "Heer der Menschen ohne Grundsätze", die sich selbst aufgegeben und angepasst haben - wie sie abhängig Berufstätige definiert - einreihen. Darum werden durch geschicktes Taktieren beim Arbeitsamt weitere Prozessierungen des Lebensverlaufes unterbunden, immer in der Hoffnung lebend, einen Weg in die Selbständigkeit zu finden und sich auf diese Weise zu verwirklichen.

---

[19] Diese Vorstellung von Eingliederung in die Arbeitswelt wäre einen Versuch wert. Auch Politologen und Sozialwissenschaftler schlugen nach der Wende ähnliche Eingliederungsverläufe vor. Vgl. Grottian, Peter; 1991.

Angesichts der bisher akzeptierten Abhängigkeiten verwundert gerade der Wunsch nach Selbständigkeit zu einem Zeitpunkt, als eine Auskopplung aus dem Kreislauf von Finanzierung und Prozessierung zumindest theoretisch möglich, jedoch nur mit finanziellen Rücklagen und nur bei Übernahme des Risikos zu realisieren gewesen wäre. Da beide Grundvoraussetzungen im Interviewverlauf als nicht gegeben angenommen werden können, müssen andere Faktoren für eine bemerkenswert negative Beurteilung einer abhängigen Berufstätigkeit den Ausschlag gegeben haben. Neben dem stark auf die eigene Person bezogenen, immer wieder auftauchenden Aspekt des "materiellen Vorwärtskommens...als Lebenszielstellung", der Rückschlüsse auf den "sozio-ökonomischen Status [bzw. auf die] Schichtzugehörigkeit der Eltern" [zulässt] (Hille, Barbara, 1985: 108/9), können dies Erfahrungen im Konsumalltag, Konsummöglichkeiten der Herkunftsfamilie, aber auch deren als Statusverlust empfundener Wandel sein.

Die eher auf Verteilung eines Mangels beruhende Versorgung, d. h. jahrelange Versorgungsengpässe oder die Möglichkeit des Erwerbs von Waren lediglich minderwertiger Qualität, die dennoch zur Beschaffung ein Höchstmaß an Zeit oder ein auf Langfristigkeit angelegtes System der Koordination, wie z. B. das "SKET-Prinzip"[21], erforderlich war, wird explizit als Begründung für die Stellung des Ausreiseantrages angegeben. Damit tritt eine Schizophrenie insoweit zutage, als einerseits durch die Ausreise der Wechsel in den Kapitalismus angestrebt wurde, der, nun real erlebt, mit seinem gesellschaftlichen Konsumterror am Pranger steht und andererseits gerade ein ihn stützender Bestandteil, das Unternehmertum, erstrebt wurde. Als Jugendliche in der ehemaligen DDR muss[22] in den siebziger Jahren dessen Bekämpfung miterlebt oder zumindest wahrgenommen worden sein, führte er doch eher zur "soziale[n] Schließung" der Schichten (Hille, Barbara, 1985: 108/9), als zu einer Umverteilung gesellschaftlicher und produktionsrelevanter Ressourcen. Auch wechseln in eine an-

---

[20] 1991 betrug in den neuen Bundesländern die Quote nichtehelicher Lebensgemeinschaften in der beide Partner ledig waren 53%. Vgl. Wirtschaft und Statistik, 1993: 194.
[21] SKET-Prinzip bedeutet „Sehen-Kaufen-Einlagern-Tauschen". Schroeder; 1998: 576.
[22] 1955 gab es noch rd. 1,6 Mio., schon 1980 nur noch 180 000 Selbständige. Vgl. Geißler, Rainer; 1996: 117.

dere soziale Schicht ermöglichte er nicht – bezogen auf die Wünsche der Probandin, insgesamt eine eher gegenläufige Entwicklung.

In auffälliger Häufung werden praktische Fertigkeiten und die perfekte Organisation von Abläufen in der Umgebung, vermeintlich potentielle Eigenschaften eines Unternehmers, hervorgehoben. Sie drücken nicht nur das Potential der Interviewten im Vergleich zur Mutter, die es aus Sicht der Tochter zu nichts im Leben gebracht hat, oder im Gegensatz zum Partner, der die Abhängigkeit von seinem Arbeitgeber in Kauf nimmt aus, sondern zeigen, welche zentrale Rolle die Anerkennung und Darstellung des Anderssein im Leben der Interviewten einnimmt. Dies wird auch dadurch deutlich, dass minutiös erläutert wird, wie der Tag als Arbeitslose gestaltet, ihm ein Sinn gegeben wird, statt auf einer Parkbank zu sitzen. Gleichzeitig erwartet sie - im Austausch und als Gegenleistung für ihre häuslichen Tätigkeiten - von ihrem Partner die eigene finanzielle Absicherung für die Zukunft, zumindest in Form der Bereitstellung einer Wohnung in einem von ihm zu bauenden Haus – eine insgesamt sehr traditionelle, weniger auf Eigenverantwortung und Initiative schließen lassende Auffassung.[23]

Zugleich eröffnen diese Pole des Spannungsfeldes Einblick in die Wertschätzungen einer Arbeitslosen, die nur unter bestimmten Bedingungen in den Arbeitsprozess zurückkehren möchte, und zeigen parallel verstärkte Bemühungen auf, sich und Außenstehende vom Sinn und Wert ihrer außergewöhnlichen Tätigkeiten im häuslichen Bereich zu überzeugen. Genau genommen sind diese Aktivitäten nicht mehr und nicht weniger als die einer praktisch veranlagten Hausfrau, die aus geringen finanziellen Mitteln versteht, ein Optimum herauszuholen. In der offiziellen Diktion der DDR wird diese Art von Heimwerkerarbeiten als Mittel zur Selbstverwirklichung innerhalb des eigenen Wohnbereichs und als "Ausgleich zur beruflichen Beanspruchung" *(vgl. Stöckmann, Peter; 1971: Heft 2, S. 21f)* propagiert. Und doch soll hier auf diesem Wege Unabhängigkeit demonstriert, soll betont werden, dass die Situation unter Kontrolle ist und das Umfeld der Objekte beherrscht wird. Die emotionale Einbindung in die Situation

---

[23] Die immer wiederkehrenden Darstellungen von der Tüchtigkeit und Geschicklichkeit im häuslichen Bereich erinnert an die Frau, die nach der Losung "ich diene Euch alle nieder!" durch dienen herrscht. Sie zeichnete A. Rühle-Gerstel 1932 in einer Studie nach. *Vgl. Rühle-Gerste, Alice; 1932/ 1972: 91f. zitiert nach: Hübner/ Tenfelde; 1999: 843, FN 40.*

einer Arbeitslosen wird erst über die Wortwahl deutlich, dass dieser Zustand jeden 'ereilen' kann und 'man sich nicht zu schämen braucht'.

Noch ein weiterer Aspekt zeigt die sozialgeschichtliche Einbindung[24] in einerseits traditionelle Handlungsmuster und andererseits Versuche auf, den zu vermutenden Widerstreit der Empfindungen und Erfahrungen in Einklang zu bringen:

Gemessen an den Handlungen während der letzten Phase von Arbeitslosigkeit, als sie sich weigerte, alle zunächst von sich aus übernommenen häuslichen Arbeiten und die Kindererziehung alleine zu tragen und stattdessen die Erledigung der Hälfte aller Aufgaben vehement vom Partner einforderte, zeichnet sich nun eher das gewandelte Tüchtigkeitsideal von Frauen der 1980-er Jahre in der ehemaligen DDR ab. Als Antwort auf das offiziell propagierte Wunschbild einer Frau sozialistischen Typs, das der weiblichen Bevölkerung ein Vielfaches mehr an Belastung auferlegte als ihren Partnern, verzichteten Frauen entweder zunehmend auf Kinder oder forderten im Bereich der Arbeitswelt einen Ausgleich für die Kindererziehung, d. h. sie verweigerten sich der sozialistischen Gesellschaft als Familiengründerin oder als Vollzeitbeschäftigte bzw. forderten die Mitarbeit ihrer Partner mit Nachdruck. Im allgemeinen sind "jene junge Frauen, die in den 80er Jahren erwachsen wurden [...], wohl am weitesten entfernt [...] von jenen Idealen weiblich-proletarischer Tüchtigkeit, die für die vorgenannten Generationen" galt *(Wierling, Dorothea; 1999: 841, Anm. 37)*.

In der Darstellung ihrer Person als Arbeitslose zeichnet die Betroffene ein hierzu entgegengesetztes, eher traditionelles Bild, gültig in der Zeit nach dem zweiten Weltkrieg, also für die Generation ihrer Mutter.

Tüchtigkeit als Tugend, "beinhaltet Kraft, Geschick, Umsicht, Erfindungsreichtum und Effizienz – also eine allgemeinere Fähigkeit, die sich auch außerhalb der Arbeit bewährt [...] [die] auf einer starken Identifikation mit der Aufgabe als Herausforderung" beruht *(ibid, 833)*.

---

[24] Zur Tendenz erster Eindrücke, die sich als natürliches Weltbild festsetzen, gleichzeitig als erste "Erfahrungsschicht" prägend für das weitere Dafür oder Dagegen auswirken, und man sich "in der Negation... grundlegend am Negierten.. orientiert", *vgl. Mannheim, Karl, 1928/ 1964: 509-565.*

Interessanter Weise subsumiert die Interviewte die lebenslange Tätigkeit ihrer Mutter ebenfalls unter dieses vorgenannte Ideal, charakterisiert sie mit "ehrlich, arbeitsam, geduldig [und] angepasst", um im unmittelbaren Anschluss die Lebensuntüchtigkeit der Mutter hervorzuheben, deren Bemühungen im Hinblick auf einen hohen Lebensstandard und gute finanzielle Absicherung im Alter ohne Resultate blieben, die ihre Kräfte darum verschleudert hat. Selbst im unmittelbaren Vergleich, als die Interviewte Parallelen zwischen dem eigenen und dem Lebensverlauf der Mutter aufdeckt, indem sie berichtet, wie die Mutter früher alte Teppiche schrubbte, weil ihr Mann nicht zum Kauf neuer bereit war, und wie ihr selber gleiches mit ihrem Lebenspartner wiederfährt, ordnet sie der Mutter Attribute wie Unfähigkeit und Lebensuntüchtigkeit zu, sich selber jedoch nur positive Eigenschaften.

Diese aufgebauten Polaritäten verdeutlichen Wertzumessungen und Abgrenzungsbestrebungen, aber auch zementierte Zuweisungsprozesse, die den eigenen, bislang eher als misslungen empfundenen Lebensverlauf, zu akzeptieren helfen. Die in Anspruch genommenen Handlungsräume und Verhaltensweisen in der alten und der neuen Gesellschaftsordnung scheinen zumindest ihren Focus nicht verändert zu haben, sondern sich nach wie vor auf die materielle Absicherung zu konzentrieren, wobei hier unerheblich ist, ob dies den Kindheits- und Jugenderfahrungen oder dem langjährig erlebten Konsummangel geschuldet ist. Als entscheidender, weil prägender Auslöser der negativ erfahrenen Berufsbiographie kann das "realsozialistische Selbstverständnis" angesehen werden, das als Zentrum "des sozialen und gesellschaftlichen Lebens.... den Betrieb" definierte, und das in einer "[erwerbs-] arbeitszentrierte[n] Gesellschaft dem Menschen nur einen Wert als "arbeitender Mensch" zuerkannte *(Schroeder, Klaus; 1998: 515)*, über den Arbeitslose naturgemäß nicht verfügen (können) und darum andere Handlungsräume zu beleben gezwungen sind. Die Interviewte scheint dies in den Zeiten ihrer immer wieder auftretenden Arbeitslosigkeit zu kompensieren, indem sie sich selber, ihrem Partner und ihrer Umwelt beweißt, wie viel nützlicher sie noch als Arbeitslose den Tag gestaltet, bezogen auf ihre Vergleichspersonen. So lässt sich die Tragweite eines als unbefriedigend erlebten Lebensverlaufs für die Zeit vor und nach der Wiedervereinigung über die mehrfach erwähnte Tüchtigkeit erfassen. Demnach war die politische Wende zumindest mitursächlich für die Verhinderung einer Kehrt-Wende der Berufsbiographie, hin zu einer als sinnvoll erachteten, angesehenen beruflichen Position, während ihr unvorhersehbares Eintreten den unbefriedigenden Zustand auf unabsehbare Zeit zu zementieren scheint.

2.2.3 Florence Hauser

Scheinbar unbeeinflusst von Ereignissen im Zusammenhang mit der Wende, stellt sich zunächst der Lebensverlauf der dritten Interviewten dar. Zeitgleiche Parallelitäten von Vorkommnissen in der frühen Jugend ergeben sich mit der zweiten Interviewten; nur dass hier nicht der Tod, sondern die Scheidung der Eltern eine glückliche Kindheit beendet.

Nach der Trennung der Eltern - in ihrem elften Lebensjahr - verläuft das Leben wenn auch ohne Haus und Garten, gemeinsam mit Mutter und Schwester nun in einer Mietwohnung in einem anderen Stadtteil der gleichen Großstadt zunächst äußerlich weiter wie bisher. In dieser Zeit wird das Fundament für eine lebenslang anhaltend gute Beziehung zur Mutter gelegt, die als "Flexibilitätsreserve" *(Herlth, Alois; 1989)* nicht nur die Bandbreite familialer Bruchstellen versteht einzudämmen, sondern darüber hinaus Vorbild für eigenständiges Agieren in ausweglosen Situationen wird, so in Zeiten von Arbeitslosigkeit und letztendlich auch in der Zeit der Scheidung der Interviewten. Die Existenz des Vaters tritt nach der Trennung der Eltern in den Hintergrund. Erst spätere Auseinandersetzungen mit dem Ehemann, in deren Verlauf versucht wird, Harmonie um jeden Preis aufrecht zu erhalten und Trennungsabsichten des Partners unter Duldung persönlicher Erniedrigung so lange wie möglich zu verhindern, rücken die Kindheitserlebnisse erneut in den Blickpunkt.

Von ihren Leistungen her eine durchschnittliche Schülerin absolviert die Interviewte die Grund- und Hauptschule. Hieran schließt sich, ihrem Berufswunsch entsprechend, eine Ausbildung zur Dekorateurin an. Sie arbeitet erfolgreich und engagiert fünf Jahre auf einer ihr zugewiesenen Arbeitsstelle. Mit etwa 20 Jahren heiratet sie einen um viele Jahre älteren Kollegen, der den gleichen Beruf wie sie ausübt, und ein Kind aus erster Ehe hat.

Die ersten Jahre ihrer Partnerschaft verlaufen harmonisch; beide sind nach wie vor berufstätig und können die vom Ehemann gesteckten Ziele realisieren, ein Auto, Fernsehen und sonstige Konsumgüter anschaffen und partizipieren damit an der sich seit den 60ger Jahren auch in der DDR allmählich entwickelnden Konsumgesellschaft *(vgl. Merkel, Ina; 1996: 8-20)*. Wenngleich die Ehefrau aufgrund ihrer Geschlechtsspezifik weniger verdient *(Nickel, Hildegard M.; 1995: 233ff)*, ist die Bedarfsdeckung über den Grundbedarf hinaus in erster Linie dem familiären Doppelverdienst zu danken.

Diese Ausgangssituation von Doppelverdiener-Haushalten schlug sich schon bald nach Einbeziehung nahezu aller Frauen in das Berufsleben auf den Gesamtkonsum der Bevölkerung nieder. So verfügten 1988 immerhin rd. 54% der Haushalte über einen PKW, 99% über einen Gefrierschrank, eine Waschmaschine und ein Radio, knapp 96% hatten überhaupt ein Fernsehgerät, rd. 57% einen Farbfernseher *(Stat. Jahrbuch, 1995, 10.9.; zit. n. Schroeder, 1998: 577)*. Damit war die erste Stufe der Konsumbedarfsdeckung erreicht, und die Verbraucher legten nun, in der zweiten Stufe, mehr Gewicht auf Qualität und Design, die die ostdeutsche Ware nicht zu bieten in der Lage war. Tendenziell verlagerte sich daraufhin der Konsum der 1980er Jahre auf Güter aus dem westlichen Ausland, die entweder gegen ausländische Zahlungsmittel in Intershops,[25] sog. Devisenläden, bezogen werden konnten, oder aber über Westverwandte auf dem Umweg über die Fa. Genex GmbH, in greifbare Nähe rückten, die sich vorwiegend auf die Lieferung in der DDR schwer erreichbarer Güter spezialisierte *(Schroeder, Klaus; 1998: 577f)*. Manz *(Manz, Günter; 1992: 90f)* spricht davon, dass auf diese Weise und über Weihnachtspäckchen und Mitbringsel von Reisen, Güter im Wert von rund 25 Mrd. Mark in die DDR eingeführt worden seien. Parallel zum Warentauschmarkt entwickelte sich ein Schwarzmarkt für West-Devisen. Ausgesuchte Qualitätsware konnte, versehen mit einem kräftigen Preisaufschlag, bisweilen auch in ´Delikat`- oder ´Exquisit`- Läden erworben werden. Dass diese Trendsetter umgekehrt nicht nur für eine Steigerung des Absatzes von Westwaren und für vermehrten Devisenabfluss

---

[25] Die offizielle Umtauschrate DM gegen Mark DDR betrug im Intershopladen 1:5, bzw. 1:6. *Vgl. Manz, Günter; 1992: 90.*

sorgten, sondern sich parallel dazu die Abwertung eigener Produkte im Bewusstsein der DDR-Bürger manifestierte und auf diesem Wege eine sowohl schleichende indirekte, als auch intuitive Abkehr vom Staat initiierte statt für eine Anhebung des Gesamtstandards zu sorgen, blieb von gesamtplanerischen Entscheidungsträgern weitgehend unbeachtet oder wurde erst später erkannt.

Der Ehemann der Interviewten, in der Alterskonfiguration zwischen 35 und 50 Jahren, verkörpert geradezu diesen Trend seiner Altersgruppe und postuliert das Erreichen von Westgütern –über die Interessen seiner Frau hinweg – zu seinem und vermeintlich ihrem Lebensziel. Neben dem Wunsch nach Statussymbolen dieser neuen Generation steht für die Interviewte und ihrem Ehemann die Verpflichtung zur Tilgung der Darlehen für die Wohnungseinrichtung und für das Auto im Vordergrund.

Diese gemessen am Durchschnittsverdienst relativ hohen Kreditmöglichkeiten– von bis zum 7000 Mark/DDR allein für die Einrichtung –, die allen Jungverheirateten gewährt wurden, forcierten eine möglichst frühzeitige Heirat und garantierten gleichzeitig über die Tilgungsverpflichtung, eine weitere Berufstätigkeit der Frau nach Eheschließung und/oder initiierten über einen großzügigen Krediterlass bei Geburt von Kindern die Familienphase.[26] Bezogen auf die Lebensgestaltung lässt sich aufgrund der Praxis einer derart großzügigen Kreditvergabe und Stundung eher von gelenkten, standardisierten, als von zur Individualität anregenden Lebens- und Berufsverläufen sprechen, die allem Anschein nach nicht innerhalb des Interessenspektrums der politisch Verantwortlichen lagen. Allerdings entzogen sich aufgrund der ihnen aufgebürdeten Doppelbelastung von Berufstätigkeit und Kindern, immer mehr Frauen der offiziellen Form der propagierten Musterfamilie. Nur vorübergehend sorgte diese forcierte Familienbildungspolitik für ein geringfügiges Anwachsen der Bevölkerung. Gelang es 1971 noch gerade die Sterbe- durch eine entsprechend hohe Geburtenrate von 2,1 aufzufangen *(Hockerts, Hans-Günter; 1994: 534)*, sank sie ungeachtet aller sozialpolitischen Steuerung bis 1989 auf 1,7 ab *(Winkler, Gunnar; 1990: 23)*.

---

[26] Der Krediterlass betrug beim ersten Kind 1000 Mark/DDR, beim zweiten 1500 und beim dritten 2500 Mark/DDR. Im übrigen wurde der Kredit zinslos vergeben. Vgl. Christa Bast/ Ilona Ostner, Ehe und Familie in der Sozialpolitik der DDR und BRD – ein Vergleich. *In: Schmähl, Winfried; 1992: 228ff.*

Als die Interviewte den Wunsch nach einem Kind äußert, kommt es zum ersten Ehekrach. Der Partner stimmt dem Wunsch nur unter der Bedingung zu, dass sich das Gesamteinkommen dadurch in Zukunft nicht verringert, er weiterhin von jeglicher Hausarbeit verschont bleibt, und seine auf Konsum ausgerichteten Lebensziele fortgelten.

Allen politischen Proklamationen zum Trotz verkörpert der Ehemann damit nicht etwa eine individuelle Abweichung vom Durchschnitt der Bürger, sondern bestätigt die mehrheitlich fortbestehende traditionelle Rollenverteilung innerhalb patriarchalischen Beziehungen in einer vom "Strukturkonservatismus" geprägten Nachkriegsgesellschaft, die familienpolitische Maßnahmen eher auf die Reproduktions- und Berufsfähigkeit der Frauen zuschnitt als auf die Emanzipation beider Geschlechter *(vgl. Trappe, Heike; 1995: 80ff)*. Darüber hinaus bestätigen den Ehemann seine Erfahrungen aus der Herkunftsfamilie, in der die Mutter neben einer Berufstätigkeit die Hausarbeit erledigte, der Vater hingegen nur seinem Beruf nachzugehen brauchte – allerdings unter Aufgabe jeglichen Mitspracherechts innerhalb der Familie. Selbst die offizielle Diktion des Familiengesetzbuches der DDR von 1966 war etwa in Art. 7, der die Gleichberechtigung der Ehegatten festschrieb und sich auf die Erziehung der Kinder und die Führung des Haushalts bezog, eher konservativ traditionell. Die sich später herauskristallisierende Instabilität vieler Ehen beruhte nicht nur auf der mangelnden gesellschaftlichen Umsetzung dieses Gesetzes oder auf dem frühen Heiratsalter, sondern vor allem auf einer für die berufstätige Frau unbefriedigenden Verteilung der häuslichen Tätigkeiten, die ihr bei in der Regel einem Drittel weniger Gehalt *(BAC, L-102/162, Scholz Horst; 1966: Bl. 73. Zit. n. Merkel, Ina; 1999: 536 AM 21)* im Durchschnitt 40% weniger Freizeit gewährte als ihrem Partner.[27]

Die Erfüllung ihres Wunsches nach einem Kind, das in den Augen der Interviewten erst eine Familie ausmacht, gibt für sie den Ausschlag allen Forderungen des Partners zuzustimmen, zumal sie ihre Hoffnungen darauf richtet, den Ehemann zukünftig in einigen Punkten seiner Meinung korrigieren zu können. Im Rückblick knüpft die Interviewte die Wende ihrer partnerschaftlichen Bezie-

---

[27] Letzteres weil sie insbesondere im Produktivsektor in Niedriglohngruppen eingruppiert wurde.

hung an die mit dem Partner grundsätzlich divergierenden Vorstellungen "Kind oder nicht Kind" und den Umstand, dass sie sich in der Ehe im Grunde genommen von Beginn an als Fremde begegnet seien: er mit seiner ausgeprägt materialistischen, sie mit ihrer zwischenmenschlichen Schwerpunktsetzung.

Mit ihrer unterschiedlichen Akzentuierung bestimmter Lebensinhalte spiegeln die Eheleute gleichzeitig die unterschiedlichen Einstellungen und Erfahrungen der Menschen der DDR wider. "In den 80ger Jahren habe ich niemanden mehr getroffen - [...] der noch von der Richtigkeit des politischen Kurses überzeugt gewesen wäre. Also ein totaler Leerlauf, die Maskerade war noch da, aber die Menschen waren alle schon umgekippt und lebten in anderen Welten" *(Engler, Wolfgang; 2000: 164f)*. Eine nahezu 20 Jahre dauernde Rationierung in vielen Lebensbereichen und die materielle Not in den 50-er Jahren hinterließen unübersehbar Spuren im Konsumverhalten. Wenn die Interviewte schildert, wie sie von ihrer Schwiegermutter zu feierlichen Anlässen schon benutzte, aber noch gut erhaltene Gebrauchsgegenstände geschenkt bekommt und diese zu Hause empört in den Müll befördert, lässt sich die von der "restlosen Verwertung" von Konsumartikeln geprägte, eher entbehrungsreiche Kindheit und Jugend des Ehemannes vermuten,[28] [29] wird gleichzeitig aber auch seine Wertschätzung von Konsumgütern verständlich, möglicherweise über das "Imitationsbedürfnis [auch das] Streben nach Respektabilität" *(Tenfelde, Klaus; 1999: 264; zit. n. Merkel, Ina, 1996: 536 AM 21)*.

---

[28] Hille belegt, dass sich bezogen auf den sozialen Status die Differenzen im Alltags- und damit im Familienleben der DDR-Bürger niederschlagen, diese Differenzen zwar von öffentlicher Seite wahrgenommen, aber statt bekämpft nur subtiler erfasst bzw. dargestellt wurden. (188f). Das Hauptinteresse galt der Legitimierung des Systems basierend auf der "'Tradition der Arbeiterbewegung". *Hille, Barbara; 1985: 188f, 194.*

[29] Die Sparraten Ende der 80-er Jahre belegen eine systembedingte geringe Vermögensbildung der Normalbürger der DDR, aber auch enorme Vermögensunterschiede. Während das gesamte Sparvermögen rd. 200 Mio. Mark/DDR betrug, entfielen nur auf rd. 3% der Sparanleger mehr als je 50.000 Mark/DDR, 1/3 aller Sparanleger verfügte nur über je rd. 5000 Mark/DDR. *Diewald/ Solgar; 1995: 274.*

Die Interviewte als unmittelbar Betroffene bringt über die Wertschätzung von Statussymbolen im Leben ihres Ex-Mannes Gesellschaftskritik zum Ausdruck, indem sie die Systemfehler eines Staates artikuliert, der den meisten seiner Bürger Konsumgüter im individuell gewünschten Maß vorenthielt und damit nach vielen entbehrungsreichen Aufbaujahren den Grundstein legte für ein soziales Gefüge, in dem Statussymbole eine höhere Wertzumessung erfuhren als zwischenmenschliche Beziehungen.

Etwa ein Jahr vor der Wende wird der gemeinsame Sohn geboren und beendet abrupt den häuslichen Frieden und die bisher aufrechterhaltene Harmonie. Die Interviewte, nun mit den Ansprüchen des Partners bezogen auf häusliche Aufgabenverteilung, Sorge um das Kind und eine volle Berufstätigkeit konfrontiert, entschließt sich, ein Babyjahr einzulegen. Dies bedeutet aufgrund staatlich forcierter Geburtenförderung keinerlei Verdienstausfall. Trotzdem verringern sich mit einem Kleinkind im Haus natürlich die jedem Mitglied der Gesamtfamilie zur Verfügung stehenden Mittel. Immer wieder kommt es aus diesem Grund zu Auseinandersetzungen, in deren Verlauf der Mann keine Bereitschaft zeigt, seinen Verdienst zu teilen, während sie ihrerseits nicht alle notwendigen Ausgaben decken kann. Kurz vor der Wende endet das Babyjahr.

Als sie wieder in ihren erlernten Beruf zurückkehren möchte, wird ihr ein anderer Arbeitgeber und eine Tätigkeit als Grafikerin zugewiesen, eine Herausforderung, die sie gerne und ungeachtet aller sonstigen Verpflichtungen und auch ohne sich von den erhöhten Anforderungen in der Einarbeitungsphase abschrecken zu lassen, annimmt.

09. Nov. 1989. Die mit diesem Tag verbundenen Veränderungen registriert sie in ihrer Tragweite erst, als sich die Eigentumsverhältnisse im Unternehmen ihres Arbeitgebers ändern. Vor die Wahl eines Berufswechsels oder Arbeitslosigkeit gestellt, entscheidet sie sich trotz 50%iger Gehaltseinbusse –vornehmlich angesichts des vom Ehemann ausgeübten psychologischen Drucks – für die ihr von Beginn an verhasste Stelle einer Verkäuferin.

Der Mann seinerseits realisiert sofort nach der Wende seine Chancen und nimmt eine Stelle im Westteil der Stadt an. Die Ehe findet fortan nur noch an den Wochenenden statt. Die Interviewte kümmert sich wie bisher alleine um die Erziehung des Sohnes, um sämtliche häuslichen Arbeiten und geht gleichzeitig ihrem Vollzeitjob nach. Wieder vergehen eineinhalb Jahre, in denen ihrerseits versucht wird, allen Seiten gerecht zu werden. Am Ende ihrer Kräfte kündigt sie schließlich ihre Stelle, wird arbeitslos und löst damit die zweite ernsthafte Ehekrise aus. Doch noch einmal gelingt es, die Ehe zu retten, indem sie den Ehemann von einer möglichen Verbesserung ihrer Einkünfte überzeugt, wenn sie an einer Umschulung zur kaufmännischen Fachkraft teilnähme.

Um nach der Wiedervereinigung einem arbeitsmarktpolitischen Fiasko bedingt durch Betriebsschließungen und ´Abwicklungen` entgegen zu wirken, gab es in den neuen Bundesländern von 1989 bis 2000 vermehrte Angebote zu Umschulungen. Diese richteten sich vorrangig an Frauen, die überproportional und zuerst von Entlassungen betroffen waren, spielte doch bei der Sozialauswahl im Rahmen von Kündigungen der (noch) erwerbstätige Partner eine diesen Prozess eher befördernde Rolle. Die Zahl der erwerbstätigen Frauen ist gemessen an der Gesamtzahl aller Erwerbstätigen von 1989 mit über 49% auf 23% *(vgl. Nickel, Hildegard Maria;1995: 23-33)* im Jahr 1994 gesunken; ihre Langzeitarbeitslosenquote lag im gleichen Zeitraum zwischen 70% und 100% über der der männlichen Arbeitssuchenden *(Geißler, Rainer; 1996: 621)*.

Über das Arbeitsamt gelingt es der Interviewten, in eine Maßnahme vermittelt zu werden; sie beginnt ihre Umschulung. Der Ehemann wechselt inzwischen je nach Konjunktur- und Beschäftigungslage seinen Job, verlagert den Wohnsitz von Ost nach West und umgekehrt, sich immer in der Gewissheit wähnend, in die gemeinsame Wohnung zurückkehren zu können. Gleichzeitig besteht er weiterhin auf ihren ehelichen Pflichten und auf seine vermeintlichen Rechten, so etwa von jeglicher Hausarbeit befreit zu sein und sein Einkommen für sich zu behalten. In dieser Zeit häufen sich die Phasen der Erniedrigung der Frau, in denen er sein Misstrauen in ihre Fähigkeiten signalisiert, bis sie schließlich selber an ihre Unzulänglichkeit glaubt und in Depressionen verfällt.[30] Unfähig zu reagieren, akzeptiert die Interviewte, dass ihr Ehemann Beziehungen zu seiner ehemaligen Verlobten im Westen wieder aufnimmt. Ist er bei seiner Ehefrau, beschränkt er sich auf Hinweise zur gründlicheren Pflege der Möbel, Verbesse-

---

[30] Zur Wirkungsweise dieser selbsterfüllenden Prophezeiungen und ihren Auswirkungen. *Vgl. Watzlawick/ Beavin/ Jackson; 1967: 1995ff.*

rung der häuslichen Reinigung, kritisiert die Erziehung des Sohnes und verlangt eine pfenniggenaue Abrechnung aller Ausgaben, insbesondere auch über ihr eigenes aufgrund der Umschulung reduziertes Einkommen. In seinen Augen Überflüssiges für den persönlichen Bedarf, z. B. für Kosmetika, zu finanzieren lehnt er ab.

Weitere eineinhalb Jahre vergehen, an deren Ende die Probandin allen psychischen Belastungen zum Trotz die Umschulung erfolgreich abschließt. Die sich schon zu Beginn der Umschulung negativ abzeichnende Arbeitsmarktlage hat sich weiter verschlechtert. Eine im unmittelbaren Anschluss an die Umschulung in Aussicht gestellte, hochdotierte Stellung für die Interviewte ist nicht in Sicht, wohl aber die erneute Arbeitslosigkeit. Mit seiner Geduld am Ende setzt der Ehemann seine früheren Drohungen in die Tat um, verlässt seine Frau und zieht zu seiner Freundin in den Westen.

Noch einmal bewegt das Objekt "Geld" die beiden Menschen. Keiner von ihnen möchte ihren ersten bereits gebuchten und bezahlen Flugurlaub ins westliche Ausland verfallen lassen; sie, weil sie vermutet, sich für lange Zeit keine Reise mehr leisten zu können, er, weil er nichts verschenken will. Der Urlaub endet vorzeitig, als dem Mann die Geldbörse gestohlen wird.

Den hohen Stellenwert für die Bürger der ehemaligen DDR, aber auch die emotionale Bindung mit Reisen ins westliche Ausland wird durch den Entschluss der schon getrennt lebenden Eheleute, gemeinsam zu verreisen, besonders deutlich.[31] Nur etwa bis in die 50-er Jahre war es Normalbürgern erlaubt, in den Westen zu reisen. Später unterlagen diese Reisen starken Restriktionen, waren an besondere Ereignisse oder eine herausragende gesellschaftliche Stellung geknüpft, ansonsten nur RentnerInnen möglich oder ganz ausgeschlossen *(Kleßmann/ Wagner, 1991: 21ff)*. Das geringe Lohnniveau, aber auch eine unterentwickelte Infrastruktur erschwerten selbst Ferienreisen im eigenen Land.

---

[31] Welchen Stellenwert Reisen und Arbeitslosigkeit in Bewusstsein von Ex-DDR BürgerInnen einnimmt unterstreichen die Ergebnisse einer 1996 durchgeführten Meinungsumfrage (n=1120). Auf die Frage ´was hat sich seit 1990 verändert` nannten als erstplatzierte Positivveränderung 70% : "man kann in ́Länder reisen, in die man früher nicht durfte". An erster Stelle der negativen Veränderungen steht mit 66% "die Arbeitsplätze sind unsicher/fehlen". Meinungsumfrage IM Leipzig Januar 1996 im Auftrag der Leipziger Volkszeitung. Zitiert nach: *Hertle/ Junkernheinrich/ Koch/ Nooke; 1998: 47.*

Teil I
2. Handlungsformen dreier arbeitsloser Frauen vor dem Hintergrund ihrer sozialgeschichtlichen Einflüsse

Auch sie gehörten zu den äußerst knapp bemessenen Konsumgütern, deren Vergabe von dem *vor* "allem vom FDGB gesteuerte[n] System der Prämierung gesellschaftlicher Leistungen..." abhängig war,[32] und die darüber hinaus nicht individuell, sondern meist "kollektiv in Ferienlagern und –heimen" *(Kleßmann/ Wagner; 1991: 505)* stattfanden.

Im Rückblick auf diese Zeit glaubt die Interviewte vor allem in den gesellschaftspolitischen Veränderungen den Auslöser ihrer mehrfachen Arbeitslosigkeit und ein wenig auch den Verursacher aller nachfolgenden Geschehnisse zu erkennen; waren es doch insbesondere die Zeiten der Arbeitslosigkeit, die die jeweils existenziellen Schwierigkeiten in der Ehe auslösten. Im direkten Zusammenhang zwischen dem gesellschaftspolitischen Umbruch und der gescheiterten Ehe erfolgt eine Schuldnivellierung, erhält die Wende eher die Funktion als Beschleuniger für bereits vorher initiierte Prozesse.

Wenige Wochen nach der Trennung und dem missglückten Urlaub reicht der Mann die Scheidung ein.[33] Die Interviewte versucht durch inneren Territoriumsgewinn ihr Selbstvertrauen wieder zu gewinnen und die in der Ehe erduldeten Erniedrigungen zu vergessen. Darüber hinaus kümmert sie sich intensiv - wie sie es bereits in früheren Zeiten von Arbeitslosigkeit getan hat - um einen beruflichen Neuanfang. Vor allem möchte sie unabhängig und eigenständig für sich und ihren Sohn sorgen, wie sie es bei der eigenen Mutter nach deren Scheidung erfahren hat.

---

[32] Kurz vor der Wende kamen 1,8 Mio. Reisen auf Vermittlung des FDGB zustande, 3,2 Mio. Menschen verbrachten ihre Ferien in betriebseigenen Häusern und nur 0,6 Mio. buchten über das staatliche DDR-Reisebüro eine Reise ins östliche, wenige davon ins westliche Ausland. *Selbach, C.; 1996: 65ff.*

[33] 1989 standen in der DDR 137 000 Eheschließungen 50 000 Scheidungen gegenüber. *Winkler, Gunnar; 1990: 31.*
Wie einschneidend die Wende, insb. bezogen auf die sozialen und wirtschaftlichen Unsicherheiten, bestimmend für das Verhalten der Menschen war, wird aus dem Rückgang der Scheidungen um 72% von 1990 zu 1991 deutlich; Veränderungen, die – bezogen auf nur einen Jahreszeitraum - nicht einmal der Krieg auszulösen vermochte. Erst 1993 zeichnete sich durch eine deutliche Zunahme der Eheschließungen um 25% eine Trendwende ab. *Vgl. Zapf, Wolfgang u.a.; 1993: 1-5.*

2.2.4 Resümee

Die drei hier vorgestellten Lebensverläufe zeichnen nach, dass und inwieweit sich Berufsbiographien und Handlungsformen vor dem Hintergrund des sozialgeschichtlichen Einflusses der Wiedervereinigung beider deutscher Staaten verändert haben.

Die vorgezeichnete Karriere der ersten Probandin, zu der das Milieu eines intellektuellen Elternhauses, ein Auslandsstudium und die privilegierten gesellschaftlichen Rahmenbedingungen die Weichen stellten, hätte mit dem Einstieg in eine qualifizierte berufliche Laufbahn begonnen. Die Wende vernichtete zunächst alle diese Lebenspläne und wird darum solange negativ gesehen, bis es der Interviewten nach langen inneren Kämpfen und nach mehreren Phasen von Arbeitslosigkeit gelingt, sich von den tradierten Mustern ihrer Sozialisation zu befreien. Erst als sie es nach Jahren und unter Inkaufnahme von Umwegen schafft, die ursprünglichen Berufspläne doch noch zu realisieren, kann sie sich teilweise mit dem neuen Staat arrangieren.

Im krassen Gegensatz dazu verläuft das Leben der zweiten Interviewten. Geprägt durch die Erfahrungen in Kindheit und Jugendzeit hat sie nur ein Ziel, nicht das abhängige und entbehrungsreiche Leben der Mutter zu wiederholen. Als sie die Aussichtslosigkeit dieses Vorhabens innerhalb der gesellschaftlichen Rahmenbedingungen der DDR erkennt, beschließt sie, ihr Glück durch Ausreise in den Westen zu versuchen. Die Frage, ob es ihr Zurückweichen vor der eigenen Zivilcourage – als sich die Möglichkeit tatsächlich bot - oder die für sie unvorhersehbare politische Wende war, die alle Träume beendete, lässt sich nicht eindeutig beantworten. Als gesichert angesehen werden kann, dass mit der Wende ihr Traum vom ´Anderssein` zerplatzte und sie fortan ihre gesamte Kraft benötigt, um nicht, was sich immer deutlicher abzeichnet, den Lebensweg der Mutter zu duplizieren.

Die dritte Interviewte erlebt die Wende vorrangig als negativen Beschleuniger des Prozesses des Scheiterns ihrer Ehe. Die gesellschaftlichen Veränderungen decken auf, wie zwei Menschen lange aneinander vorbeigelebt und sich in Erfüllung ihrer Lebensziele gegenseitig behindert haben. Trotzdem gelingt es der Probandin als Mitglied einer Gesellschaftsschicht, für die Anpassung von großer Bedeutung ist, der mehrmaligen Arbeitslosigkeit rational und äußerst flexibel zu begegnen. Lediglich vordergründig verliert sie von allen drei Interviewten am meisten. Letztendlich ermöglicht ihr die vom sozialen Umbruch forcierte Scheidung einen neuen Start und die Rückgewinnung ihres Selbstvertrauens.

Bei allen drei Interviewten deuten ihre Erklärungsmuster - warum das Leben nach der Wende nicht nach Wunsch verlaufen ist - darauf hin, dass davon auszugehen ist, dass der "Umbruch der Wendezeit [...] [als zumindest für die Betroffenen unvorhersehbares Ereignis, mit einem] tiefen, öffnenden und verschließenden Sozialisationsbruch [...] [verbunden war], der in anderer Weise, gleichsam mit existenziellen Zügen" Verhaltensmuster und Handlungsformen unter dem Einfluss von sozialisations- und gesellschaftspolitisch bedingten Wertorientierungen offen zutage treten ließ. In ihrer Wirkungsweise latent angelegte Prozesse beschleunigten sich und wirkten bestimmend für den weiteren Lebensverlauf der Betroffenen. Selbst unter der Berücksichtigung des Umstandes, dass die eingebrachten Interaktionsanteile aller drei vorgestellten Frauen richtungsweisend für ihr weitgehend negatives Erleben der Wendezeit waren, kann das die Gesamtgesellschaft - schon aufgrund der Vielzahl der betroffenen arbeitslosen Frauen in und nach der Wende - nicht davon befreien, über Instrumentarien nachzudenken, wie der für die Gemeinschaft der Bevölkerung positive Prozess der Wiedervereinigung allen Beteiligten vermittelt und von ihnen als positive soziale Wirklichkeit erlebt werden kann.[34]

---

[34] Wie hoch der tatsächliche Anteil Unzufriedener mit der Wende ist, lässt sich über das Ergebnis einer telefonischen Meinungsumfrage vermuten: so erlebten 32% im Osten von Arbeitslosigkeit Betroffener die Wende und ihre damit verbundene berufliche Position als eher verschlechtert – im Gegensatz zu 18% vergleichbarer westdeutscher Befragten. Telefonische Meinungsumfrage Deutschland im April 1997, IM Leipzig. Zitiert nach: *Hertle/ Junkernheinrich/ Koch/ Nooke;* 1998: 45.

3. Kurvenverlauf der Arbeitslosigkeit

(Welzer/ Wacker/ Heinelt; 1988: B 38/88)

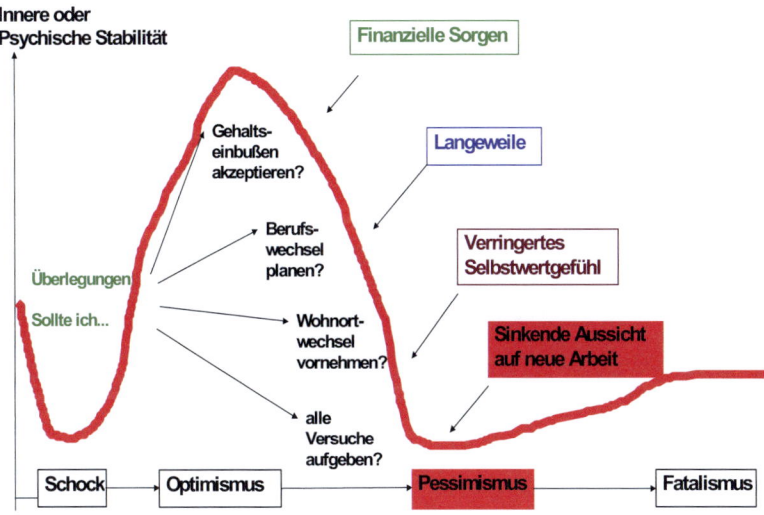

Teil II

4. Partnerschaftliche Interaktionsprozesse[35]

4.1 Hannah Kapweber

4.1.1 Biographie[36]

Hannah Kapweber wird zwischen 1955 und 1965 in B-Stadt geboren. In dieser Kleinstadt im jetzigen Bundesland Brandenburg, verbringt sie – gemeinsam mit vermutlich einer Schwester - ihre Kindheit und Adoleszenzphase. Während ihr Vater als Hochschullehrer tätig ist, umsorgt ihre Mutter die Familienmitglieder, kümmert sich vorrangig auch um die Erziehung der Kinder. Vielleicht findet Hannah Kapweber deshalb in der Mutter eine immer bereite Gesprächspartnerin. Ihren Vater hat sie heute als sehr engagierten Menschen in Erinnerung, der sich mit allen Mitteln erfolgreich gegen einen Parteieintritt wehrt. Gleichzeitig sieht sie in der Reizbarkeit des Vaters und in seiner beruflichen Belastung die Ursache zahlreicher häuslicher Auseinandersetzungen, die sie als Jugendliche vergeblich zu schlichten suchte. Noch heute verurteilt Hannah Kapweber die väterliche Abwertung der Hausarbeit und Kindererziehung durch die Mutter.

---

[35] Der nachfolgende Teil II basiert auf der Auswertung von ausgewählten Interviews, Beobachtungsprotokollen, teilnehmenden Beobachtungen, sowie *formulierenden* und *reflektierenden Interpretationen*, die im Rahmen einer wissenschaftlichen Studie erstellt worden sind. Alle verwendeten Namen und Orte sind anonymisiert.
Mecke, Irmtraut; 2001.

[36] nach R. Grathoff (1981) bezeichnet die Biographie „einen sozial organisierten Erfahrungszusammenhang des Einzelnen im Alltag, der eine bestimmte Stufe des historischen und kulturellen Wandels durchlaufen hat.... Sie wird zum Ausweis, zum öffentlichen Bestimmungsmoment des Jedermann".
Grathoff, Richard; 1981: 295.

Da die Eltern Diskobesuchen sehr kritisch gegenüber stehen, so beugt sich Hannah ihrem Wunsch und verzichtet in ihrer Jugend auf derartige Freizeitgestaltung. Stattdessen engagiert sie sich sportlich, genießt die Gemeinschaft und die gemeinsam wahrgenommenen Aktivitäten. Um später studieren zu können, wechselt sie nach dem Besuch der EOS zur POS über. Zahlreiche Auslandsbesuche während der Schulferien mit ihren Eltern veranlassen Hannah Kapweber ein Studium der russischen Sprache mit Z-Spezialisierung in D-Stadt in der UDSSR aufzunehmen.

Im Ausland blüht Hannah Kapweber auf. Sie holt die Freizeitvergnügungen nach, die ihr ihrer Meinung nach zu Hause verwehrt worden sind – und geniesst ihre Studienzeit. Während des Studiums im Ausland lernt sie Peter, ihren späteren Ehemann, kennen. Beide Partner lassen sich Zeit. Drei Jahre verbringen sie ihre Freizeit gemeinsam. Schließlich verloben sie sich in D-Stadt zu einem Zeitpunkt, als Peter bereits wieder nach A-Stadt, seiner Heimatstadt, zurückgekehrt ist.

Als sich Hannah Kapweber am Ende ihres fünfjährigen Auslandsaufenthaltes die Möglichkeit bietet, sich für ein Studium in A-Stadt zu entscheiden, statt in ihren ursprünglichen Studienort zurückzukehren, folgt sie kurzentschlossen Peter. Sie beendet ihr Studium und erhält eine befristete Anstellung an der Universität.

Im gleichen Jahr heiraten Hannah und Peter. Bis sie im Jahr darauf eine Wohnung zugewiesen bekommen, wohnt Hannah Kapweber für kurze Zeit mit drei anderen Studentinnen zur Untermiete; Peter, ihr Ehemann, lebt bei seinen Eltern. Während der Woche wird gearbeitet, auch mal telefoniert, die Wochenenden dienen der Partnerschaft. Peter hat nach seinem Studium den Sprung in die Akademie der Landwirtschaftswissenschaften geschafft. Das Leben verläuft in vorgezeichneten Bahnen. Ungefähr eineinhalb Jahre später ändert sich das. Fast zeitgleich fallen das vorgesehene Ende von Hannah Kapwebers Arbeitsvertrag an der Universität und die politische Wende zusammen. Hannah Kapwebers Ausbildung wird auf dem nun bundesdeutschen Arbeitsmarkt nicht anerkannt, sie wird arbeitslos.

Eine Fortbildung oder Umschulung lehnt Hannah Kapweber ab. Ihre Versuche, sich auf die traditionelle Rolle einer Frau als Mutter zurückzuziehen, scheitern durch zwei gesundheitlich bedingte Schwangerschaftsabbrüche. Am Ende einer längeren erfolglosen Arbeitssuche weist ihr das Arbeitsamt eine ABM-Stelle als Springerin in einem Kindergarten zu. Hier entsprechen weder das Arbeitsklima, noch die Kolleginnen Hannah Kapwebers Vorstellungen. Völlig unterfordert ärgert sie sich über das Verhalten und die Interessen ihrer Kolleginnen. Als sich ein (befristeter) Werkvertrag in C-Stadt bietet, verlässt Hannah Kapweber fluchtartig ihre bisherige Arbeitsstätte.

Für drei Jahre pendelt sie zwischen A-Stadt und C-Stadt hin und her. Sie fühlt sich geborgen und am richten Platz. Ihr Arbeitsfeld fordert sie, sie hat ein gutes Verhältnis mit ihren Kolleg/innen, sie baut Kontakte auf. Selbst als sich in dieser Zeit ihr Kinderwunsch erfüllt und ihre Tochter geboren wird, arbeitet sie weiter. Die Partner beschließen der Familie ein Zuhause zu bieten und ein Haus zu bauen, trotz der Gewissheit, dass Hannahs Arbeitsvertrag auslaufen wird. Schließlich endet der Vertrag, sie wird erneut arbeitslos. Neben den wiederauftauchenden Problemen der letzten Arbeitslosigkeit gesellen sich nun auch finanzielle Probleme.

Für den allgemeinen Arbeitsmarkt gilt sie immer noch als so gut wie nicht vermittelbar. Da sie anders als bei ihrer ersten Arbeitslosigkeit nun eine kleine Tochter hat, entfällt die Vermittlung in eine ABM-Tätigkeit. Stattdessen nimmt Hannah Kapweber an einer ihr sinnvoll erscheinenden Weiterbildung teil. Parallel bleibt sie arbeitslos gemeldet, sucht sie eine Arbeit, die ihr Spaß machen könnte. Zusätzlich aktiviert sie gegen Ende der Weiterbildung frühere Kontakte. Aufgrund dieser Kontakte, oder genauer gesagt durch Vermittlung einer ehemaligen Arbeitskollegin, erhält sie am Ende der Weiterbildung, kurz nach dem Interview, einen befristeten Vertrag zur Qualifizierung in ihrem Fachgebiet und beendet damit erst einmal die Phasen ihre Arbeitslosigkeit.

Teil II
4. Partnerschaftliche Interaktionsprozesse

4.1.2 Biographische Gesamtformung

(Protagonistin im weiteren Text mit 'Hannah K.` abgekürzt)[37]

Ich bin das Produkt meiner Erziehung – *Familienthema*[38]

Bereits im ersten Teil der Eingangserzählung weist Hannah K. explizit auf einen möglichen Zusammenhang ihrer partnerschaftlichen Beziehung mit ihren Erlebnissen im Elternhaus hin, um diesen im Verlauf des Interviews noch zu konkretisieren. Schon nach wenigen Sätzen folgen Aussagen über den Status[39], aber auch über das Prestige der Herkunftsfamilie, wodurch Familie und Sozialwelt deutlich in Beziehung zueinander gesetzt werden *(vgl. Mollenhauer/ Brumlik/ Wudtke; 1979).*

Relativ behütet wächst sie als eines von zwei Kindern im Lebensraum der Provinz in der Ex-DDR auf. Im Verlauf des gesamten Interviews wird nur ganz zu Beginn die Existenz eines Geschwisters erwähnt – ob Schwester oder Bruder bleibt im Dunkeln.

Die intellektuelle Tätigkeit des Vaters, seine Arbeit als Hochschullehrer, sichert sowohl das Ansehen und die soziale Stellung als auch die ausreichende materielle Versorgung der Familie. Das Haus der Eltern und verschiedene Reisen ins damalige sozialistische Ausland werden als Nebenschauplätze und eher selbstverständlich annotiert. Die nur am Rande erwähnte Parteilosigkeit des Vaters als vermutete Ursache seiner beruflichen Schwierigkeiten und seiner Unausgeglichenheit kann nicht darüber hinwegtäuschen, dass es sich bei Hannah K´s. Herkunftsfamilie erkennbar um das angepasste Intellektuellenmilieu in

---

[37] Grathoff betont in seiner Darstellung 'zur Bestimmung der soziologischen Struktur von Biographien`, dass <*biographische Situationen*> „... ein Bündel von Erfahrungen, Erwartungen und Motiven, die mehr oder weniger einzigartig sind und die Situation <strukturieren> „ (299). Vor allem aber verweisen „typische Momente der Biographie ... auf Handlungssituationen und prägen von vornherein alle personalen und Handlungstypen jeder Situation". (306). *Grathoff, Richard; 1981.*

[38] In der Familiensoziologie wird mit *Familienthema* die Grundorientierung der Familie bezeichnet, ihre Orientierungs- und Emotionalmuster, aber auch Normen und Wertzuweisungen bezogen auf Interaktionen mit Außenstehenden.

[39] Status definiert nach Kluth, als „genau begrenzte Teilhabe an einem zentralen gesellschaftlichen Ordnungswert."(6)... , der „für das ganze Leben Sinn und Inhalt" (76) festlegt. *Kluth, Heinz; 1957: 6.*

der Ex-DDR handelt, um eine traditionelle Familie, die es verstand, sozialistische Einflüsse weitgehend vor die Haustür zu verbannen. Unterstützt wird diese Annahme durch die - bezogen auf Macht- und Rollenstruktur des Elternhauses - instrumentelle Rolle des Vaters und die eher affektive Rolle der Mutter. Politisch propagierte Thesen, bzw. erste sozialistische Einflüsse mit ihrer Forderung nach gleichrangiger Stellung der Partner in Familie und Beruf, finden keinen erkennbaren Eingang in die Ideenwelt der Eltern.

Eher lässt sich von hoher Rollentraditionalität, sowohl in der Rollenstruktur 'Eltern`, als auch in deren Ehesystem sprechen. Der Vater wird als Akademiker zum Nutznießer des intellektuellen Gefälles zwischen sich und der Mutter mit ihren acht Volksschuljahren hingestellt. Unbelastet von häuslichen Aufgaben kann er sich voll auf seine berufliche Karriere konzentrieren, während der Mutter, die als 'Nur-Hausfrau` sonst doch nichts weiter zu tun hätte, die Erziehung der Kinder, die Erledigung aller häuslichen Tätigkeiten und die Funktion einer ausgleichenden Kraft innerhalb der Familie obliegt. Als verbindendes Glied der Familienangehörigen scheint sie von allen Beteiligten ihren Einsatz, aber auch Anerkennung ihrer eigenen Leistung gefordert zu haben, die ihr nach den Schilderungen von Hannah K. zumindest vom Vater verwehrt worden ist. Vielleicht erwähnt Hannah K. darum immer wieder verbale Auseinandersetzungen, die sie noch als Erwachsene als permanenten Streit zwischen den Eltern in Erinnerung hat. Sie selber sieht sich hierbei in einer vermittelnden Rolle zwischen den Elternteilen; wiederholt betont sie ihre vergeblichen Versuche, den elterlichen Streit zu schlichten - leider gibt es keine Hinweise auf die Art ihrer Schlichtungsversuche.

Aus dem Handlungsgefüge zwischen Mutter, Tochter und Vater lässt sich wohl eher von gescheiterten kindlichen Versuchen sprechen, die *Beziehungsgleichgewichte* zwischen den unmittelbaren Bezugspersonen herzustellen, mit der Folge, dass der Vater aus diesem Geflecht ausscheidet und die Kinder in einer Art Ersatzhandlung zum idealen Objekt der Formungsversuche der Mutter werden - mit allen Konsequenzen der Abhängigkeit für die Kinder und, um diese Beziehung nicht aufs Spiel zu setzen, im vorauseilenden Gehorsam handelnd. Dies bedeutet, dass sich Hannah K. im eigenen Verhalten aber auch im Umgang mit Gleichaltrigen an fiktiven, verbal nicht artikulierten Wünschen der Eltern orientiert. So stehen die Hinweise verschiedener Interviewstellen, jeglicher häuslicher Konflikt sei nicht ausgetragen, sondern totgeschwiegen, *unter den Tisch gekehrt* worden, nur im scheinbaren Widerspruch zum Prozess der *Familien-Gegenseitigkeit*. Hannah K. registriert auf diese Weise zwar die Elemente beider Elternteile, vermag es aber nicht, sie miteinander in Einklang zu bringen. *Nähe und Distanz* und *Gleichheit* in der *Verschiedenheit* formen sich zu diametral entgegengesetzten Polaritäten.

Dessen ungeachtet werden Vater und Mutter zu den zwei Menschen, durch deren Miterleben und Hilfe sie ihre eigene Stellung im Leben erst definiert. Die Interviewte nennt es *Prägung* und macht beide Elternteile verantwortlich für die Art und Weise dieser ihrer *Prägung*. Bei näherer Textbetrachtung werden keine Schuldzuweisungen an Einzelpersonen für das „problematische Elternhaus" verteilt, nicht Äußerungen wie ´Vater hat...`, ´Mutter hat...` finden Verwendung. Stattdessen wird beiden Elternteilen die Verantwortung für die Formung ihrer Person zugesprochen, subsumiert unter den Begriffen *Eltern, Elternhaus, zu Hause*. Mannheim spricht in diesem Zusammenhang von der *Prädominanz der ersten Eindrücke* und davon, dass sich frühe Erfahrungen in der Jugend fest im Bewusstsein verankern *(Vonderach et al; 1992: 192)*.

Selbstbestimmung - interpersonelle Interaktionsmuster[40]

So beginnt eine soziale und bildungsmilieugeprägte Orientierung, in deren Ablaufmuster sich Hannah K. in beinahe vorauseilendem Gehorsam einordnet. Als Tochter ´aus gutem Hause` unterwirft sie sich dem unausgesprochenen Verdikt der Eltern und bleibt Diskotheken fern; als „artiges Mädchen" engagiert sie sich im Rahmen traditioneller Freizeitgestaltung, dem Sport. Selbst wahrgenommene Diskrepanzen zwischen ihrer und der Freizeitgestaltung anderer Jugendlicher führen nicht zur Auflehnung gegen oder zum Streit mit den Eltern. Die Adoleszenzphase entwickelt sich zu einem Lebensabschnitt, in der jeder Kon-

---

[40] Krech, Crutchfield und Ballachey bezeichneten 1962 mit interpersonellen Eigenschaften ´interpersonal response trait` die charakteristischen Reaktionsweisen eines Individuums gegenüber einem anderen Individuum oder einer Gruppe. *Krech/ Crutchfield/ Stanley/ Ballachey; 1962.*

flikt vermieden, Probleme ignoriert, aber still unter den Gegebenheiten gelitten, d. h., in dem Handlungsstrukturen fremdinitiiert unwidersprochen nachgegeben wird. Erst in der späteren Selbstbeschreibung tauchen Überlegungen auf, die in diese Lebensphase den Grundstein für Schwierigkeiten im Umgang mit Menschen, insbesondere mit Männern gelegt wissen wollen: es sind die mangelnden Chancen, Prozesse einer Freundschaft ausprobieren zu dürfen, mit der Folge späterer Partnerschaftskonflikte. Weder im Freizeit-, noch im schulischen Bereich scheinen sich hierfür Übungsfelder geboten zu haben und wenn, wurden sie nicht als solche realisiert.

Ohne Schwierigkeiten durchläuft sie die Bildungseinrichtungen des sekundären Bereichs, POS, EOS, und tritt in den tertiären Bereich ein. Geradezu selbstverständlich wird aus der EOS-Schülerin die Studentin, entsprechend den elterlichen Vorgaben und staatlichen Möglichkeiten, d. h., sie nutzt zielorientiert die vorhandenen Möglichkeiten – ohne das Risiko einzugehen, diese Entscheidung rechtfertigen oder verteidigen zu müssen. Zusätzlich erfüllt sie sich damit ihren Wunsch, „nur weg" von zu Hause zu gehen und damit dem elterlichen Einfluss zu entkommen. Selbst das im Ausland praktizierte strenge Studienritual, das eine freie Entfaltung individueller Stärken nicht vorsieht, nimmt sie in Kauf. Systemkonform setzt sie ihr Studium im sozialistischen Ausland bis kurz vor dem Examen fort. Die Frage, ob dieses Verhalten milieukonkordant oder persönlichkeitsbedingt oder eine Mischung aus beiden ist, soll erst im Verlauf der Untersuchung geklärt werden. An dieser Stelle soll erst einmal der Frage nachgegangen werden, warum Hannah K. für ihre Person selbstverständlich von einem Studium und einer anschließenden adäquaten Berufstätigkeit ausgeht.

Einflüsse von Geschwistern bei der Auswahl der Studienschwerpunkte oder der Wahl des Studienlandes erwähnt Hannah K. nicht. Dies und die Tatsache, dass ein zweites Kind der Familie nur in der direkten Eingangspassage erwähnt wird, scheint die Hypothese zuzulassen, hierbei handele es sich um eine jüngere Schwester, mit der es zu keinem Geschwister- oder Behauptungskonflikt, bezüglich der hierarchischen Stellung innerhalb der Familie gekommen ist. Denkbar ist auch ein älterer Bruder, mit dem es aufgrund eines bereits aufgenommenen Studiums ebenfalls zu keinem Behauptungskonflikt kommt. Die erwähnten Schlichtungsversuche der Probandin deuten allerdings mehr auf ihren Status als ältere von zwei Töchtern hin. Dieser Annahme folgend lässt sich die Selbstverständlichkeit des Studiums dann wohl eher mit dem Bildungsmilieu und der aufgestellten Hypothese von zwei Mädchen in der Familie, von denen mindestens eine die intellektuelle Tradition fortsetzen soll und dem immer wiederkehrenden Postulat 'nicht wie die Mutter Hausfrau werden zu wollen`, erklären.

Matrophobie - oder nicht so sein wollen wie die Mutter

Abgrenzungsbestrebungen gegenüber der Mutter erhalten auf den ersten Blick einen nahezu überdimensionalen Stellenwert mit vordergründig widersprüchlichen Aussagen. Die klassische Rollenverteilung ihrer Eltern vor Augen, in dem ihr intellektuell überlegener Vater der Mutter die Aufgaben innerhalb der Familie zuweist, pariert Hannah K. schon sehr frühzeitig durch zielstrebige Schulausbildung und Studium. Das Bild ihrer vom Vater 'beherrschten, unterdrückten` Mutter und im Gegensatz dazu deren unermüdlicher Einsatz für die harmonische Gestaltung des familiären Zusammenleben, prägen in früher Kindheit die Vorstellungswelt der Interviewten. Diese *störende Ambiguität* in diesem harmonischen Heim wird von der Interviewten in der Position und Rolle der Mutter ausgemacht. Es herrscht zwar ein <warmes Milieu>, aber eine asymmetrische Beziehung im Geflecht der Eltern *(vgl. Csikszentmihalyi/ Rochberg-Halton; 1981/ 1989: 179)*. Generalisierend wird der Anspruch postuliert, was eine intellektuelle Frau im Leben sollte und was nicht; zu ersterem gehört Kinder zu bekommen, zum zweiten, den Beruf der Hausfrau abzulehnen. Im Vergleich der eigenen Mutter mit der Schwiegermutter, aber auch in der Untersuchung, mit wem die eigenen Probleme ohne Selbstaufgabe offen besprochen werden können, werden positiv belegte Kennzeichnungen für Frauen mit noch näher zu beschreibenden Eigenschaften, aber gleichzeitig auch der Umgang mit *Unbekanntem, Fremdem*, besonders deutlich.

Das Leben ihrer eigenen Mutter teilt sich nach Hannah K. in zwei wohlbekannte, weil miterlebte Bereiche: den der ausgebeuteten Ehefrau und den der treu sorgenden Mutter, die unter Verzicht auf eigene öffentliche Aktivitäten und unter Einsatz ihrer ganzen Hingabe das familiale System zu einem vordergründig harmonischen Gebilde gestaltet. Aus dem gemeinsamen Erfahrungsraum mit der Mutter heraus, ´als Fremde unter Gleichen`, hat die Interviewte für sich selber Handlungszwänge und Forderungen nach bestmöglicher eigener Ausbildung und nach absoluter Gleichwertigkeit beider Partner in einer Partnerschaft abgeleitet, immer gekoppelt mit den von ihr betonten originären Aufgaben einer Frau als Mutter und Stifterin von Harmonie und Zufriedenheit, aber auch als Gestalterin des Zusammenlebens der Familie. In diesem letzteren nicht hinterfragten, als selbstverständlich übernommenen Bereich der originären Aufgaben dient die eigene Mutter als Vorbild, erfährt sie die Zuordnungen „sehr sehr mütterlich, sehr besorgt und sehr sehr warm". Diese Übernahmen mütterlicher Wesensmerkmale deuten auf eine nicht vollständige Ablehnung der Eigenschaften hin und doch tragen sie Züge einer Phobie, denn zwanghaft vermeidet Hannah K. in die Situation zu kommen, die den negativen Auswirkungen ihres Hausfrauendaseins den Boden bereiten könnten – keinen Beruf in der Öffentlichkeit auszuüben *(Carison, Kathie; 1989/ 1992: 69ff)*.

Im eigenen Zuhause, bei den Eltern, kümmert sich jeder um den anderen, weiß jeder über die Schritte des anderen genauestens Bescheid. Einen eigenen Handlungsspielraum bzw. eine Intimsphäre, in der sich die Verschiedenheit der Generationen deutlich polarisieren kann, scheint es dabei nicht zu geben. Mit dem Wegfall der Intimsphäre auf der einen Seite, entfällt sozusagen als Gegenpol gleichzeitig auf der anderen Seite ein Konstituierungsprozess zwischen öffentlichem, familiarem und persönlichem Prozess, d. h. Pendelprozesse bezogen auf die Beziehungspolarität unter den Beteiligten. Ich-Grenzen zwischen den Familienmitgliedern werden durch eine übergroße Nähe ersetzt. Es besteht die Gefahr der *undifferenzierten Familien-Ich-Masse (vgl. Bowen/ Murray; 1965)*, die besonders fremd auf Menschen wirkt, die unvorbereitet mit dieser Art Familienbindung konfrontiert werden. Im Verlauf des Interviews schildert Hannah K. sowohl ihre Versuche, den Partner auf diese Art Familienbindung einzuschwören, als auch seine Reaktion auf ihre Bemühungen.

Strainger-Stigma

Anscheinend getrieben von Angst, es könne in der eigenen Partnerschaft zu ähnlichen zwischenmenschlichen Beziehungen kommen wie in der Herkunftsfamilie des Mannes, die von Hannah K. als negativ eingestuft und ihrer Auffassung nach von Gleichgültigkeit und Kälte geprägt ist, beschneidet sie des Partners liebgewordene Freiräume. Die Heirat konfrontiert Hannah K. mit einer „sehr sehr ungewohnt"(en) Welt, sie wird zur Gleichen unter Fremden und reagiert kritisch bis abwehrend auf für sie unbekannte Lebens- und Denkweisen. Insbesondere die von ihr als schlecht degradierte Ehe der Schwiegereltern widerspricht ihren Vorstellungen und wird darum als eine „reine Zweckehe" bezeichnet, in die die Schwiegermutter nach einem Seitensprung zu Mann und Kind zurückkehrt.

In dieser Familie gestalten sich die Alltagsabläufe ganz anders als in der eigenen Herkunftsfamilie, geht jeder unabhängig vom anderen seiner Wege. Das wird als Gefühlskälte der Menschen, als „eisige Distanz" ausgemacht, die hauptsächlich durch die Unfähigkeit der Hausfrau erklärt wird, deren Aufgabe es - basierend auf den tradierten Vorstellungen der eigenen Herkunftsfamilie - wäre, innerhalb der Familie Harmonie zu stiften. Lebensstil und Anschauungen der Schwiegermutter differieren anscheinend mit den eigenen Überzeugungen und zwingen Hannah K., deren Angebot, nach der Heirat bei ihr und ihrem Mann zu wohnen, abzulehnen. Stattdessen verlebt Hannah K. die ersten Monate ihrer Ehe in einem Viermann-Internatszimmer, während der frischvermählte Ehemann bei seinen Eltern wohnt.

Es mag die Andersartigkeit, das ungewohnt Fremde ihrer Schwiegermutter gewesen sein, die so das genaue Gegenteil der eigenen Mutter darstellt, die ihr Zuordnungen einbringen wie „sehr sehr kalt", ´einer Frau, die unfähig ist, Gefühle zu zeigen und deren dargebotene Herzlichkeit von ihrer Schwiegertochter als aufgesetzt empfunden wird`.

Als Mutter des Partners fällt ihr die Verantwortung für das vermeintliche Unvermögen ihres erwachsenen Sohnes, Hannahs Mann, zu, der es in den Zeiten der Arbeitslosigkeit seiner Frau vor allem nicht vermag, hinreichend emotionalen Anteil an deren Problemen zu nehmen. Die Entstehung dieses Mangels an

Empathie⁴¹ ihres Partners (ver)ortet Hannah K. in die Herkunftsfamilie ihres Mannes, in der ihrer Meinung nach eine *gestörte Familiengegenseitigkeit* herrscht.

Diese Sicht, die den Partner als Opfer seiner Erziehung, die Schwiegermutter als Initiatorin seiner missglückten Sozialisation darstellt, impliziert, dass der Partner auch als Erwachsener unfähig zu selbstverantwortlichem Handeln ist. Unterstrichen wird diese These noch, indem er als hilfloses Produkt seiner Umwelt dargestellt wird.

Der folgende Schritt liegt nahe: ihn als Ehepartner liebevoll auf den rechten Weg zu bringen und mit den rechten Einsichten vertraut zu machen, seine herkunftsbedingten, negativ beeinflussten Handlungen positiv zu verändern, ihm zu zeigen, wie sich die Abläufe in einer harmonischen Familie zu gestalten haben. Besonders deutlich kommt dies zwischen den Partnern in der Handhabung von individuellen Ordnungsprinzipien zum Ausdruck.

Als der Partner aus alter Gewohnheit seiner Jugendzeit heraus alle ihm wesentlich erscheinenden Dinge, wie Schuhe, Hammer, Schokolade, Bier, weiterhin am liebgewonnenen Platz – im Schreibtisch – deponiert, wird diese als Absonderung wahrgenommene Vorgehensweise abrupt unterbunden. Alle unkonventionell gehorteten Gegenstände erhalten durch Hannah K. wieder und wieder ihren „normalen Platz" im häuslichen Bereich. Darauf einsetzende Aktivitäten des Mannes führen nicht zur Diskussion zwischen den Partnern, sondern zu erneuter Umgruppierung.

In der Retrospektive schildert die Interviewte ihre Versuche, den Partner den eigenen Stempel aufdrücken, ihn nach eigenem Vorbild umziehen zu wollen, dabei verbucht sie ihre Disziplinierungsmaßnahmen des Partners als „selbstherrlich". Aber nicht Einsicht in ihr Unvermögen, den Partner ändern zu können oder die Zubilligung eines Freiraums führen zum Abbruch ihrer Aktivitäten, sondern die Häufung mehrerer schwer zu verarbeitender anderer Umstände - mehrfache Arbeitslosigkeit und zwei ungewollte Schwangerschaftsabbrüche. Die *normativen Orientierungen* ihrer Herkunftsfamilie werden auch nicht ver-

---

[41] damit ist an dieser Textstelle die Unfähigkeit gemeint, des Partners subtile Signale des Unwohlseins wahrzunehmen und angemessen zu reagieren; vgl. Levenson/ Ruef;1992: 63, 2.

suchsweise in Zweifel gezogen *(vgl. Mollenhauer/ Brumlik/ Wudtke;1979: 124ff)* und ebenso wie zwanghafte Züge in der eigenen Persönlichkeit weitgehend unreflektiert übernommen.

Kurz vor einem psychischen Zusammenbruch, als ihr zerrüttetes Selbstbild keine Aktivitäten mehr zulässt, kommt es zwischen den Partnern zum Gespräch bzw. zur verbalen Auseinandersetzung. Im Rahmen dieses Schlagabtausches muss die Interviewte Hannah K. die berufliche Qualifikation und die damit einhergehenden Qualitäten des Partners anerkennen – so ist er in der Familie derjenige, der über einen Arbeitsplatz verfügt und den bisherigen Lebensstandard sichert. Beim Versuch der Kompensation werden ihm seine Mängel auf der Ebene der Persönlichkeit, seine emotionalen zwischenmenschlichen Defizite aufgezeigt. Der Partner wird zur Hommage des Vaters. Vielleicht erinnern darum die Schilderungen dieser Auseinandersetzungen an die in Hannah K´s. Elternhaus dargestellten, in denen der nur als Hausfrau (berufs)tätigen Mutter, die Gleichwertigkeit als Partnerin vom Vater abgesprochen wurde. Der vorauseile Gehorsam aus der Jugendzeit scheint ersetzt worden zu sein durch bestandserhaltene Schutzmaßnahmen des eigenen Selbst.

Wertorientierung im Erwachsenenalter

Offensichtlich wird Hannah K. in solchen Situationen vorbeugend verbal aktiv, will sie doch unter allen Umständen mit dem Partner gleichwertig sein und keineswegs der Rollennorm ihrer Eltern, deren fixen Rollenerwartungen entsprechen. Positive Zuordnungen erfährt das Selbstbild von Hannah K. ausschließlich über die Identifikation einer Berufstätigkeit und keineswegs über die Rolle der NUR-Hausfrau während der Zeit ihrer Arbeitslosigkeit - mit dem zusätzlichen Makel zweier ungewollter Schwangerschaftsabbrüche behaftet. Diese Situation gilt eher als denkbar ungeeignet, sozialisationsbedingte, milieugeprägte Rollen- und damit gekoppelte Wertvorstellungen zu verändern, Offenheit gegenüber fremden Ideen oder fremden Lebensweisen herzustellen; stattdessen

Teil II
4. Partnerschaftliche Interaktionsprozesse

dient sie zur Kompensation eigener Unzulänglichkeit[42], vorrangig im stressfreien synkratisch strukturierten Miteinander der Partner. Der Umgang mit der Freundin in einer ähnlichen Krisensituation scheint diese Annahme zu bestätigen.

Interkulturelle Kommunikation[43] - gendertypisches Kommunikationsverhalten

Während die Einstellungen des Partners, zu dem sie überdies in einer Konkurrenzsituation hinsichtlich der Gleichwertigkeit der Person zu stehen scheint, nur rein hypothetisch aus der imaginären Darstellungswelt und als fremderlebt von Hannah K übermittelt werden, verbinden sie mit einer alten Schulfreundin gender-, identisch-, bildungs- und entwicklungsmilieutypisch ähnliche Erfahrungen. Von Frau zu Frau, davon eine bereits in, die andere mit Aussicht auf *eine sog. negative Berufskarriere (Büchtemann, Christoph, F.; 1984: 63)* verlaufen Gespräche über die jeweilige persönliche Situation positiv, scheinen spannungsfreier als mit dem Partner. Von einer hohen Aussprachefähigkeit zwischen den Frauen ist die Rede und von der Möglichkeit ihren Frust bei der anderen abzulassen, aber auch von gegenseitiger Initiierung, perspektivisch nach vorne zu sehen. Im Umgang mit dieser Freundin gibt es keinen Selbstbehauptungskampf; es stehen sich Gleichwertige und keine Fremden, die um gegenseitige Wertschätzung und Anerkennung kämpfen, gegenüber *(vgl. Soest, Marjo 1990: 2/1990, 44-7)*. Die Freundin vermittelt ihr das Gefühl, so sein zu können, wie sie ist. Sie ist der einzige Mensch, bei dem uneingeschränkt *Weite und Nähe* zugelassen werden können. Allein die verbalen Formulierungen, mit denen der Umgang zwischen den beiden Frauen geschildert wird, weisen eine anerkannte Gleichwertigkeit, aber auch die Verwendung einer Bindungs- und Intimitätssprache aus, im Gegensatz zum Gebrauch der Status-, bzw. Unabhängigkeits-

---

[42] damit entspricht Hannah K. dem „Trajekttyp", der „seine Biographie ... stark durch äußere Bedingungen und Zwänge, aber auch durch die verbindliche Wirkung von normativen Erwartungen geprägt" sieht. *vgl. Brose, Hanns-Georg; 1990: 179-211.*
[43] Mit *interkultureller Kommunikation* bezeichnet D. Tannen das abweichende, für den Gegenpart nicht oder schwer verständliche Kommunikationsverhalten zwischen Männern und Frauen. *vgl. Tannen, Deborah; 1990/1991: 40.*

sprache männlicher Interaktion. Es kommt nicht zur *Interkulturellen Kommunikation.. verschiedene*(r) *Genderlekte (Tannen, Deborah 1990/ 1991: 40).* Im Mittelpunkt des Gesprächsverhaltens der Freundinnen stehen Metamitteilungen, über die Verständnis gezeigt, Beziehungen gefestigt werden. Hier werden Gefühle und Probleme miteinander besprochen und nicht, wie mit dem Partner gehandhabt, 'Probleme auf den Tisch gepackt', der diese seinerseits in den Augen seiner Frau durch Beschwichtigung banalisiert und überdies gleichzeitig ungefragt zur Lösung der Probleme übergeht. Es scheint *die Mitteilungsebene eines Gesprächs (ibid, 51)* zu sein, die *Übertragung von Interpretationsregeln für ein bestimmtes* (in diesem Fall gleich belegtes) *sprachliches System (ibid, 53),* das verbale Konfliktlösung mit der Freundin so viel einfacher erscheinen lässt. Außerdem reaktivieren sich die positiv belegten Bilder aus der Kindheit und Adoleszenzsphase mit der Mutter als Trösterin und verständnisvollen Gesprächspartnerin. Diese Bilder werden auf die Freundin übertragen. Beide nehmen beinahe selbstverständlich und ohne Absprache, den ihnen von der anderen zugewiesenen Platz ein, signalisieren der Person Akzeptanz und stehen darum auch nicht in Konkurrenz, sind gleichwertige Partnerinnen im Alltäglichen. Und doch initiiert der Umgang dieser beiden Frauen miteinander unterschiedliche Handlungen bei der Interviewten:

Während die Freundin das Selbstbild stützt, erfährt die Interviewte durch die Mutter, wie wichtig ein behütetes Erleben der Kindheit ist. Die scheinbare Widersprüchlichkeit der Aussagen, 'bei uns wurde alles unter den Tisch gekehrt und meine Eltern haben sich oft gestritten' vermittelt zumindest das Bemühen der Mutter, die Kinder nicht an den emotionalen und wertbezogenen Auseinandersetzungsprozessen zwischen den Erwachsenen teilhaben zu lassen, ihnen stattdessen eine Kindheit in harmonischer Umgebung zu schaffen. Dies wird von der Interviewten vermutlich als 'unter den Tisch kehren' wahrgenommen, während der Streit vielleicht nur die unter der Oberfläche schwelenden Spannungen zwischen den Eltern sind, die die Mutter immer vor den Kindern zu verbergen sucht. Aber auch die stillschweigende Erwartungshaltung zwischen Eltern und Kindern kann zu Spannungen unter den Partnern geführt haben und als Streit wahrgenommen worden sein.

Erkennbar wiederholen sich die Kindheits- und Adoleszenzerfahrungen im späteren Leben der Interviewten. Nur im scheinbaren Widerspruch wird die Beziehung zu den Eltern als 'nun wieder offenes Verhältnis' dargestellt. Die Harmonie nach außen hin wird weiterhin aufrechterhalten. Involviert werden beide Elternteile noch heute nicht in die Lösungsfindung eigener Probleme, um nicht noch zusätzlich Spannungen in deren konfliktgeladene Ehe einzubringen – so begründet Hannah K. ihre Handlung und bestätigt damit auf diesem Wege den Fortbestand der Spannungen mit dem Eltern. Die Interviewte bedient sich der Methode der retrograden Darstellung von Problem und Lösung, die ihr zusätzlich die Mühe der verbalen Problemnennung erspart, sie andererseits ihren Eltern gegenüber als Mensch erscheinen lässt, der alle Probleme im Griff hat und meistert, aber damit gleichzeitig ihre emotionale Entkoppelung von ihnen signalisiert. In der zwischenmenschlichen Beziehung zu den Eltern hat sich durch ihre diversen Arbeitslosigkeiten nichts geändert außer, dass Hannah K. es jetzt in dieser Eltern-Kind-Beziehung ist, die alle Probleme meistert und nicht mehr ihr Vater. Hannah K. bemüht sich nach Kräften, zumindest oberflächlich dieses Bild nach außen hin zu vermitteln. Insgesamt gesehen lässt die Art der Darstellung bzw. diese Herangehensweise der Problemerörterung und –lösung den Betrachter eher an Rollentausch als an Beziehungen unter gleichberechtigten Partnern denken, eher an Übernahme milieuhafter Rollen als an deren Veränderung[44].

In Hannah K´s. eigener Familie ist die kleine Tochter noch zu jung, um als gleichberechtigte Person neben der Mutter stehen zu können. Erst einmal voll-

---

[44] "...Rollensituationen tendieren dazu, sich milieuhaft zu entwickeln, sobald sie sich routinehaft wiederholen". *Hildenbrand, Bruno; 1983: 22.*
ibid:"..Denn so richtig es ist, dass das Milieu mit seiner Routinehaftigkeit und Vertrautheit die subjektive Wirklichkeit sichert, so richtig ist es auch, dass durch den Abschluss des Milieus nach außen, d.h. durch den Abschluss des Milieus gegenüber neuen Erfahrungen, die Gefahr besteht, dass die Familie Typisierungsschemata zur Erfassung der inner- und ausserfamilialen Realität entwickelt, die nicht mehr mit der sozialen Umwelt der Familie vermittelbar sind und sie ihr gegenüber in Normalitätsprobleme verstricken. ...Hier werden die Betroffenen jeweils mit der Notwendigkeit, sich in unvertrauten Sozialzusammenhängen zu orientieren, konfrontiert, für die sie augenscheinlich nicht adäquat ausgestattet sind, weil ihnen die Fähigkeit zum ständigen Wandern zwischen vielfach divergenten sozialen Welten fehlt. Einer der grundlegendsten, die Fähigkeit zur Konstruktion sozialer Wirklichkeit an der Wurzel angreifenden Zustände psycho-sozialer Desintegration ist der „Verlust der natürlichen Selbstverständlichkeit", *vgl. auch Blankenburg, Wolfgang; 1971: 24.*

zieht sich vor dem Kind der gleiche Mechanismus wie vor der Interviewten in deren Kindheit. Einerseits behütet die Interviewte die Tochter vor Widrigkeiten, andererseits macht sie die Existenz des Kindes verantwortlich für die vielen Problemen zwischen den Partnern. Hannah K. bringt zum Ausdruck, dass die Anwesenheit der Tochter die verbale Aussprache zwischen den Partnern verhindert, und dass sie der Grund ist, warum die Partner wenig Zeit füreinander haben. Parallel dazu gilt die Prämisse, dem Kind auf jeden Fall eine harmonische, heile Welt darzubieten, die Tochter ungetrübt von eigenen Problemen aufwachsen zu lassen. Auf diese Weise sammeln sich die nicht verarbeiteten Schwierigkeiten, und erst bei längerer Abwesenheit der Tochter wird das Knäuel der sich anhäufenden Probleme mit dem Partner abgerollt.

Umgang und die Handhabung eigener häuslicher Schwierigkeiten erinnern an die von Hannah K. wahrgenommenen Prozeduren in ihrer Herkunftsfamilie, als deren Verursacher und Initiator zu einem beträchtlichen Teil der eigene Vater gilt. Hingegen wird die Rolle der Mutter differenzierter und insgesamt positiver betrachtet.

Die Mütter und die Väter

Noch in der Retrospektive, jetzt selbst Mutter einer Tochter, scheint die Beziehung der Interviewten zur eigenen Mutter eher positiv emotional verankert – ganz im Gegensatz zur Rolle des eigenen Vaters, der gleichzeitig Verachtung für die Ausbeutung der Mutter und parallel dazu Bewunderung für das beruflich Erreichte erfährt. Zwei Widersprüche im Erleben von Hannah K drängen sich auf:

Zum einen legt die untergeordnete hierarchische Stellung der Mutter in der Familie als Hausfrau den Grundstein für die eigene Entscheidung, als erwachsene Frau niemals in solcher Position sein, sondern wie der Vater eine intellektuelle Berufstätigkeit ausüben zu wollen. Zum anderen wird analog die Unzulänglichkeit des Partners, adäquat auf Probleme zu reagieren, in dessen elterliches Haus als Ort der Entstehung manifestiert, hier jedoch an die Person der Schwiegermutter geknüpft.

Teil II
4. Partnerschaftliche Interaktionsprozesse

Während die Mutter des Partners anscheinend zur Auseinandersetzung mit ihrer Person anregt, Beachtung findet, sei es lediglich als Verursacher negativer Verhaltensweisen des eigenen Ehemanns, erfährt der Vater des Partners nur Beachtung im Bereich der Erwähnung als einer von *die dreie*. Weder bei der Pflege verwandtschaftlicher Beziehungen, noch in irgendeinem sonstigen Zusammenhang deutet darüber hinaus irgend etwas auf die Existenz des Schwiegervaters hin und dies, obwohl es im eigenen Elternhaus gerade der Vater war, der - wie bereits dargelegt -, die Interviewte zur intensiven Auseinandersetzung mit Rolle und Rollenambiguität einer Frau angeregt hat, der gleichzeitig negative Zuordnungen, aber auch die Vorbildfunktion für die eigene Ausbildungs- und Berufsentscheidung zugesprochen bekommt.

Zum anderen wird die eigene Unzulänglichkeit, in konfliktträchtigen Situationen adäquat zu handeln, ebenfalls zurückgeführt auf Erlebnisse im Elternhaus, in dem die Realität dergestalt wahrgenommen wird, dass jeglicher Konflikt von den Kindern ferngehalten wurde.

Diese beiden primären Ausprägungen der Sozialisation werden zu normativen Orientierungen des eigenen Lebens stilisiert. Es sind die *relativ zeitlose(n) Faktoren der sozialen Grundgebilde und Grundstrukturen,* aber auch die *epochale Sozialstruktur (Schelsky, Helmut; 1957/ 1983: 20f),* die gekoppelt mit starrem Festhalten an bisher bewährten Handlungsstrukturen Hannah K´s. Leben prägen. Perspektiven von Betroffenen - Partner, Eltern und Schwiegereltern - bzw. Überlegungen oder Spekulationen über deren Perspektive fließen, wenn überhaupt, nur rudimentär in die Darstellung der Problematik ein - ein weiteres Steinchen im Mosaik der Persönlichkeitsstruktur der Interviewten, vielleicht aber auch ein Hinweis darauf, dass es ihr möglicherweise nicht gelingt, in die Erfahrungsräume[45] ihr nahestehender Personen einzudringen, um sie aus der Rolle der verständnisvollen Partnerin heraus zu verändern. Zumindest weisen solche

---

[45] Diese Auffassung findet sich auch bei Karl Mannheim wieder, in der ein „immanentes Verstehen und Interpretieren ... nur Erfahrungsräumen gegenüber gelingen (kann), mit denen wir in historischer Kontinuität stehen; er ist ferner nur in einer Epoche möglich, die differenziert genug ist, um innerhalb ihres Erfahrungsraumes mehrere spezielle Erfahrungsräume zu enthalten, wodurch das interpretierende Individuum sich auch existentiell die nötige innere Vorstellung aneignet, die allein es ermöglicht, in verschiedene Erfahrungsräume einzudringen". *Mannheim, Karl; 1980: 276-7.*

und ähnliche, zahlreich im Interview geschilderte Situationen darauf hin, dass hier zwar ein historisch identischer, wohl aber kein Differenzen zulassender Erfahrungsraum vorliegt, sondern stattdessen eher von einer geschlossenen Gesellschaft mit fest vorgeprägten Vorstellungen eines Milieus gesprochen werden kann.

Der Partner

Bereits in der Eingangspassage verweist Hannah K. auf ihre Rolle als Schlichterin innerhalb und außerhalb der Familie. Sie unterstreicht dies durch wiederholte Schilderungen, angefangen vom Trösten von Schulkameraden, bis hin zur Darstellung des Tages, als sie ihren späteren Partner tröstet, der gerade von seiner Freundin verlassen worden ist.

Beide absolvieren zu der Zeit ein Auslandsstudium im damals sozialistischen Teil Europas. Die zahlenmäßig begrenzte Gruppe Deutscher begegnet sich immer wieder an bei Auslandsstudenten beliebten und ihnen zugänglichen Punkten. Bei gemeinsamer Freizeitgestaltung, wie Konzert- und Theaterbesuchen, aber auch bei sportlichen Aktivitäten kommen sich die Partner näher, entdecken sie Gemeinsamkeiten ihrer Interessen. Auffallend zögerlich berichtet Hannah K. überhaupt vom Beginn ihrer Partnerschaft. Mehrmals verfällt sie in Allgemeinplätze, wird unpersönlich, tauscht 'ich' gegen 'man', um schließlich auf die für sie notwendigen Kennzeichen einer Partnerschaft einzugehen.

Im Vordergrund steht ihre Forderung nach einem intellektuell gleichwertigen und ebenbürtigen Partner, der sie als Mensch mit allen Fehlern akzeptiert, ihre Bedürfnisse unter allen Umständen berücksichtigt, einem Menschen, mit dem sie gemeinsame Interessen verfolgt, und bei dem sie sich aufgehoben und geborgen fühlen kann. Sehr rational schildert die Interviewte abwägende Überlegungen, ob der Partner nun auch der Richtige fürs Leben sei. Explizit verbal betont sie ihre Einstellung, dass derartige Beziehungen für sie mehr auf dem Verstand basieren. Ihre Überlegung, sich schließlich doch für einen Mann entscheiden zu müssen und ihre Erkenntnis, kein Mensch sei fehlerfrei, aber auch die Angst, in der von ihr als Mensch aus der Provinz als bedrohlich empfundenen damaligen Hauptstadt der Ex-DDR ihr Studium beenden zu müssen, bewegen sie, den Partner als möglichen Ehepartner in Erwägung zu ziehen. Darum entscheidet sie sich bei der anstehenden Verteilung zur Verfügung stehender Arbeitsplätze für zurückkehrende AuslandsstudentInnen für den einzig freien Platz im Wissenschaftsbereich, der an der Universität des Heimatwohnortes des Partners zu vergeben ist. Immer wieder stehen sich die rationale Abwägung über die Zweckmäßigkeit der Ehe und die eigene Bereitschaft, für lange Zeit eine Bindung mit einem Menschen einzugehen, gegenüber. Zwei, drei Tage vor der Hochzeit erfährt der zukünftige Ehemann von den Zweifeln an der Legalisierung dieser Verbindung.

Erstmals öffnet sich Hannah K. damit einem Menschen, lässt ihn teilhaben an ihrem Innenleben, ihren Zweifeln, den selbstauferlegten Forderungen und Fragen, ob sie einer solchen Beziehung gerecht werden kann. Insbesondere die gedankliche Abweichung vom 'artigen Mädchenklischee`, ihre Überlegung, wie weit sie nach der Eheschließung bei einem Flirt gehen darf, deuten auf internalisierte moralische Werte und Ansprüche einer kleinbürgerlichen Gesellschaft, eventuell auch auf ihre innere Einstellung zu dieser Partnerschaft und die Funktion des Partners hin. Gemessen an der relativ kurzen Studienzeit, die ebenso wie ihre Kindheit und Adoleszenz durch normative Orientierungen geprägt ist, gibt es keine Zeitspanne, in der es Hannah K. möglich ist, tradierte Normen und Werte in Frage zu stellen und/oder sie teilweise ins eigene Wertsystem, evtl. auch unter anderen Vorzeichen zu integrieren. Global lässt sich von einem Austausch der Abhängigkeiten sprechen – Eltern gegen Ehemann *(Hagemann-White, Carol; 1984: 102).*

Ungeachtet dessen bestärken sie in ihrer Entscheidung schließlich die gemeinsamen positiven Erfahrungen während des Auslandsstudiums, bilden den Grundstock für das Zustandekommen dieser Ehe[46], stehen noch heute im Mittelpunkt und drängen selbst noch nach vielen Jahren die Erinnerung an die damalige Lebensmittelknappheit und schlechte Unterbringung im Ausland in den Hintergrund.

---

[46] Dieses Kriterium des 'guten Verstehens` zwischen den Partnern wird von Frauen als wichtigstes im Interaktionsprozess zweier Menschen betrachtet. *vgl. hierzu: Brody/ Hall;. 1993: 454-6.*

Die eigentliche Ehe, von Hannah K. rational als Teilhabe an den Sorgen und Nöten des anderen definiert[47], beginnt jedoch erst, nachdem die Partner eine eigene Wohnung zugewiesen bekommen. Trotz Eheschließung setzen sie für etwa ein Jahr ihre im Ausland begonnene Art der Beziehung fort: sie leben und arbeiten/studieren getrennt und sehen sich bis auf wenige Ausnahmen nur an den Wochenenden.

Der Partner toleriert den Entschluss, getrennt zu leben bis ihnen eine eigene Wohnung zugewiesen wird, und beweist seiner Ehefrau erstmals seine, ihr unter allen Umständen gewährte Akzeptanz. Gleichzeitig bereitet er, angelehnt an das *Lerngesetz des operanten Konditionierens*[48], den Boden für seine Ehefrau vor, zukünftig ihre eigenen Interessen zielorientiert durchzusetzen. Allerdings verschiebt sich auf diese Weise der Prozess des Aushandelns der jeweiligen Partnerpositionen in der Ehe. Denn *mit der räumlichen Fixierung der Intimbeziehung und ihrer Entfaltung im eigenständigen Wohnen werden jene lebensgeschichtlichen Hintergründe der Partner erst virulent (im Sinne von handlungsrelevant...* eine Art *<der Konstruktion ehelicher Wirklichkeit> (Berger und Kellner 1965) (Matthes, Joachim; 1978: 154-172).* Die Zeit vergeht, ohne dass die *strukturell unterschiedlichen Deutungsmuster sozialer Realität,...* resultierend aus verschiedener *Sozialisations- und Lebenserfahrung...* in einem *<privatimen Akkulturationsprozess> (Gripp, Helga; 1979: 203)* abgestimmt werden könnten. Dann überschlagen sich die Ereignisse.

Fast zeitgleich wird die erhoffte Wohnung zugeteilt und öffnen sich die Grenzen zwischen der Ex-DDR und BRD. Das politische System verändert sich und zerschlägt damit erst einmal die Träume von Berufstätigkeit und paralleler Familienbildung. Hannah K´s kurz vor der politischen Wende erzielter Studienabschluss wird nicht anerkannt und sie zum ersten Mal arbeitslos.

Im Gegensatz zum Partner. Dieser ist zeitlich gesehen vor seiner späteren Frau aus dem Ausland zurückgekehrt, hat sein Studium früher abgeschossen und schon vor der politischen Wende einen Arbeitsplatz erlangt. Nach der Wieder-

---

[47] Diese Definition steht im Gegensatz zu der landläufigen von Ehe und Partnerschaft, die eher die psychische Ebene umreißen. *vgl. hierzu Sillars; 1985: 277-305.*

vereinigung gelingt es ihm, seine berufliche Position weiter auszubauen. Demgegenüber sieht sich die Interviewte durch die eigene Arbeitslosigkeit zum Menschen zweiter Klasse mit geringwertiger Ausbildung abgestempelt. Zusätzlich fühlt sie sich durch das vermehrte Zeitkontingent in die Rolle der Hausfrau gedrängt, in eine Funktion, die sie niemals ausüben wollte und weiterhin vehement ablehnt. Trotzdem übernimmt sie erst teilweise, später - während ihrer dritten Arbeitslosigkeit, - die komplette Erledigung aller häuslicher Arbeiten. Mehr aus einem Gefühl der Ohnmacht heraus, beugt sie sich damit immaginär oktruierten Zuständen. Hausarbeit wird zum Fluch, der ihr Denken beherrscht und fast ihre gesamte Zeit belegt, aber auch beinahe ihre gesamte psychische Energie beansprucht.

Parallel dazu verändern sich die *Aufmerksamkeitsstrukturen* der Partner, die ihre bisherige Beziehung festigten. Diejenige der Interviewten fokussiert fortan das derzeit nicht erreichbare Objekt ´Berufstätigkeit`. Beim Partner kristallisieren sich zwei Schwerpunkte des Lebens heraus – soweit dies aus der Darstellung der Interviewten abgeleitet werden kann; einerseits muss er sich schon aufgrund der sich wandelnden gesellschaftlichen und politischen Gegebenheiten voll auf seinen Beruf konzentrieren, andererseits fällt ihm die Aufgabe zu, in seiner anscheinend knapp bemessenen Freizeit, Hannah K. als Auffangbecken nicht verarbeiteter Eindrücke und Erlebnisse zu dienen. Sie ihrerseits zwingt das vermehrte Zeitkontingent, über ihre Stellung in der Partnerschaft nachzudenken, aber auch über die Rolle, die sie dem Partner zumisst bzw. die sie glaubt, vom Partner zugemessen zu erhalten.

Seit ihrem Zwangsausschluss aus der Arbeitswelt geht sie von einer nicht existenten, stillschweigenden Übereinkunft mit dem Partner aus und erledigt auch alle ihm bisher im Haus obliegenden Arbeiten. Da sie diese Arbeiten aus einem selbst auferlegten Zwang heraus übernimmt, kommt es immer häufiger zu Stimmungsschwankungen, zum Ausflippen in nichtigen Situationen. Die Interviewte spricht von einem Mechanismus, zwischen dessen Räder sie geraten ist

---

[48] Das „Lerngesetz des operanten Konditionierens" geht von der Wahrscheinlichkeit aus, dass einmal positiv verlaufene Handlungsstrukturen die Wahrscheinlichkeit ihrer erneuten Anwendung in ähnlicher Situationen vorrangig begünstigen.

Teil II
4. Partnerschaftliche Interaktionsprozesse

und aus dem sie nun keinen Ausweg weiß[49]. Die Partnerschaft entwickelt sich für sie zu einer institutionell verankerten, unentgeltlichen Anstellung bei ihrem Partner *(vgl. Singly, François de; 1993/ 1994: 136).*

Bilanzierungskonzept der Partnerschaft

Die Verteilung der Arbeit über verbale Aushandlungsprozesse zu regeln, scheidet offensichtlich aus, sodass hier einerseits von fiktiven Erwartungsdiskrepanzen zwischen beiden Partnern ausgegangen werden kann, Attributionen, mit denen das Partnerverhalten gedeutet wird *(vgl. Bradbury/ Fincham; 1989: 119-43)*, basierend auf tradierter Lebenshaltung des Elternhauses, welches sich als Bestandteil eines *natürliche(n) Weltbild(es) (vgl. Mannheim, Karl; 1928/ 1978: 78)* milieukonkordant gefestigt hat. Andererseits überlässt Hannah K. ihrem Partner damit die mühseligen und schwierigen, aber notwendigen Aushandlungsprozesse, die die Beziehung zum Anderen immer neu definieren, zumindest Art und Zeitpunkt ihrer Kommunikationsprozesse, die äußeren Gegebenheiten. Der Partner als voll Berufstätiger, sieht seinerseits anscheinend keine Veranlassung über funktionierende Abläufe, die ihn im häuslichen Bereich entlasten, zu diskutieren oder sie gar in Frage zu stellen. Da er als ´zufriedener Erwerbstätiger` nicht mit einem Identifikationsproblem behaftet ist, versteht er seine Partnerin nicht, die die Erledigung häuslicher Arbeiten ausschließlich der Individualebene zuordnet. Fortan scheinen sich die Abläufe zu verselbständigen, denn indem der Partner es sowohl selber als auch für Hannah K. nicht vermag, den psychologischen Absprung von der Individualebene auf die Interaktionsebene mit Konfliktlösung zu vollziehen, akkumulieren häusliche Probleme, bis sie schließlich eskalieren *(vgl. Hess-Diebäcker/ Stein-Hilbers; 1991: 120)*

---

[49] In seinen Untersuchungen hat Le Doux gezeigt, dass es im limbischen System ein selbständiges Nervenzentrum gibt, den Mandelkern oder Amygdala, der Reaktionen vor dem Neuhirn auslöst. Das Neuhirn kann nur im Nachhinein die Reaktion des Amygdala registrieren, eine Vorausschau oder Planung auf mögliche Handlungen ist ausgeschlossen. Darüber hinaus ist der Mandelkern in der Lage, Spannungszustände über Stunden und Tage zu halten, sodass einmal aufgestaute Aggression oder Wut in einem unvorhergesehenen Moment unkontrolliert eskalieren können, wie dies bei Hannah K. der Fall ist. *vgl. Le Doux, Joseph E.; 1993: 69-79.*

Teil II
4. Partnerschaftliche Interaktionsprozesse

Wieviel selbstverständlicher und damit einfacher war die Verteilung der Hausarbeit, als beide Partner berufstätig bzw. im Studium waren; jeder hatte die Konsequenzen seines übervollen beruflichen Arbeitspensums selber zu tragen. Die Rollenverteilung in dieser Partnerschaft scheint hauptsächlich von der Frage bestimmt und dementsprechend bewertet worden zu sein, ob beide Partner sich in einer Berufstätigkeit verwirklichen können und resultierend daraus, ob Arbeit und Aufgaben innerhalb der Beziehung „relativ gleichmäßig" verteilt sind. Hierunter fällt vor allen Dingen die Forderung, jeder erledigt seine ihn betreffende Arbeit; aus der Gemeinsamkeit entstandene Arbeitspensen, werden auf die beteiligten Personen aufgeteilt.

Deutlich kommen an dieser Stelle internalisierte politische Anforderungen ihrer Erziehung, nicht ihres Elternhauses, sondern ihres gesellschaftlichen Umfeldes zum Tragen. Es erklärt sich, warum Hannah K., resultierend aus einer *zeitgeschichtlich-politischen Situation*[50], die Kombination bzw. Organisation von perfekter Berufstätigkeit, Hausarbeit und perfekter Kindererziehung als rein ostdeutsches Problem betrachtet. Schuld an ihrer Arbeitslosigkeit, ihrer Misere, trägt darum aus ihrer Sicht an erster Stelle die Systemveränderung des Staates und erst an zweiter Stelle ihr Geschlecht. Gerade weil es im universitären Alltag der Ex-DDR vor der Wiedervereinigung beider deutscher Staaten keine nennenswerte offene Benachteiligung von Frauen gab, eher von gezielter Förderung gesprochen werden kann, taucht die Möglichkeit, als Frau benachteiligt zu sein, bei Hannah K. als Verursacher ihrer Arbeitslosigkeit nicht vorrangig auf.

Im untergegangenen politischen System wäre ihr eine akademische Karriere garantiert, ihr Selbstbild gestärkt und ihr *Habitus*[51], die Verinnerlichung von

---

[50] Schelsky bezeichnet dies als dritte Phase, die den einzelnen prägen, neben sozialen Grundgebilden und Grundstrukturen sowie epochalen Sozialstrukturen. *vgl. Schelsky; 1957/ 1983: 20ff.*

[51] vgl. Bourdieu, der dem Habitus zwei definierte Leistungen zuordnet: „der Hervorbringung klassifizierbarer Praxisformen und Werke zum einen, der Unterscheidung und Bewertung der Formen und Produkte (Geschmack) zum anderen, konstituiert sich die repräsentiert soziale Welt, mit anderen Worten der Raum der Lebensstile. ...Der Habitus bewirkt, dass die Gesamtheit der Praxisformen eines Akteurs (oder einer Gruppe von aus ähnlichen Soziallagen hervorgegangenen Akteuren) als Produkt der Anwendung identischer (oder wechselseitig austauschbarer) Schemata zugleich systematischen Charakter tragen und systematisch unterschieden sind von den konstitutiven Praxisformen eines anderen Lebensstils. ...Der Habitus ist nicht nur strukturierende, die Praxis wie deren Wahrnehmung organisierende Struktur, sondern auch strukturierte Struktur". *Bourdieu, Pierre; 1982: 279.*

Normen und Werten ihrer sozialen Gruppe gefestigt gewesen. Wie stark ihre Verankerung in diesem System, ihre unkritische Übernahme politischer und sozialer Gegebenheiten ist, belegen Sätze wie *es war ja damals alles noch schön geordnet* oder bereits in der dritten Arbeitslosigkeit „in diesen (fürchterlichen) anderen Zeiten"; Arbeitslosigkeit „das war wirklich ne Sache des bösen Westens bei uns gabs ja so was nicht".

Ungeachtet dieser Äußerungen gibt es außer internalisierter Handlungsstrategien an keiner Stelle im Interview Hinweise auf ein gesellschaftliches Engagement bzw. Aggreement mit dem System der Ex-DDR, und doch darf nicht außer Acht gelassen werden, dass *Orientierungswerte... stets Bestandteile der umfassenden kulturellen Sinnsysteme (Oldemeyer, Ernstf; 1979: 601)* sind. Möglicherweise zeugen die verbalen Zuordnungen gegenwärtiger Verhältnisse auch von Unsicherheit bis hin zum Verlust einer Orientierung, denn *Ordnung bedeutet Überschaubarkeit der Verhältnisse, bedeutet Abgeschlossenheit des Gesichtskreises, gelungene, `Vereinseitigung der Welt` (Gehlen) oder `Reduktion der Komplexität der Welt` (N. Luhmann). Nur innerhalb eines überschaubaren Raumes kann man sich sicher orientieren, und auch nur dann, wenn man selbst in diesen Raum... `eingeordnet` ist (Kaufmann, Franz-Xaver;1970: 23)*.

Es scheint sich die Stillhaltetaktik der Eltern als Zugehörige einer intellektuellen Oberschicht, das stillschweigende Engagement mit dem System, fortgesetzt zu haben. Noch in der Situation der Arbeitslosen bewegt sich Hannah K. innerhalb der vorgesehenen sozialen und gesellschaftspolitischen Bandbreite. Lediglich die Nichtanerkennung ihres Hochschulabschlusses und der damit vereitelte Schritt in die dritte Stufe der Sozialisation, die Arbeitsaufnahme, zeigt eine Reaktion: die innere Ablehnung des neuen politischen Systems. In dieser *Schwellensituation* findet eine Neubewertung der *milieugebundenen Wertprägungen (Mentalitäten) (Pankoke, Eckhart; 1984: 93)* statt.

Bildungsmilieutypisches Verhalten

Arbeitslos sein, heißt für Hannah K. nicht vorrangig, ihren Wert als Mitglied der Gesellschaft einzubüßen, sondern als nunmehr Hausfrau die Position einer Nicht-Intellektuellen auszufüllen, nicht ihrer Ausbildung entsprechende Tätigkeiten zu verrichten, d. h., den *Dimensionen eines* Lebensstiles *(Bourdieu, Pierre ; 1982 :283)* zuwider zu laufen. Zusätzlich steht und fällt die Anerkennung und Wertschätzung ihrer Selbst, aber auch die Gleichwertigkeit gegenüber dem Partner mit einer adäquaten Berufstätigkeit. Diesen *Habitusanspruch* sowohl sich selbst als auch dem Partner gegenüber kann sie als Arbeitslose nicht realisieren. Aus diesem Grunde verlaufen auch bis dahin zahlreich und intensiv gestaltete Briefkontakte zu Freunden im ehemaligen ausländischen Studienort im Sande. Als Arbeitslose kann sie schlecht über berufliche Dinge korrespondieren, und wenn die verschriftlichte Sprache in Form eines Briefes dem einer *idealen Sprachsituation* gleichgestellt ist, bedeutet dies im Sinne von Habermas, dass Hannah K. nun nicht mehr in der Lage ist, *die symmetrische Verteilung der Chancen, Dialogrollen wahrzunehmen und Sprechakte auszuführen (Habermas, Jürgen;1971b: 139),* mit der Folge, das sie den Briefverkehr einstellt. Vielleicht spielt bei der Einschätzung ihrer Situation auch die Angst, wie ihre Briefpartner sie be-/verurteilen eine Rolle, oder wie erfolgreich bzw. erfolglos sie ihr Selbstbild den anderen gegenüber verteidigen kann - beides Steigerungspotentiale ihrer intrapersonellen Konflikte *(vgl. Rogers/ Rosenberg; 1977/ 1980: 63).*

Das Ehezerwürfnis einer befreundeten Familie kommt in diesem Moment gerade recht. Um die eigenen Probleme besser in den Hintergrund drängen zu können, kümmert sie sich tröstend und beratend um den Freund, zieht mit ihm mehrmals wöchentlich abends durch Kneipen, stillschweigend vom Partner erwartend, begleitet zu werden, obwohl dieser am nächsten Tag früh aufstehen muss. Heute, in der Retrospektive, weiß Hannah K. um die Zumutung an den Partner in dieser Zeit, der von der Handlungsweise seiner Frau völlig überfahren war. Ihre Erklärung für sein Verhalten erstaunt, wird ihm doch unterstellt, dass er sich seiner eigenen Position innerhalb der Partnerschaft nicht sicher war, er sie aus einer Position der Schwäche heraus begleitet habe. Eigene Beweggründe für dieses recht abweichende Verhalten – gemessen an dem bisher eher konservativ geschilderten – umreißt die Interviewte mit der Chance, in dieser für sie problematischen Zeit, an etwas anderes zu denken, die Probleme in den Hintergrund drängen zu können. Der zu tröstende Freund wird zum Lü-

Teil II
4. Partnerschaftliche Interaktionsprozesse

ckenfüller einer lästigen Freizeit – die aufopfernde Trösterrolle verblasst hinter einer aufgesetzten Demonstration imaginärer Stärke. Selbst diese belastende Situation für eine Partnerschaft klingt in der Schilderung sehr nüchtern; emotionsbelegte Wörter fehlen – auch in der beschreibenden Handlung im Kanon des Partners. Abschließende anerkennende Worte der Zuneigung für seine damalige Haltung finden sich ebenso wenig. Verwendete Gesprächssignale scheinen den ihnen zugewiesenen *Rahmen (Tannen, Deborah;1986/ 1992: 97ff)* nicht verlassen zu haben oder über den Zugriff der Metamitteilung hinterfragt worden zu sein. Stattdessen verschärft sich `das partnerschaftliche Miteinander´ in dieser schon durch die Arbeitslosigkeit angespannten Situation weiter. Als zusätzlich noch ein ungewollter Schwangerschaftsabbruch erfolgen muss, d. h. ein geordneter Rückzug auf die geschlechtsspezifischen Möglichkeiten einer Frau vereitelt wird, kommt es zur ersten ernsthaften Krise in der Partnerschaft.

Am Ende ihrer psychischen Kraft nutzt die Interviewte eines abends die körperliche Nähe des Partners, um die geistige Nähe zwischen beiden wieder herzustellen; sie überschüttet ihn mit allen aufgestauten, ungelösten eigenen Problemen, berichtet von ihrem aufgesetzten Optimismus, ihrer inneren Verpflichtung, die Hausarbeit zu erledigen und davon, wie sie von einer Familiarität ausgegangen sei, in der er ihre Gedanken und Probleme kennt, ohne dass sie verbal zum Ausdruck gebracht werden müssten[52].

Es wird deutlich, dass sie nicht die Tätigkeiten an sich verabscheut, sondern die im Elternhaus damit einhergehende Degradierung der ausführenden Person befürchtet, womit sie stillschweigend eine Kongruenz der Meinung des Vaters und des Partners impliziert und durch diese Art der Rekonstruktion zukünftige partnerschaftliche Interaktionen negativ bestimmt *(vgl. Harvey/ Agostinelli/ Weber; 1989: 39-41)*. In Situationen, die keine Erinnerungen an den eigenen Vater auslösen, entwirft Hannah K. ein ganz anderes Menschenbild vom Partner.

---

[52] vgl. hierzu Wolf (1987), der von der Annahme eines stillschweigenden, aber nicht realen Verstehens im täglichen Umgang der Partner ausgeht. *Wolf, W.; 1987.*

Verlaufskurve der Partnerschaft

Retrospektivisch gibt es keinen Zeitpunkt, an dem sich die Interviewte gegenüber dem Partner nicht seiner Zuneigung und seines Verständnisses ihrer Probleme sicher sein konnte - zumindest lässt sich aus dem Interview dieses Partnerbild rekonstruieren. Die erste Ehekrise, ausgelöst durch den Wunsch Hannah K´s, nicht bei ihrer Schwiegermutter wohnen zu wollen, wird durch sachliche Problemdefinition und verbale Abwägung gelöst, ungestört von emotionalen Exaltationen. Und doch zeichnet sich hier ein erster grundlegender Unterschied zwischen der Problemerörterung mit der Freundin und mit dem Partner ab, der sich in der verbalen Darstellungsweise niederschlägt:

Mit der Freundin werden Probleme besprochen. Jede teilt der anderen ihre Nöte mit, indem Gefühle und Stimmungen beschrieben werden, während der zuhörende Teil sich ausschließlich auf diese anteilnehmende Rolle beschränkt. Hierbei ist besonders der Austausch emotionaler Werte, die Bereitschaft Anteil zu nehmen, das angenehme Gesprächsklima wichtig *(Oppermann/ Weber; 1995: 13; 19).*

Die Erfahrungen in Gesprächssituationen mit dem Partner scheinen andersartig zu sein als in denen mit der Freundin, entsprechen eher dem durchschnittlichen gendertypischen männlichem Verhalten *(ibid: 51)*. Bei ihnen steht nicht das positive Gesprächserleben, sondern die Problemlösung im Mittelpunkt, zählen Fakten, die es zu verändern gilt. Nur so ist erklärlich, warum der Partner die Probleme seiner Frau `ausgekippt´ erhält. Dieses Szenario des Problemeanhäufens und dem Partner „Auf den Tisch Packens" wiederholt sich bei jeder Phase von Arbeitslosigkeit: In der Periode ihrer zweiten und dritten Arbeitslosigkeit spricht Hannah K. von ´ausflippen` und davon, wie sie verbale Ausbrüche bekommt und wieder dem Partner alles auf den Tisch packt. Je mehr sich bei ihr Gefühle der Minderwertigkeit breit machen, Zweifel am Potential ihrer eigenen Person aufkommen, Depressionen zunehmen, desto ausgeprägter entwickelt sie ein Eskalationspotential in der partnerschaftlichen Auseinandersetzung, schafft sie dadurch künstlich zusätzliche Konfliktsituationen. Langsam installiert sich ein Interdependenzsystem, in dem unbeabsichtigte Handlungsfolgen und Handlungsparadoxien mit dem Effekt des emotionalen Aufschaukelns rationale Problemlösungsstrukturen verdrängen. Der Partner fungiert in den Zeiten, in denen ihr Wille zum weiteren Verharren in der unbefriedigenden Situation versiegt oder sie die psychische Kraft zum Durchhalten verlässt, als Ventil. Sie ihrerseits hat mit jeder Wiederholung der Arbeitslosigkeit weniger Energie, sich auch noch seinen Problemen anzunehmen, wohl wissend, dass sich die Partner immer weiter entfernen, er seine eigenen Schwierigkeiten immer später in die Diskussion einbringt.

Hannah K. berichtet, wie sie mit der Zeit den nicht enden wollenden Kreislauf von Frustentwicklung, Eskalation und Versöhnung im alltäglichen Miteinander der Partner erkennt und benennt den Geschädigten als den Menschen, der ihr am nächsten steht, ihren Partner. Parallel zu dieser Erkenntnis sucht und findet sie die Verursacher, die es ihr unmöglich machen, adäquat zu reagieren, eigene Handlungsmechanismen in wiederkehrenden Situationen zu entwickeln, um so einerseits mit der momentanen Situation fertig zu werden, andererseits selbst gesteckte Ziele zu erfüllen, um auf diese Weise ihr Selbstbild wieder herzustellen. Diese mangelnde *Integrationsleistung* verhindert zusätzlich, dass die teilweise *widersprüchlichen Rollenidentitäten* in Einklang gebracht werden *(vgl. Bodenmann; 1995: 185)*. Unangefochten werden Strukturen und Handlungsabläufe ihrer sozialen Wirklichkeit in Form praktischer Erklärungen, *accounts*, entwickelt[53]. Diese accounts beeinflussen nicht nur die retrograde Betrachtung der Partnerschaft, sondern programmieren in Form einer Bilanzierung ebenso zukünftige Interaktionen weit über das partnerschaftliche und gesellschaftliche Aktionsfeld hinaus[54]. Hannah K. findet diese Verursacher ihrer Misere als Arbeitslose im Elternhaus und in der veränderten politischen Konstellation, wobei sie unberücksichtigt lässt, dass die totale Daseinsstabilisierung nur im engen Raum *totaler Institutionen (vgl. Goffmann, Erving; 1961: 1ff)* möglich ist, wie in Gefängnissen und geschlossenen Anstalten. Ohne direkte Nennungen werden immer wieder Schuldzuschreibungen vorgenommen, an die wiederum Vorgänge gebunden werden, aus deren Abläufen Hannah K. ihr Unvermögen zum

---

[53] Diese Art der *reflexiven Selbstorganisation* entspricht dem Bilanzierungskonzept von Nisbett und Jones in der Attribuierung von Erfolg und Misserfolg. *vgl. Nisbett/ Ross; 1980.*
[54] Hier wird die klassische Attributionstheorie um den Faktor der vergangenheits- und zukunftsbezogenen Verwobenheit erweitert. *Vgl. Harvey/ Orbuch/ Weber; (Hg) 1991: 44 ff.*

Handeln ableitet – und dies mit unveränderten Nennungen auch in der Zeit der dritten Arbeitslosigkeit.

Die Mitarbeiter des für sie zuständigen Arbeitsamtes, die sie konkret und gezielt mit ihrer derzeitigen Nicht-Vermittelbarkeit auf dem Arbeitsamt konfrontieren, gehören zu den wenigen konkret benannten Personen, denen als Vollstrecker des neuen gesellschaftlichen Systems Nennungen in Form von direkten Schuldzuweisungen zukommen. Neben diesen Negativseiten der neuen Gesellschaftsordnung stehen immer wieder die Versäumnisse ihrer Erziehung am Pranger. Beide zusammen verhindern nach Meinung Hannah K´s ihr situationsgerechtes Handeln.

Zu keinem Zeitpunkt fühlt sich die Interviewte auf die Bewältigung von Arbeitslosigkeit vorbereitet, was die Frage aufwirft, welchen Status sie sich selbst zubilligt, und inwieweit sie Einflüsse des *soziokulturellen Milieus (Richter, Horst-Eberhard; 1970: 43)* auf ihre Herkunftsfamilie wahrnimmt. Sie scheint *milieuhafte Mentalitätsgrenzen* zu ziehen, d. h. Schritte zum Verlassen oder Überwinden des Herkunftsmilieus durch Eigenübernahme milieubedingter Normen und Werte zu verhindern *(vgl. Pankoke, Eckart; 1984: 90).*

Der Partner seinerseits leistet immer wieder Beziehungsarbeit. Akzeptiert seine ihm zugedachte Rolle, signalisiert darüber hinaus durch seine Reaktion wiederholt Bereitschaft, sich auf die von der Interviewten angebotenen Weise der Probleme anzunehmen. Indem er auf bewertende Prozeduren, die eine Störung in der *Beziehungspolarität (vgl. Stierlin, Helm; 1971: 93)* verursachen könnten, verzichtet, stellt er gleichzeitig die stufenweise Nähe zwischen beiden Beteiligten her. Hannah K. ihrerseits nimmt seine Reaktion als zu langsames Reagieren auf ihre Probleme wahr; Verständnis und langsame Reaktion befinden sich in diesem Moment für Hannah K. sehr dicht neben Gleichgültigkeit und mangelnder Unterstützung. Vielleicht vollzieht sich damit auch der Wechsel von Nähe und Distanz für sie zu abrupt. Stierlin spricht bei ähnlich empfundenen Emotionsbädern von wechselnder Über- und Unterstimulans, bzw. von Überschwemmung und Vernachlässigung des Partners und davon, dass die Art der Wahrnehmung, nicht die Handlung an sich, die Beziehung langfristig gefährdet *(ibid: 94)* und es zur *emotionalen Scheidung (vgl. Bowen, Murray; 1960: Kap. 12)* kommt.

Hannah K´s. Partner wirkt dem entgegen, indem er ungeteilte Aufmerksamkeit und Anerkennung für seine Partnerin demonstriert, statt Metamitteilungen der Überlegenheit zu formulieren. Er bezeugt seine Verbundenheit und Bindung an Hannah K., indem er sie als gleichberechtigt anerkennt *(Tannen, Deborah; 1990/ 1991: 63)*. Und er versucht auf diese Weise, Beziehungsfallen zu vermeiden.

Das Resümee dieser Situation verwundert:
der Vorwurf, der Partner sei ein Typ, der recht lange benötigt, bis er eine Reaktion zeigt, wird wiederholt. Es klingt mehr als Vorwurf denn als Anerkennung seiner Beschäftigung mit ihrer Situation und deutet auf die tiefe Verstrickung der Interviewten in die Situation als Arbeitslose mit verlorenem Selbstbild hin. Dieses sich stets weiter verlierende Selbstvertrauen weist auf eine Erziehung mit statischen Normen und Werten, auf eine Orientierung und *Stabilisierung am Außengaranten* mit *statischen Sozialverhältnissen (Kaufmann, Franz-Xaver; 1970: 311, Anmerkung 84)* hin. Das Problem scheint nicht auf der Ebene der partnerschaftlichen Beziehung an sich zu liegen, sondern im negativen Erfassen von Hannah K´s gesamtem Erlebensraum, beginnend im Beziehungsgefüge des Elternhauses und endend im Unvermögen der Kenntnisnahme, dass der Partner eigene Handlungsstrukturen und Befindlichkeiten in Konfliktsituationen hat[55], die schon aufgrund unterschiedlicher Genderzugehörigkeit nicht deckungsgleich mit den ihrigen sein können.

Ein Kreislauf zeichnet sich ab, den der Partner durch seine Haltung immer wieder zu unterbrechen sucht. Während verbaler Kritikphasen zieht er sich zurück und veranlasst Hannah K. dadurch gleichzeitig, ähnliche Situationen erneut aufzurufen – schließlich möchte sie die aufgetretenen Probleme mit ihm besprechen. Dies verstärkt wiederum Rückzugsbestrebungen des Partners, verfolgt von Zorn und Verachtung der Partnerin bis zu den Momenten, in denen sie

---

[55] Nach Untersuchungen von Gottman an der Universität von Washington reagieren Männer weit eher und zeitlich früher mit Abscheu und vermehrtem Adrenalinausstoß auf konflikthafte emotionale Auseinandersetzungen in der Ehe. Um dauernden Überflutungserscheinungen entgegen zu wirken, errichten sie um sich einen Schutzwall, hinter dem sie sich zurückziehen können, der ihren Puls um 10 Schläge pro Minute senkt, sie im Gegensatz zu Frauen ihr Gleichgewicht zeitlich erheblich verzögert wiedergewinnen lässt. *vgl. Gottman, John;1993. vgl. ibid; 1994. vgl. Levenson, Robert, et al.; 1994.*

feststellt, dass der Partner sich durch Bauen von Schutzmauern von ihr abgrenzt. Es kommt zur Überflutung auf beiden Seiten. Hannah K´s Reaktionen hierauf sind Gefühle von Ohnmacht, Verlassenheit und Lähmung *(vgl. Gottman; 1993)*. Die bisher positive Erfahrung ´Leben` und ´Partnerschaft` wandelt sich, der Balanceakt im Gesprächsverhalten mutiert zur *Beziehungsfalle (Tannen, Deborah; 1992: 38)*. Unter dem Einfluss sich wiederholender Arbeitslosigkeit häufen sich die antagonistischen Erfahrungswerte in der Partnerschaft; d. h., dieser Widerstreit der Erfahrungswerte lässt schließlich eine negative Grundeinstellung von Hannah K. Besitz ergreifen, die alles andere in den Hintergrund treten lässt, - und weit wichtiger noch - die es ihr verwehrt, Vorgänge weitgehend objektiv wahrzunehmen[56]. Hier wird deutlich, *dass die Konstitution der Gesellschaft (im Sinne der Strukturbildung und der Vergesellschaftung der individuellen Handlungsbeiträge) über Arbeit erfolgt. Die Dimension der Lebenszeit ist darin zentral. Die Arbeit ist damit zu einer der wesentlichen Vermittlungsinstitutionen zwischen Gesellschaftsstruktur und Individuum... geworden (Kohli, Martin; 1986: 186). Die Erzeugung von Kontinuität ist nicht auf Einkommen und Karrieren beschränkt, sondern gilt darüber hinaus für personelle Stabilität (ibid: 189).* Es liegt der Schluss nahe, Hannah K. habe die Fähigkeit verloren *Interpretationsverfahren...* ihrer derzeitigen Situation, *invariante Eigenschaften des praktischen Alltagsdenkens (Cicourel, Aaron, V.; 1973/ 1975: 30)* in ihr Regel- und Normengebilde einzuordnen. Nur so sind ihre emotionalen Wechselbäder in der Schilderung partnerschaftlicher Interaktion zu verstehen.

Mehrmals erfährt der Partner Zuordnungen als „ganz lieber Mensch, mein Mann ist ein ganz lieber". Schließlich ist er es, der ihre Selbstzweifel zerstreut, ob sie den Anforderungen einer Arbeitsaufnahme gerecht wird. Nicht nur signalisiert er seinen Glauben an ihre Fähigkeiten, sondern eröffnet außerdem den Rückzug in eine erneute Arbeitslosigkeit ohne Gesichtsverlust, falls der angebotene Arbeitsplatz nicht den Vorstellungen entspräche. Er macht Mut, bekundet ihr im-

---

[56] Jucknat spricht davon, dass die Wirkung von Erfolg und Misserfolg keineswegs auf die entsprechende Situation begrenzt bleibt, sondern nachhaltig der *Leistungsmut* fehlt, d. h. *das Zutrauen zur eigenen Leistungsfähigkeit* sich verschiebt. *vgl.: Jucknat, Margarete; 1987: 104 u. 125.*

mer wieder Vertrauen sowie seine uneingeschränkte Akzeptanz und festigt damit zumindest zeitweise objektiv das positive Erleben der Partnerschaft für seine Ehefrau, besonders in den Krisenzeiten während ihrer Arbeitslosigkeit. Mit diesem vom Partner aufgespannten Sicherheitsnetz gelingt Hannah K. schließlich der Absprung aus der ersten Arbeitslosigkeit. Dann jedoch verblüfft das Resümee: sie, die Interviewte, hat die Situation mühelos gemeistert.

Die Wiederherstellung des Selbstbildes scheint erst einmal gelungen, Selbstwahrnehmung und –einschätzung allerdings scheinen verzerrt zu sein. Ihre Wirklichkeit stellt sich entsprechend der im Leben kennen gelernten ´Codes` und ´Prägungen` dar *(vgl. Lee; 1973: 128. zit. n.: Rogers, Rosenberg; 1977/ 1980: 66)*. Hierauf deuten Schilderungen dieser Zeit hin, in denen neben positiven Äußerungen über diese Partnerbeziehung auch erste leise, kritische Untertöne anklingen. Als besonders erwähnenswert gilt die uneingeschränkte Unterstützung durch den Partner in Krisensituationen. Gleichzeitig - und in diesem Zusammenhang vordergründig unerklärlich - äußert Hannah K. vage Kritik am Partner. Es scheint, dem Partner ist es nicht gelungen, ihr im Gefüge der Beziehungsgleichgewichte eine adäquate Rolle zuzuweisen, bzw. die ihrige für sie erkennbar bereit und offen zu halten. Selbst wenn davon ausgegangen werden kann, dass sich in einer dyadischen Beziehung die Ansichten der Partner nicht immer decken, verwundert Kritik am Partner gerade zu einem Zeitpunkt, als dieser ihr uneingeschränkte Anerkennung und Unterstützung gewährt. Dass Differenzen nach einer für alle Betroffenen anscheinend positiv durchlebten Situation unterschwellig angesprochen werden, deutet darauf hin, dass die Interviewte doch nicht das angestrebte Gleichgewicht ihrer Person - wie es vor der Arbeitslosigkeit bestand - wiedergefunden hat, sondern sich stattdessen als Mensch, der alles im Griff hat, weiterhin glaubt gegenüber dem Partner beweisen zu müssen.

Mehrmals unterbricht Hannah K. den Erzählfluss, als es um die Charakterisierung ihres Partners geht. Es sind stets die gleichen Negative, Schilderungen, wie er sich erfolgreich gegen eine vollständige Einvernahme durch seine Partnerin wehrt: Nicht nur, dass er sehr spät über seine Probleme spricht und damit vereitelt, dass seine Wünsche und Gedanken durch seine Partnerin immer sofort erfasst werden; es erschwert ihr darüber hinaus die Einschätzung und Vorausschaubarkeit seiner Handlungen und Gedankengänge. Immer wieder leitet Hannah K. aus dem Charakter des Partners und aus seiner Erziehung Handlungsweisen als für ihn notwendig ab, verbucht sie als Ventile seines beruflichen Stresses und nicht als Ausprägungen eigener Persönlichkeit. Gleichzeitig wird ihm in einer auch für ihn schwierigen Zeit der notwendige Gestaltungsraum verwehrt - ein weiteres Indiz für ein gestörtes Nähe- und Distanzverhältnis.

Seinem `Herumgetrödel´ an den Wochenenden stellt die Partnerin die Forderung nach rechtzeitiger präziser Planung der Freizeit gegenüber und konkludiert, dass es an solchen Dingen eben gescheitert sei. Dabei bleibt unklar, ob es sich bei dieser Äußerung um eine Bewertung der Partnerschaft an sich oder um die nicht aufrecht zu erhaltende Harmonie zwischen den Partnern handelt, zwei Dinge, die sich ohnehin bedingen, sodass es unerheblich ist, welcher Aspekt speziell angesprochen wird. Deutlich wird das Bedürfnis von Hannah K. nach Verbundenheit durch Kommunikation und ihr Wunsch, Entscheidungen erst verbal auszuhandeln, um danach in eine möglichst übereinstimmende Entscheidungsfindung einzutreten. Keinesfalls verlangt sie Ratschläge oder die exakte Sezierung ihrer Probleme. Deutlich wird aber auch, dass es nicht um Gespräche an sich geht, sondern auf einer Metaebene um eine sog. *Rahmenbildung* (*alignement*). Hannah K. legt hierbei ihren Standpunkt nur vordergründig dar. Wichtiger ist die implizite Aussage bezogen auf die Herabsetzung des Partners, der es nicht versteht, banalste Dinge im Vorfeld zu regeln. Mit dem Einnehmen dieser überlegenen Position gibt sie ihrer Aussage einen Rahmen und stellt sich sogleich auch selber in diesen hinein[57].

Das Motto der Partnerschaft, die Forderung nach einer synkratischen Machtstruktur, aber auch nach bedingungsloser Akzeptanz der eigenen Person unter Verzicht jeglicher verbaler Begründung, ergibt sich aus den immer wieder von Hannah K. gegenüber dem Partner postulierten Forderungen. Dem Umkehrschluss folgernd anzunehmen, Hannah K. biete ihrem Partner im Gegenzug die

---

[57] Ursprünglich geht die Theorie des Rahmens auf Gregory Bateson zurück. *vgl. Goffman, Erving; 1974/ 1993: 531ff vgl. hierzu: Bateson, Gregory; 1972/ 1990.*

gleichen Konditionen in der Partnerschaft, die dann der Zubilligung einer *Fremdeinstellung*[58] entsprächen, sind vordergründig zumindest nicht erkennbar. Für den Partner kommen ihre Handlungsvollzüge aus einer anderen Welt der *Beziehungspolaritäten*, was ihm ihre Einschätzung erschwert. Darüber hinaus scheint von der Interviewten eine *Stiftung falscher Zusammenhänge (vgl. Nisbett/ Ross; 1980: 58f)* vollzogen zu werden, d. h., unzusammenhängende Ereignisse, die dem Anschein nach zusammengehören, sich jedoch losgelöst voneinander ergeben haben, werden als Ganzes bewertet. Zudem definiert sich die Interviewte nicht über ihre eigene Person, sondern über ihre bislang drei Mal verloren gegangene Berufstätigkeit und die Unfähigkeit, alles im Griff zu haben. Mit jeder wiederkehrenden Arbeitslosigkeit nimmt ihr Selbstwertgefühl weiter ab, wird die ausbleibende berufliche Tätigkeit zur Fiktion.

Wichtigste Werte im Leben - Wertorientierung im Erwachsenenalter

Die Perspektivenübernahme der Interviewten basiert dabei anscheinend auf zwei Idealisierungen: Berufstätigkeit und Kinder. Die Reziprozität umfasst den wichtigsten Wert in ihrem Leben, die angemessene berufliche Tätigkeit. Inwieweit eine adäquate Entlohnung hinzukommen muss, bleibt im Interview offen. Neben diesem Wert ´Arbeit` existiert gleichrangig – reziprok – der zweite Wert, ´Kind(er)´, der gemeinsam mit dem ersten als Maßstab des Lebens Handlungen auslöst. Obwohl diese Wertpluralität *(vgl. Fuchs-Heinritz/ Lautmann/ Rammstedt/ Weinold; Hrsg.: 741)* vordergründig zwei parallel vorhandene und miteinander konkurrierende Werte zeigt, kann anhand deutlicher Prononcierungen vonseiten Hannah K´s davon ausgegangen werden, dass es innerhalb des Wertesystems der ersten beiden Werte eine Rangordnung nicht gibt, d. h. die Doppelbesetzung des wichtigsten Wertes im Leben keine Werthierarchie auszulösen vermag, der Wunsch nach Arbeit keinesfalls den, Kinder zu haben und Mutter zu sein ersetzt. Ein deutliches Indiz dieser Annahme liefern die redundanten Beschreibungen mit wechselnden, positiv belegten Adjektiven sowohl

---

[58] *Fremdeinstellung* beinhaltet nach Alfred Schütz (1932) sowohl die Wahrnehmung des anderen als gleichberechtigtes Individuum mit eigenem selbstverantwortlichem Handeln und Weltbild, statt seine Wahrnehmung als Objekt.

hinsichtlich der Berufstätigkeit wie auch bezüglich des Wunsches, Kinder zu haben. Besonders auffällig ist in diesem Kontext der eintretende Marginalisierungseffekt für alle restlichen Wertzuweisungen im Leben von Hannah K., die den Partner auf einer imaginären Werteskala in seiner Wertumessung auf die hinteren Ränge *(vgl. hierzu Burkhardt/ Fietze/ Kohli; 1989: 133f)* verbannt. Der Partner taucht in der Nennung der wichtigsten Werte im Leben nicht auf, wohl aber in den Überlegungen zur eigenen Person, im partnerschaftlichen Beziehungsgeflecht bezüglich eigener Gleichrangigkeit und -wertigkeit. Auf diese Weise fungiert der Mensch, der als der, 'der ihr am nächsten steht` definiert wird, eher als Handlanger zur Vollziehung ihrer milieugebundenen Wertprägungen denn als gleichrangig platzierter Partner. In dem perfekten Arrangement von Berufstätigkeit und Kind(ern) erhält er die Rolle des Leidtragenden dieser Lebensweise zugeteilt, zumindest schildert die Interviewte, sei es in ihrer Partnerschaft so.

Damit entsteht ein Umkehrverhältnis zur eigenen Herkunftsfamilie, in der die Mutter offenbar die Leidtragende in der Partnerbeziehung war. Als emanzipierte Intellektuelle scheint Hannah K. ihre Rolle verinnerlicht und bezogen auf die Wertigkeiten Kind, Berufstätigkeit und Partner in ihre Denkstruktur integriert zu haben *(vgl. Richter, Horst-Eberhard; 1995: 148)*. Ihre Dispositionen aus der Kindheits- und Adoleszenzphase sind hier in Form einer *Erlebnisaufschichtung* deutlich positiv, bzw. negativ besetzt. Der sich daraus ergebende Trainingseffekt ihrer Sozialisation führt sie zur teilweisen `Kompensation´ ihrer Erfahrungen aus dem Elternhaus und beinhaltet den festen Willen, niemals die als negativ bewertete Hausarbeit verrichten zu müssen, ohne gleichzeitig auf Kinder verzichten zu wollen. Sowohl der sich hieraus ergebene anschließende Kompensationseffekt als auch ihre Prägung im Milieu der intellektuellen Oberschicht der ehemaligen DDR, setzen dabei gleichzeitig und mehr zwangsläufig die Berufstätigkeit in den Mittelpunkt. Hannah K. übernimmt diese zwar internalisierte unausgesprochene, aber nicht erkennbar hinterfragte Forderung, um eigene Vorstellungen zu realisieren.

Die Person der Interviewten

Immer wieder wird während des Interviews deutlich, wie sehr die Interviewte mit ihrer Forderung, beide Werte - Berufstätigkeit und Kind(er) - zu realisieren, verwoben ist. Die traditionelle Einteilung eines Frauenlebens in sechs Lebensphasen[59] wird strikt abgelehnt. Mit der Geburt ihrer ersten Tochter nach zwei ungewollten Schwangerschaftsabbrüchen erobert sich ein zweiter Wert in ihrem Leben - gleichrangig neben der Berufstätigkeit - seine Position. Nachdrücklich wird fortan die Vorstellung eines Lebens ohne ein Kind verworfen, selbst wenn sich durch die Existenz dieses Kindes Probleme potenzieren. Wie so häufig in von der Interviewten wahrgenommenen kritischen Erzählsituationen stoppt sie abrupt die Erzählkoda *(vgl. Schütze, Fritz; 1983: 283-293)*, wechselt das Thema, greift zur rituellen Konklusion – sie lacht. Fluchtartig verlässt sie den Ort der Erzählung, was darauf hindeutet, dass die Einordnung von Beruf, Kind und Partner auf einer Rangskala zwar rational im eigenen Lebenskonzept an erster Stelle steht, dieses Konzept jedoch nicht internalisiert ist, sie sich damit im intrapersonellen Streit befindet, obwohl diese Prioritätenfestsetzung durchaus mit den Vorstellungen von Frauen anderer Akademikerhaushalte konform läuft *(Burkhardt/ Fietze/ Kohli; 1989:140)*. Erst einmal greift sie im Ablauf der Geschehnisse auf Ereignisse zurück, die ihre Überlegenheit beweisen. Besonders auffällig stellt sich dieser Handlungsverlauf in ihrer Schilderung der Beendigung ihrer dritten Phase von Arbeitslosigkeit dar.

Präzise auf die Akkumulation von Problemen innerhalb und außerhalb der Partnerschaft einzugehen, gelingt Hannah K. nicht – erst durch Randbemerkungen wird ihre Äußerung zur Potenzierung von Schwierigkeiten, die sie eher in ihrer Person begründet sieht, verständlich.

Als Initiatorin zur Beendigung ihrer dritten Arbeitslosigkeit über den Weg der Kontaktaufnahme mit ihrer ersten ABM-Stelle kann bei genauerem Hinsehen die Interviewte selber gelten, war sie es doch, die eine erneut drohende Arbeitslosigkeit verhindert, indem sie viele Bekannte kontaktiert und ihre baldige beruf-

---

[59] Diese Phasen teilen sich ein in 1. schulische Phase, 2. Ausbildung, Studium, erste berufliche Erfahrung, 3. Ehefrau ohne Kinder, 4. Mutter kleinerer Kinder ohne Berufstätigkeit, 5. Mutter größerer Kinder ohne Berufstätigkeit und 6. Mutter erwachsener Kinder, Rückkehr in die Berufstätigkeit. *vgl. hierzu: Roggendorf, Giesela; 1992: 157.*

liche Verfügbarkeit avisiert. Sie selbst drängt ihre erste wirklich eigeninitiierte und von Erfolg gekrönte Aktivität mit ´inoffizielle Kontakte aktivieren` nahezu in den Bereich einer illegalen Handlung, die aufgrund der Übernahme eines westlichen Verhaltensmusters, quasi einer nachgeholten Westsozialisation[60], ein positives Ergebnis zeitigt. Sozialräumlich verortet sie sich damit in einen sozialen Bindungskreis, in den sie durch äußere Umstände – Wiedervereinigung beider deutscher Staaten - gezwungen worden ist, und der seine alten und neuen Mitglieder durch zumindest vom alten Ex-DDR-System abweichende Handlungsstrategien am Leben erhält. Möglicherweise greift hier auch ein postulierter, nicht mehr realisierbarer *Betreuungsanspruch versus Eigenverantwortungslast (Marz, Lutz;1992: 13)*, der seiner realsozialistischen Wirklichkeit entzogen, sich nun bundesrepublikanischen Alltagswelten stellen muss. Letzteres würde bedeuten, dass sich Hannah K. im Ex-DDR System, zumindest was die berufliche Sicherstellung betrifft, aufgehoben fühlte und nun, mit der Realität und der eingetretenen Möglichkeit der Arbeitslosigkeit verunsichert und in Stich gelassen fühlt.

Hannah K´s Reaktionen darauf können Anzeichen einer tiefen Identifikationskrise sein, bei der die Betroffene nur unter äußerstem Leidensdruck und dann nur höchst widerwillig zur Rollenveränderung oder auch Neu-/Umorientierung ihres berufsbiographischen Lebenslaufes bereit ist. Keineswegs zeugen eher abfällig orientierte Äußerungen über eine nachgeholte Westsozialisation von einer Akzeptanz gegebener Verhältnisse oder von aktiver, positiv begründeter Änderung des eigenen Verhaltens, schon gar von Integrationsbemühungen in objektive Gegebenheiten. Als selbstverständlich dargestellte Schlussfolgerungen, die einer natürlichen und gerechtfertigten Wut über ihre mehrmalige Arbeitslosigkeit Ausdruck verleihen, legen die Vermutung nahe, dass sich Hannah K. immer

---

[60] vgl. hierzu auch: *Wagner, Wolf; 1999: Der zweite Blick.* Hamburg: Rotbuch. Wagner führt aus, dass in der Ex-DDR die berufliche Arbeit als „Zentrum des Lebens", wesentlich höher bewertet wurde als im Westen, in dem der Arbeit die Bezeichnung „Job" zufällt. Im konträren Gegensatz hierzu stehen die Überlegungen von Roethe vertritt die Meinung, dass der Mensch in der Ex-DDR nach dem 17. Juni 1953 verlernt habe zu arbeiten, sich statt dessen mit dem System arrangiert habe und im Gegenzug dafür von diesem ausgehalten wurde. *Roethe, Thomas; 1999.*

mehr in der Opferrolle sieht, je häufiger sie die Arbeitslosigkeit ereilt – Opfer eines gesellschaftlichen Systems. Ein Mensch aus dem Osten, hat ihrer Meinung nach keine oder wenig Mechanismen an die Hand bekommen, Konflikte zu händeln. Als bezeichnendes Beispiel der Ost-West-Unterschiede dient die Inanspruchnahme der Hilfe eines Psychiaters. Ihre These lautet: Menschen aus dem Westen gehen häufiger zum Psychiater, Menschen aus dem Osten nur dann, wenn sie ohnehin schon halb verrückt sind. Für sich selber sieht sie daher die Notwendigkeit der Inanspruchnahme psychologischer oder psychiatrischer Unterstützung nicht – selbst als die DDR schon mehrere Jahre nicht mehr existiert. Hier könnten das Eingeständnis der eignen Unfähigkeit zur Konfliktbewältigung und das eigene Versagen im neuen gesellschaftlichen System zu eng beieinander liegen. Die Angst, nicht dem eigenen Bild der Superfrau zu entsprechen, sowohl sich selber als auch dem Partner gegenüber Schwäche zeigen zu müssen, liegt außerhalb jeglicher akzeptabler Möglichkeiten. Darum wiederholen sich die Abläufe partnerschaftlicher Spannungen wieder und wieder. Aus nichtigen Anlässen heraus eskalieren Situationen mit der Folge, dass der Partner sich verschließt, zurückzieht. Sie, mit Selbstvorwürfen überladen, zieht sich ebenfalls auf ihren Scherbenhaufen zurück.

Mit der Zeit steht bei Schwierigkeiten nicht die Lösung des Problems an erster Stelle, sondern die Identifikationsprobleme mit der selbstgeschneiderten Rolle. An der intellektuellen Selbstverortung wird trotz real abweichender Gegebenheiten festgehalten. Die *zentrale Lebensorientierung* resultiert aus einem Zusammenspiel ihrer familialen und gesellschaftlichen Umgebung, in der ein *zwangsmoralischer Gehorsam* nicht das Selbstwertgefühl der Person an sich grundlegend festigt und darüber hinaus Offenheit gegenüber eigenen Schwächen ermöglicht, sondern stattdessen sie an den Status quo ihrer Lebensplanung bindet. Indem *Objektbindungen der Latenzzeit (Mitscherlich/ Mitscherlich;1967/ 1969: 247)* nicht gelockert werden, entsteht allerdings auch nicht die Gefahr, irrationale Ideale realisieren zu wollen. Quasi als Preis dafür bleibt wahrscheinlich lebenslang die *Identifikationsmöglichkeit mit einer idealen Person oder Sache (ibid: 260)* und fiktionäre Selbstrealisation ausgeschlossen. Darum verwundert nicht, dass ihre Handlungsstrukturen auf der sozialstrukturellen Ebene eher

fremdinitiiert, passiv sind. Schütze spricht in diesem Zusammenhang von *konditionell gesteuerter* und *intentionaler Aktivitätsorientierung (Schütze, Fritz;1981: 73),...* bzw. von *Handeln* und *Erleiden (ibid: 89).*
Zum Zeitpunkt des Interviews, in ihrer dritten Phase von Arbeitslosigkeit, gibt es erste Anzeichen eines Umbruchs in der Partnerbeziehung. Hannah K. betont wiederholt, nun ehrlicher geworden zu sein, schneller Probleme anzusprechen. Das Verhältnis zum Partner soll offener gestaltet werden. Hannah K. betont, lernen zu wollen, frühzeitiger die Probleme zu benennen und gemeinsam nach Lösungen zu suchen, statt durch Eskalation der Situationen zur weiteren Verschlechterung der partnerschaftlichen Interaktion beizutragen. Hannah K. spricht über *Ehrlichkeit von Kommunikationsgewohnheiten (Tannen, Deborah; 1992: 80; 90)* und strebt die Übermittlung ehrlicher Systeme, nicht eine neue Tarnung mangelndem Einfühlungsvermögens partnerschaftlicher Kommunikation an. Dieser angestrebte *Jackpot der Kommunikation* soll ihr *Beziehungsgewinn (ibid: 95)* sein. In Gedanken sind erste Schritte zur Veränderung geplant, wenngleich diese Überlegungen ausschließlich Gedanken über neue Lösungswege eigener Probleme enthalten – d. h. der Partner als Person wieder einmal außen vor bleibt.

Gendertypische Objektbedeutungen

Emotional und formal fühlt sich die Interviewte an die Partnerschaft gebunden, bzw. fest in ihr verankert. Dies legt sie unmissverständlich immer wieder verbal dar. Im Gegensatz dazu scheinen verbal nicht geäußerte Gegebenheiten zu stehen, wie sie im Beobachtungsprotokoll nach dem Interview festgehalten sind. Diese unterstreichen eher ihre bereits geschilderten Werte im Leben – ihren Habitus als Intellektuelle und ihre Rolle als Mutter, nicht als Partnerin.
Am deutlichsten symbolisieren die *Präferenzobjekte,* die Anordnung von Gegenständen im Wohnzimmer als zentralen Raum ihrer symbolischen Umwelt Heim, das Leben von Hannah K.. Habermas spricht vom Wohnzimmer, als dem *Ort einer psychologischen Emanzipation (Habermas, Jürgen 1962: 60).*
Ungeachtet eines vorhandenen Kinderzimmers gruppieren sich dort Spielsachen ihrer Tochter um ihren Schreibtisch herum, neben ihren hoch aufgestapel-

ten Büchern und Akten. Große Teile des Wohnzimmers sind mit übervollen Bücherregalen ausgefüllt, Symbole ihrer psychischen Aktivität. Die Objekte, über die sich Hannah K. identifiziert, mit denen sie interagiert sind ausgemacht, es sind die Zeichen, *welche das Ich repräsentieren, und diese Zeichen werden zum Objekt eines Denkprozesses (Csikszentmihalyi/ Rochberg-Halton1981/ 1989:23)*. Diesem werden aufgrund der *Aufmerksamkeitsstrukturen* ihrer Herkunftsfamilie wiederum große verfügbare Kontingente *psychische(r)n Energien* zugeordnet. So berichtet Hannah K. wiederholt, wie sich alle Gedanken um die derzeit nicht zu realisierende Berufstätigkeit drehen, sie in ihrer Handlungsfreiheit einschränken. Schon in ihrer Jugend lernte Hannah K. zur Erreichung ihrer Ziele Zuordnungen zu treffen, die sie nun in Zeiten der Arbeitslosigkeit und gleichzeitiger Teilnahme an einer Weiterbildungsmaßnahme aufgreift, um auf diesem Wege ihren Habitus zu demonstrieren. Die dazugehörigen Objekte ihrer Präferenzen, Berufstätigkeit und Kind, also Bücher und Schreibtisch, aber auch herumliegendes Spielzeug, sind wahrscheinlich mit der Person Hannah K. als *Bezugsrahmen* der *Erfahrung* so eng verschmolzen, dass sie selbst noch in der Funktion ordnungsstiftender Faktoren, eine zeitweise Einengung des Horizontes, zumindest das Initiieren alternativer beruflicher Möglichkeiten weiter verhindern. So verwundert es nicht, dass mit diesen Handlungsvollzügen allein die Aufrechterhaltung ihrer inneren Harmonie misslingt, misslingen muss, begründet in den miteinander kollidierenden Intentionen, voll berufstätig sein zu wollen, nicht Hausfrau sein zu müssen und darüber hinaus alleine die Aufgabe der Kindererziehung zu übernehmen[61] - Abläufe, die denen aus dem Elternhaus sehr ähnlich sind.

Interessanterweise fehlen in der Wohnung der Interviewten typische genderbedingte Symbole, wie Pflanzen, über die nach Csikszentmihalyi überwiegend Frauen *ihre Fürsorglichkeit..., die Sorge für Lebendes..., die Darstellung von Fähigkeiten... (ibid: 95ff)* demonstrieren, aber auch auffallende Gläser, Gemälde oder Fotos. Ihr Interesse scheint - initiiert durch verinnerlichte Bedeutungsgehalte und Habitussymbole des Vaters - nicht auf typisch weibliche Präferenzob-

---

[61] *ibid: 69 ff.* Bedeutung von Büchern bei Akademikern. Vgl. *ibid: 87.*

jekte fokussiert zu sein, eher auf typisch männliche, auf die Herausforderungen einer beruflichen Tätigkeit. Demgegenüber deuten ihre Gestik und ihr Verhalten während des Interviews auf die Übernahme typisch femininer Handlungsstrukturen hin. Dazu zählt die Einladung an die Interviewende mit in die Küche zu kommen, dazu zählt auch die Dekoration im Wohnzimmer, eine Spitzendecke auf dem Esstisch, die Einrichtung dieses Zimmers mit Gründerzeitmöbel, d. h. *die Datenkonfiguration der Frau(en) gleicht eher derjenigen der Großeltern, (wogegen die Werte der Männer eher denen der Kindergeneration gleichen) (ibid: 121).*
Auch das Angebot von Hannah K., das Interview mit einer gemütlichen Phase bei Kaffee/Tee und Kuchen zu beginnen, weist sie als Person aus, deren grundsätzliche Bestrebungen auf eine harmonische Beziehung und auf eine offene Atmosphäre mit gleichberechtigten Partnern gerichtet sind. Der Ablauf des Interviews zeigt dies deutlich. Sie unterstreicht auch die schon aufgrund einer früheren Textstelle geäußerte Vermutung, Hannah K. habe im Umgang mit den Frauen, die sie als intellektuell gleichwertig betrachtet, keinerlei Abgrenzungsbestrebungen oder Statusprobleme, gehe vielmehr von der Gleichrangigkeit der Personen und ihrer Interaktionsprozesse aus.
Die Symbolbeziehung scheint ein Rest und Merkzeichen einstiger Identität (Freud, Sigmund; 1900/ 1942: 357). Situationen, in denen Hannah K. gezwungen ist, mit Frauen gegenläufiger Interessen zu kommunizieren, werden entweder gemieden oder ihr Schauplatz so rasch wie möglich verlassen, wie die spontane Kündigung ihrer ABM–Stelle in einem Kindergarten belegt, sobald sich eine andere Tätigkeit anbietet. Kommunikationsabläufe 'unter Wert` zu initiieren, scheint weder ihr Bestreben zu sein, noch in Hannah K´s Handlungsvermögen zu liegen.

Fazit

Habitus, reale Gegebenheiten und genderspezifische Organisation stehen im tagtäglichen Kampf miteinander, die in Einklang zu bringen, es Hannah K. offenbar weder während der Phasen ihrer Arbeitslosigkeit, noch zur Zeit des Interviews gelingt. Zu konträr verlaufen *Interaktion*(en) *zwischen dem angeeigne-*

ten kulturellen System und den Zufällen der individuellen Lebensgeschichte (Hagemann-White, Carol; 1984: 104). Ihre Orientierungswerte sind einerseits aus dem kulturellen und gesellschaftlichen Bewertungsprozess der Ex-DDR entstanden, andererseits geprägt von der Übernahme milieukonkordanter Handlungen und Gedankenstrukturen ihrer Herkunftsfamilie – dem intellektuellen Bildungsmilieu der Ex-DDR. Das Nachhängen an und gleichzeitige nicht Loskommen von dieser 'guten alten Zeit' verhindert die Entwicklung neuer Handlungsstrategien, mit denen ein weiterer Ausschluss aus der Arbeitswelt verhindert werden könnte. Die als lebensgeschichtlich erfahrenen Krisenzeiten – ihre sich wiederholenden Arbeitslosigkeiten -, dienen nicht einem bewussten Wechsel von Mentalität und/oder Milieuzugehörigkeit. Stattdessen führen sie zur tiefen inneren Zerrissenheit, festigen ein Gefühl der Minderwertigkeit und des Ausgestoßenseins.

Würde die Ex-DDR noch bestehen, gäbe es dieses Problem der beruflichen Unterversorgung nicht. Das Gefühl der Fremdheit unter Gleichen in der Herkunftsfamilie des Partners, die partnerschaftlichen Abgrenzungsprobleme, ihre Selbstdarstellungs- und Behauptungsschwierigkeiten mit dem Partner hingegen gäbe es vermutlich schon. Da mit dem Zusammengehen der Partner zwei Kommunikationssysteme zusammengelegt werden, die nur dann kompatibel sind, wenn sich die Beteiligten nicht nur innerhalb ihrer zur Verfügung stehenden Kommunikationsstrukturen bewegen, sondern sich auch zumindest teilweise auf die Kommunikationsstruktur des anderen bereit sind einzulassen, den anderen als gleichwertigen Partner akzeptieren, aber auch die eigenen Schwächen eingestehen können.

Ohne eine typisierende Reduktion vorzunehmen, kann davon ausgegangen werden, dass Hannah K. - gemessen an der Darlegung ihrer Lebensgeschichte – im Grunde genommen nur ein Mal die Struktur ihres soziokulturellen Milieus verlässt, als sie ihrem zukünftigen Mann ihre Bedenken zur Ehe schildert. Ansonsten bewegt sie sich weitestgehend in dem ihrem Herkunftsmilieu zugeschriebenen Mentalitätsmuster. Ihre bildungsmilieugeprägten Ablaufmuster scheinen zu Lasten einer individuell gestaltete Lebensplanung erhalten zu bleiben. Hierbei verursacht nicht die Arbeitslosigkeit partnerschaftliche Auseinandersetzungen; sie kann einzig und allein als zeitkomprimierender Faktor, als

Zeitraffer gesehen werden, der die später zu erwartenden partnerschaftlichen Auseinandersetzungen in die Phasen der Arbeitslosigkeit vorverlegt. Damit initiiert zumindest bei Hannah K. Arbeitslosigkeit keine Veränderungen partnerschaftlicher Prozesse, sondern greift der Zeit voraus, bietet die Chance zur Veränderung oder zum Neuanfang.

4.2. Petra Wiesow

4.2.1. Biographie

Petra W. ist in A-Stadt, am Rand einer Großstadt auf dem Gebiet der ehemaligen DDR, geboren. Am Tag des Interviews ist sie zwischen 30 und 40 Jahre alt. Ihre Kindheit verlebt sie gemeinsam mit ihrer Mutter und einem Familienangehörigen, bei dem die Mutter beschäftigt ist. Sie wächst ohne Vater, aber behütet von der sie umgebenden Verwandtschaft auf - ihr Refugium ist der Garten des Hauses. Mit dem Tod dieses Familienangehörigen verliert die Mutter ihre Arbeit und die Unterkunft für sich und ihre Tochter.
Kurz darauf lernt die Mutter einen Mann kennen mit dem sie, nun zu dritt, in eine Zweiraumwohnung in den Stadtkern von A-Stadt ziehen.
Während ihrer Schulzeit über 10 Klassen arbeitet Petra W. begeistert in den verschiedenen Jugendorganisationen der ehemaligen DDR mit. Ihren Wunsch, im pädagogischen Bereich XY tätig zu werden, kann sie sich aufgrund von Mangel an Ausbildungsplätzen nicht erfüllen. Sie wählt einen anderen pädagogischen Zweig und lernt drei Jahre am Institut für L.. Nach dem Abschluss erhält sie – wie in der ehemaligen DDR üblich - ihre erste Stelle in einer pädagogischen Einrichtung zugeteilt, auf der sie die nächsten vier bis fünf Jahre verbringt.
Als im sechsten Jahr ihrer Berufstätigkeit ihre pädagogischen Zielsetzungen und Vorstellungen mit denen ihrer Schutzbefohlenen kollidieren, kündigt sie und beantragt eine Freistellung aus dieser Tätigkeit.
Bis sie bei einem nichtstaatlichen Träger unterkommt, geht es ihr finanziell sehr schlecht. Zur Sicherstellung des Lebensunterhaltes müssen Gegenstände des

Hausstandes verkauft werden. Um zu überleben nimmt sie für 4 ½ Jahre eine Aushilfstätigkeit in einer Bibliothek an.
Unter ihren Freunden sind viele, die mit dem politischen System der ehemaligen DDR nicht einverstanden sind und einen Antrag auf Entlassung aus der Staatsbürgerschaft der DDR gestellt haben. 1988 entschließt auch sie sich, einen Ausreiseantrag zu stellen und damit das ins Auge gefasste Aufbaustudium aufzugeben. Nachdem sich im Verwandtenkreis ihr Vorhaben, die damalige DDR zu verlassen, herumgesprochen hat, wird sie aus Angst vor staatlichen Repressalien geschnitten.
Ende 1988 wird sie schwanger. Um sich und ihr Baby im Zuge des laufenden Ausreiseverfahrens gegen Repressalien abzusichern, schaltet sie eine Menschenrechtsorganisation im Westen ein. Im Herbst desselben Jahres erkennt sie anhand ihrer Ausreisepapiere, dass sie rein theoretisch seit Mitte des Jahres 1989 hätte ausreisen können, die notwendigen Papiere werden aber erst Ende Oktober 1989 zugestellt. Sofort beginnt sie mit der Erledigung aller Ausreiseformalitäten, bis sie erkrankt und die Ausreise verschiebt. So wird ihre Tochter in der ehemaligen DDR geboren.
Es folgt die Wiedervereinigung beider deutscher Staaten. Da sie - bedingt durch die Ausreisevorbereitungen - ihre Arbeit aufgegeben hat, ist sie 1989, zum Zeitpunkt der Maueröffnung, arbeitslos. Noch im gleichen Jahr erhält sie ihre erste Vollzeit-ABM im sozialen Bereich; nach dem Auslaufen der ersten eine weitere. 1992 lernt sie ihren jetzigen Partner kennen. Dieser zieht unter Beibehaltung seiner eigenen Wohnung, für die er aufgrund von Rekonstruktionsarbeiten keine Miete entrichten muss, in ihre ein.
Zwei Jahre leben sie zu dritt in der Wohnung von Petra W. Irgendwann in dieser Zeit fällt der Entschluss, ein Haus zu bauen, in dem Petra W. eine eigene Wohnung zur Miete bereitgestellt werden soll. Der Verdienst des Partners wird angespart, während Petra W. mit ihrem Gehalt die Lebenshaltungskosten abdeckt. Neben ihrer ABM-Tätigkeit führt sie den Haushalt und kümmert sich um ihre Tochter. Nach dem Ende ihrer zweiten Vollzeit-ABM, ist sie erneut arbeitslos. Am Ende einer ersten ernsthaften Partnerschaftskrise verweist sie den Partner für kurze Zeit in seine immer noch unterhaltene, aber ungenutzte Wohnung. Etwa zeitgleich enden die Rekonstruktionsmaßnahmen dort und eine im

Verhältnis zu früher erhöhte Mietforderung muss beglichen werden. Als sich die Partner wieder versöhnen, gibt der Mann nun seine Wohnung auf und zieht erneut in die ihrige ein.

Beruflich folgt eine Anpassungsqualifizierung, anschließend 1994 als vierte Arbeitsamtmaßnahme die dritte ABM. Um allem gerecht werden zu können, Arbeit, Haushalt, Kind und Partner, wählt Petra W. dieses Mal eine Teil- und keine Vollzeitbeschäftigung. Genau ein halbes Jahr dauert es, dann gehen dem Träger der Maßnahme die Finanzmittel aus, und es folgt die nächste Arbeitslosigkeit.

Ausgeschöpfte Ansprüche auf Arbeitslosengeld zwingen Petra W. Sozialhilfe für sich und ihre Tochter zu beantragen. Von dieser Sozialhilfe bestreitet Petra W. weiterhin, diesmal anteilig, den Lebensunterhalt für sich und ihre Tochter, sowie die gesamten Wohnkosten. Es folgt eine Zeit der Familienphase, aber auch eine Zeit, in der sich die Auseinandersetzungen zwischen den Partnern häufen.

An einen Hausbau will sie immer noch glauben, manchmal auch noch an die Partnerschaft. Beruflich entschließt sie sich eine zweite Anpassungsqualifizierung in ihrem frühen Beruf aufzunehmen.

Während eines Folgeinterviews berichtet Petra Wiesow, diese Qualifizierung gegen den Willen ihrer Arbeitsberaterin, die eine Umschulung vorgesehen hatte, zum Ende 1995 durchgesetzt zu haben.

4.2.2 Biographische Gesamtformung (Protagonistin im weiteren Text mit 'Petra W.' abgekürzt)

Die mögliche, bzw. erwartete Beantwortungsstrategie, nach einer kurzen Statusbestimmung mit der chronologischen Schilderung ihres Lebens die Eingangsfrage zu beantworten, verwirft Petra W. Stattdessen versucht sie, den von ihr vermuteten situationsimmanenten Erwartungen bezüglich Umfang, Detaillierung und eigenen Abgrenzungsvorstellungen vordergründig zunächst gerecht zu werden – und dies obwohl in einem Vorgespräch alle diese Punkte bereits in ihr Ermessen gestellt worden sind. Mit diesem Verhalten deutet sie bereits zu Beginn des Interviews auf einen Persönlichkeitszug hin, der in der nun folgenden fallinternen Kontrastierung ihres Interviews zu bestätigen oder zu verwerfen sein wird: sie möchte als Person anerkannt werden, ohne gleichzeitig Abstriche an ihrem Selbstbild machen zu müssen.

Familienthema

Petra W. eröffnet ihre Erzählung - nach der Rückversicherung zum Interviewablauf - nicht mit einer Chronologie ihres Lebens, sondern greift rhetorisch geschickt ein Kernwort der Eingangsfrage auf: 'Partner'. Sie setzt die relativ kurze Dauer der jetzigen Partnerschaft in Beziehung zu der weit vor deren Bestehen liegenden Geburt ihrer Tochter und der expliziten Betonung fehlender familialer Beziehungen zwischen derzeitigem Partner und Tochter. Nachdrücklich unterstreicht sie ihre Entscheidung, dieses Kind überhaupt und alleine, nicht in einer Partnerschaft lebend, bekommen zu haben. Im chronologischen Ablauf folgt in sehr kurzer Darstellungsform der frühere Ausreisewunsch aus der damaligen DDR, dessen vermeintliche Vereitelung, die Wiedervereinigung beider deutscher Staaten sowie deren Auswirkung auf die eigene Lebensplanung, gefolgt von einer relativ langen Passage über ihr Leben ohne Vater, über das menschliche Versagen ihres Stiefvaters und erst in der 68. Zeile der Interviewmitschrift als weniger positive Entwicklung die knapp gehaltene Erwähnung ihrer mehrfachen Arbeitslosigkeit.

Die Strukturuntersuchung weist damit bereits zu Beginn des Interviews drei auffällige Gegebenheiten auf: im Vordergrund steht zunächst die Ausklammerung der detaillierten familialen Geschichte, ein möglicher Hinweis auf den Verlust persönlicher Identität im Elternhaus bzw. stark negierter Identitätsprägung in der Kindheit und Adoleszenzphase. Zweitens betont Petra W. explizit, ihr eigentliches Leben beginne erst im Zuge der Wiedervereinigung mit Öffnung der Grenze und dann in einer Form, die ihr allerdings jegliche Möglichkeit nimmt, die Besonderheit ihrer Talente zu beweisen – wie im nachfolgenden Text aufgezeigt werden wird. Die diversen Zeiten von Arbeitslosigkeit treten als Randerscheinung auf, werden in ihrer Bedeutung heruntergespielt, lediglich ein Mal als ihr größtes Problem bezeichnet. Zeitgleich mit der Grenzöffnung taucht in der Darstellung des Lebens der jetzige Partner als neuer Mitbewohner und Initiator

Teil II
4. Partnerschaftliche Interaktionsprozesse

ins Auge gefasster Familienkonstruktion auf, dessen Rolle viel über die Interaktionsprozesse dieser Partnerschaft aussagt. Als drittes fällt die massive Abgrenzung zu eben diesem Partner auf, der eher als Fremdkörper, denn als menschlicher Zugewinn in die Zweierbeziehung Mutter/Tochter eindringt und damit eine ähnlich unterbewertete Position wie der Stiefvater der Interviewten zugewiesen erhält.

In der Chronologie der Ereignisse verändert sich die Reihenfolge der Nennungen aus der unmittelbaren Eingangspassage:

Petra W. wächst als einzige Tochter in A-Stadt, am Rande einer Großstadt der ehemaligen DDR, auf. Bis zur Einschulung sind ihre direkten Bezugspersonen fast ausschließlich Erwachsene; neben der unverheirateten Mutter, ein nicht näher beschriebener Familienangehöriger, bei dem die Mutter angestellt ist. Trotz harter Arbeit verfügt Petra W's Mutter immer nur gerade über ausreichend Geld zum Leben. Ungeachtet aller finanziellen Knappheit gilt retrospektivisch ausschließlich diese Zeit als „schön". Petra W. erlebt, wie eine relative Versorgung allein durch die dienende Tätigkeit der Mutter möglich wird, d. h. sie erfährt ein Konglomerat von streng abhängigen Hierarchiestrukturen gekoppelt mit familialer Umsorgung. Diese Konstellation wirkt sich besonders prägnant mit dem Tod des Familienangehörigen aus, denn die Mutter verliert dadurch ihre Arbeitsstelle, beider Unterkunft und Petra W. - etwa achtjährig - das Substitut des Vaters und die schönste Zeit ihrer Kindheit.

Die wahrgenommene Qualität ihrer Lebensumstände verändert sich sichtbar, als die Mutter kurz darauf einen Partner, Petra W's Stiefvater, kennenlernt und sie - nun zu dritt - eine Wohnung in der Stadtmitte von A-Stadt beziehen. Hier steht Petra W. zwar ein eigenes Bett, aber kein eigenes Zimmer zur Verfügung, eine anscheinend sehr negativ belegte Erfahrung und Auslöser des Vorsatzes, dieses Erlebnis ihrem eigenen Kind zu ersparen. Die folgenden zehn gemeinsamen Jahre mit dem Stiefvater werden als Wiederholung der Handlungs- und Familienstruktur ihrer frühkindlichen Lebensphase erlebt. Wieder bekleidet die Mutter die Rolle einer „Dienerin", holt Bier für den Stiefvater, wäscht seine Wäsche, geht einer Hausfrauentätigkeit nach und wird dabei erneut finanziell von ihrem Partner abhängig.

Teil II
4. Partnerschaftliche Interaktionsprozesse

Die Schilderungen der Herkunftsfamilie deuten darauf hin, dass sich die Mutter zum Zwecke der materiellen Sicherheit wiederholt freiwillig in eine autoritär patriarchalische Familienstruktur begibt, wobei sie in Kauf nimmt, im Austausch gegen rollenkonformes Verhalten Entscheidungsbereiche an den Partner abzugeben *(Prokop, Ulrike; 1977: 55-58)*. Leider bleibt das Beziehungsgeflecht der Eltern außer Betracht, findet lediglich in Form einer Konklusion als abschreckendes Beispiel Verwendung: selbst lieber in keiner, als in solch einer Beziehung zu leben. Auslöser dieser negativen Bewertung der elterlichen Partnerkonstellation können vor allem die unerfüllten Erwartungen an den Stiefvater sein, der nicht nur in der erhofften traditionellen Funktion eines Vaters versagt, die Familie nicht ausreichend finanziell unterstützt und absichert, sondern darüber hinaus Petra W. eher gleichgültig gegenübersteht. Aus heutiger Sicht prägt diese „vaterlose" Zeit das gesamte weitere Leben und erklärt möglicherweise auch, warum später wiederholt bei der eigenen Tochter eine explizite Trennung von sozialer und biologischer Vaterschaft vorgenommen wird. Darüber hinaus verhindert die anscheinend mehr oder weniger geglückte *Anpassungsakrobatik* der Mutter an ihre Partner ausgewogene *Beziehungsgleichgewichte etwa von Gleichheit - Verschiedenheit und Nähe - Distanz zwischen (Stierlin, Helm; 1971: 106)* der Mutter und ihrer Tochter, Petra W. Insgesamt könnte die wiederkehrende Art der Familienkonstruktion von Petra W´s Herkunftsfamilie die *Entwicklung und Behauptung (ibid: 108)* einer autonomen Persönlichkeit vereitelt haben. Jedenfalls prägt die in den frühen Jahren wahrgenommene *elterliche* (mütterliche) *Wohnwirklichkeit die ersten Muster sozialräumlicher Orientierung (Matthes, Joachim; 1978: 157)*. Jung spricht in diesem Zusammenhang von der *bildsamsten Zeit*, in der zwischen dem ersten und fünften Lebensjahr wesentliche Charakteristika aus der *elterlichen Matrize* gespeichert und auf die Lösung späterer Konflikte aufgelegt wird *(Jung, Carl Gustav; 1909/ 1971: 16)*. Diese negative *Familien-Gegenseitigkeit (Stierlin, Helm; 1971: 109)* kann im späteren Leben als Mitauslöser dafür gelten, den permanenten Beweis zu fordern, abweichend vom alltäglich Normalen, ja besser zu sein.

Selbstbestimmung versus interpersoneller Interaktionsmuster

Da Petra W. nach eigenen Aussagen für das Ablegen des Abiturs (POS und EOS) nicht die nötigen intellektuellen Voraussetzungen hat, entscheidet sie sich nach zehn Jahren Schulbildung (Grund- und Hauptschule) für eine Ausbildung im pädagogischen Bereich. Infolge schlechter Schulnoten, aber auch aufgrund nur begrenzt zur Verfügung stehender Plätze, erhält sie zwar eine Ausbildung, muss aber auf ihren Traumberuf als Lehrerin verzichten. Nach drei Jahren Ausbildungszeit, dieses Mal als „vorbildliche, motivierte" Azubi, wird ihr der erste Berufseinsatz zugeteilt – wiederum nicht im gewünschten Bereich. Sinnzusammenhänge, deren Erläuterung ihre plötzlich aufgetretene Motivation entschlüsseln helfen könnten, bleiben unerwähnt.

So arbeitet sie zehn Jahre als Angestellte im öffentlichen Dienst. Aber statt mit ihren Wunschgruppen, Kindern zwischen 6 und 10 Jahren oder Erwachsenen, sind es die 14-18 jährigen Jugendlichen, die ihr das Leben während ihrer ersten Berufstätigkeit erschweren. Heute kann sie sich nicht mehr vorstellen, erneut im öffentlichen Dienst zu arbeiten; als zu „dogmatisch", mit zu vielen festen Vorgaben und mit zu wenig Freiraum ausgestattet lehnt sie diesen Bereich ab. In der Rückblende stellt sie ihr damaliges angepasstes, diszipliniertes Verhalten, deren Akzeptanz ihr offenbar Schwierigkeiten bereitet, gekoppelt mit den vergangenen gesellschaftlichen Umständen als verantwortlich für ihre Unzufriedenheit in dieser Zeit dar.

Obwohl sie in vorhergehenden Interviewpassagen fehlende intellektuelle Fähigkeiten zur Beendigung der EOS und POS und das nicht erreichte Abitur anführt, Faktoren, die einen regulären Hochschulzugang ausschließen, versucht sie, sich den beruflichen Schwierigkeiten dadurch zu entziehen, dass sie einen Antrag auf Zulassung zum Studium stellt, der jedoch am Widerstand ihrer Vorgesetzten scheitert. Ihre Reaktion auf die Ablehnung ihres Studienwunsches ist ein Entlassungsgesuch aus ihrer Arbeitseinheit und damit aus dem pädagogischen Bereich, wohl wissend, dass sie in der damaligen DDR nur schwer eine neue Anstellung finden wird.

Bis sie auf Vermittlung von Freunden für fünf Jahre eine Stelle als Aushilfskraft in einer Bibliothek erhält, lebt sie von den Erlösen aus dem teilweisen Verkauf ihrer Möbel. Das vermehrte Zeitkontingent auf ihrer neuer Arbeitsstelle wird genutzt, um sich von dem anstrengenden Vorjob zu erholen. Auch am neuen Arbeitsplatz dauert es nicht lange, bis die alte Unzufriedenheit mit der beruflichen Situation, aber auch mit den sonstigen Lebensumständen erneut zu Tage tritt.

Sie beschließt, einen Ausreiseantrag in die BRD zu stellen, um zahlreichen Freunden und Bekannten zu folgen Beinahe zeitgleich bewirbt sie sich um eine Fortbildung, deren Teilnahme ihr verweigert wird.

Bis zur Stellung dieses Ausreiseantrages lässt sich eine zwar nicht vollständig erwünschte, aber eindeutig fremdinitiierte, stringente Ausbildungs- und Berufslaufbahn aufzeigen. Trotz ihres Engagements in der staatlichen Jugendorganisation der damaligen DDR wird ihrem ursprünglichen Ausbildungswunsch nicht entsprochen. Mehrmals bewirbt sie sich erfolglos um andere Ausbildungsgänge und später um berufliche Positionen. Als sich diese Wünsche jedoch als nicht realisierbar erweisen, sucht sie nicht nach Auswegen oder Möglichkeiten, ihre Vorstellungen doch noch umzusetzen, sondern nach Schuldigen, die die Erfüllung ihrer Ziele verhindern, bzw. entzieht sich weiteren Auseinandersetzungen durch Kündigung – ein in der damaligen DDR sehr ungewöhnlicher Schritt, von dem zumindest heute behauptet wird, jedem hätten die beruflichen und gesellschaftlichen Nachteile als Konsequenz klar sein müssen. Erst als sie sich finanziell nicht mehr zu helfen weiß, nimmt sie erneut eine Tätigkeit auf, die sie als wohlverdiente und willkommene Ruhepause bezeichnet. Schließlich gefällt ihr auch dieser Job nicht mehr. Frustration speziell über die berufliche Auswegslosigkeit aber auch über ihre gesamte Lebenssituation, macht sich breit. Sie weiß, dass sie in der damaligen DDR keine ihren Vorstellungen entsprechende Position erreichen wird und vor allem, dass sich die von ihr erwünschten Lebensumstände – die sich in den folgenden Kapiteln im Zusammenhang mit partnerschaftlichen Interaktionen herauskristallisieren - nicht in die Realität umsetzten lassen. Was bleibt, ist die Flucht aus dem staatlichen System.

Damit entscheidet sie sich zwar dafür, einer geschlossenen Gesellschaft den Rücken zu kehren, erwartet aber gleichzeitig, dass diese Gesellschaft sich bis zuletzt um sie kümmert und ihr die Zeit bis zur Abkehr erleichtert, sie darüber hinaus noch für das 'feindliche Ausland` beruflich qualifiziert. Gedanken, dass ein Staat allein schon aus rein monetären Überlegungen heraus nur Bürger für den eigenen Arbeitsmarkt qualifizieren kann oder will, tauchen nicht auf. Bisher scheint Petra W. alle denkbaren staatlichen Förderungen in Anspruch genommen zu haben. Jetzt kann sie nicht verstehen, dass der Staat, den sie insgesamt ablehnt und verlassen möchte, sich seinerseits auch von ihr abwendet und ihr jegliche Förder- und Verdienstmöglichkeiten verweigert.

Zu keinem Zeitpunkt erwähnt Petra W. einen Dissens mit den staatstragenden politischen Ideen der damaligen DDR, vielmehr beklagt sie sich – unter besonderer Betonung, keinem Konsumzwang zu unterliegen – lediglich über das mangelnde Warenangebot. Die kritische Frage, ob sie ihre unbequeme Situation als erkennbar Ausreisewillige – zumindest systemimmanent betrachtet - durch eigene Handlungen hervorgerufen haben könnte, stellt sie sich nicht. Stattdessen erhalten alle diejenigen Personen die Schuld für ihr berufliches und gesellschaftliches Versagen zugewiesen, die sie als die *Prozessoren* ihres beruflichen Werdeganges ansieht. Sie schließt sich dem Personenkreis von Ausreisewilligen an, mit dem sie in der Zwischenzeit in Kontakt gekommen ist. Ihre Ansprüche an den Staat treten deutlich in Erscheinung, eine Bereitschaft zur Gegenleistung nicht.

Endlich, im Oktober 1989 erhält Petra W. die Ausreisepapiere, obwohl diese, wie sie später feststellt, schon auf Mai 1989 datiert waren. So schnell wie irgend möglich meldet sie sich bei allen behördlichen Stellen ab und bereitet damit ihre Ausreise vor. Kurz vor dem Ausreisetag revidiert sie jedoch ihren Entschluss, teils weil sie übervolle Durchgangslager im Westen scheut, aber auch, weil ihr die physische Kraft zu einem Neuanfang fehlt. Sie steht kurz vor der Entbindung ihres ersten Kindes.

Dann öffnet sich die Grenze zwischen der damaligen DDR und der Bundesrepublik. Petra W. kann – wie alle Ostbürger - in den Westen reisen. Noch am Tag der Grenzöffnung realisiert sie eher tief deprimiert als erfreut diese durchgreifende Veränderung. Ihr durch den Ausreiseantrag dokumentierter Anspruch, anders zu sein als die angepassten ehemaligen DDR-Bürger, wird innerhalb eines Tages zunichte. Die Öffnung der Grenze löscht auch ihre individuelle Grenzziehung zum Geburtsland aus und veranlasst sie, erst einmal im Status quo zu verharren. Ihre Tochter wird auf dem Gebiet der damaligen DDR geboren. Petra W. entschließt sich, so zu leben wie bisher – nur dass sie jetzt ein

Kind hat. Da sie wegen der geplanten Ausreise alle Verbindungen abgebrochen, auch ihre Arbeitsstelle gekündigt hat, erlebt sie die Wiedervereinigung beider deutscher Staaten als Arbeitslose.

Matrophobie - oder nicht so sein wollen wie die Mutter

Der Wunsch, anders sein zu wollen als der Durchschnittsbürger der ehemaligen DDR, erfährt durch die Wiedervereinigung beider deutscher Staaten einen tiefen Einbruch, der jedoch nicht erst durch die beruflichen Ereignisse und Lebensumstände kurz vor der Grenzöffnung initiiert worden zu sein scheint. Erlebnisse in ihrer Kindheit und Jugendzeit, besonders die als vaterlos geschilderte Adoleszenzphase, die miterlebte, immer wiederkehrende Abhängigkeit der Mutter von den sie umgebenden Männern, dürften Abgrenzungsbestrebungen gegenüber der Mutter hervorgerufen und im Konzept der Geschlechtsrolle zur Ablehnung geführt haben[62]. Immer wieder erfährt die Mutter Zuordnungen eines Opfers der Lebensumstände in der ehemaligen DDR, indem Petra W. mit besonderer Modulation in der Stimme ihr für sie typische DDR-Bürger-Eigenschaften verleiht wie: „fleißig emsig diszipliniert" auf Konsum verzichtend. Diese Eigenschaften betont sie, bringen nichts ein, weder finanzielle Absicherung noch die Möglichkeit, sich Wünsche zu erfüllen. Während die Bürger der ehemaligen DDR als ihre positiven Haupteigenschaften Fleiß, Ehrgeiz, Ordnung und Sicherheit, Disziplin und Pflichterfüllung sehen *(vgl. Wagner, Wolf;1999: 15 ff)*, erhalten diese Eigenschaften bei Petra W. eine negative Wertzuweisung. Zur Untermauerung ihrer These führt sie die Hausfrauentätigkeiten ihrer Mutter sowohl als Angestellte bei einem Verwandten, aber auch bei ihrem Stiefvater an. Allmählich entfaltet sich ein abschreckendes Szenario der elterlichen Beziehung, in der die Mutter als Dienerin fungiert. Arbeiten einer Hausfrau werden in Beziehung gesetzt zu der Verliererposition in einer Partnerschaft, Ausdruck einer nicht geglückten *Identifikation mit dem Rollenmodell <männlich-weiblich>, das die Eltern vermitteln (Zahlmann-Willenbacher, Barbara; 1979: 100).* Das Fazit

---

[62] Nach Trautner erfährt das Geschlechtsrollen-Konzept Anerkennung bzw. Ablehnung für den Fall, dass die in der Kindheit und Jugend vorgeführte Rolle in der Gesellschaft. positiv resp. negativ beantwortet wird. *vgl. Trautner, Hanns Martin; 1979: 82.*

ergibt sich quasi von selbst: Besser in keiner Beziehung leben als in einer der elterlichen ähnlich, konstatiert Petra W. und zieht gleichzeitig Parallelen zwischen ihrem und dem Leben der Mutter.
Voller Wut schildert sie ihre mühevolle Reinigung eines Teppichbodens und den Umstand, dass ihr Partner, genau wie ihr Stiefvater es der Mutter verweigerte, keinen neuen Teppichboden finanzieren will.
Wut oder das Gefühl der Ohnmacht veranlassen Petra W. den immer als Partner beschriebenen Lebensgefährten in diesem Zusammenhang plötzlich zum *Freund* zu degradieren. Hierauf bezieht sich ihre Erwägung, auf eine Beziehung, in der solche als erniedrigend empfundenen Tätigkeiten verrichtet werden müssen, zu verzichten. Die Frage drängt sich auf, wann ein Lebensgefährte in die Funktion eines Partners, wann in die Funktion eines Freundes gelangt und ob diese Klusterung von finanziellen Zuwendungen abhängt. Hieraus würde die Gleichsetzung von Partnerschaft mit Versorgungsinstitution und demzufolge entstehender finanzieller Abhängigkeit vom Partner resultieren. Deutlich weist Petra W. auf Gegensätze zwischen ihrem Leben und dem der Mutter hin. Allerdings betrachtet sie deren Leben als abgeschlossen, wohingegen das ihrige noch über genügend zeitlichen Spielraum verfügt, um es anders gestalten zu können. Das gedankliche Engagement, ihre Verwobenheit mit der Problematik 'Partnerschaft als Versorgungsinstitution und Individualität` unterstreicht ihre spontane Verwendung des Kiezdialektes bei diesem Thema.
Im gleichen Atemzug verurteilt Petra W. einerseits die Lebensart der Mutter und berichtet andererseits von deren Mitfinanzierung ihres Autos, um am Ende zu konstatieren, dass sie, Petra W., es doch verstehe, aus wenig Geld noch eine ganze Menge zu machen – eine sehr individuelle Interpretation der eigenen Fähigkeiten.
Das Verhältnis zwischen Tochter und Mutter scheint nicht nur angesichts von Petra W´s mehrfacher Betonung, „nie werden zu wollen wie ihre Mutter", gespannt zu sein. Geringschätzig mit „ach die" charakterisiert sie die Mutter als lebensfremd, als eine, die der Arbeitslosigkeit der Tochter positiv gegenübersteht und diese Situation mit der Hoffnung verbindet, nun habe Petra W. mehr Zeit für sie. Aber als Mensch, mit dem Petra W. ihr vermehrtes Zeitkontingent ausfüllen könnte, oder einfach als Gesprächspartnerin scheidet die Mutter aus.

Teil II
4. Partnerschaftliche Interaktionsprozesse

Eher deutet die abwertende und geringschätzige Art und Weise, in der über die Mutter berichtet wird, auf ein Kernproblem von Petra W. hin: sie vermag es nur schwer oder gar nicht, *divergierende Erwartungen und Bedürfnisse zu tolerieren, um sie bei Konfliktlösungsversuchen berücksichtigen zu können,...* auch als *Ambiguitätstoleranz* oder als *autonome Ich-Organisation (Trefz-Winter, Elke; 1975: 22)* bezeichnet.

Die Mutter erreicht bei Petra W nicht einmal die Stufe einer *persona non grata*, die Position eines Menschen, dem mit Gleichgültigkeit begegnet werden kann. Vielmehr stellt sie für Petra W. das vollendete Negativbeispiel eines Menschen dar, der es in seinem Leben zu nichts Nennenswertem gebracht hat, gegenwärtige Situationen - wenn überhaupt - nur höchst unvollständig erfasst und als Gesprächspartnerin darum auch nicht taugt. Das Ziel, niemals so zu werden wie ihre Mutter, bezieht sich anscheinend auf alle Lebensbereiche und nicht nur auf deren Tätigkeit als „dienende" Hausfrau. An keiner Stelle im Interview – auch nicht als ihr die Mutter mit ihren Ersparnissen zu einem Auto verhilft - wird ansatzweise die Akzeptanz der Mutter als Person deutlich, jeglicher Ausdruck emotionaler Verbundenheit oder Zuneigung fehlt vollständig. Die Vermutung liegt nahe, dass Petra W. sich aufgrund des Negativbeispiels Mutter immer wieder selbst beweisen muss, dass sie, Petra W., anders ist; sie muss klarstellen, dass sie alle Geschehnisse im Griff, keine unlösbaren Probleme hat.

Einen besonderes ungünstigen Charakterzug der Mutter glaubt Petra W. in deren teilweise als selbstverschuldet dargestellter Isolation auszumachen. Anscheinend entsteht vermuteter Erklärungsbedarf, denn es folgt im Interview in diesem Zusammenhang die Schilderung der Art und Weise der eigenen Kontaktpflege zu Freunden und Bekannten.

In ihrer Partnerschaft ist sie selber, nicht ihr Partner, diejenige, die die sozialen Kontakte besitzt, pflegt und auch genau weiß, wie solche Verbindungen zu fördern sind. Interessanter Weise erfährt die Darstellung der Möglichkeiten durch die Verwendung des Wortes „eigentlich" weiß sie es... Einschränkungen. Nach drei verbalen Anläufen erhalten diese Kontakte das Prädikat „sozial". Dann folgt im Ablauf der Erzählung die Darstellung der Förderung und Pflege dieser Kontakte ohne handlungsimmanente Notwendigkeit, quasi als *Möglichkeit,... die eigene Identität durch eine bestimmte Überlegenheit über einen anderen zu verwirklichen... in relativ unwichtigen Angelegenheiten (Mead, George Herbert; 1934/1995: 363)* Petra W´s Intention zu verdeutlichen, dass sie selber schon in Kleinigkeiten anders als ihre Mutter handelt, die über diese sozialen Kompetenzen nicht verfügt, wird deutlich.

Durch diese verbal geschilderten Handlungsvollzüge erfährt die These von der verlorenen Persönlichkeit, vom Menschen, der unter allen Umständen anders sein möchte, als der Rest, neue Impulse. Im Prozess der Abgrenzung zur Mutter liefert Petra W. nicht nur die Hintergründe für ihre Desintegration, sondern auch für ihre bewusste Abkehr vom jeweils herrschenden Gesellschaftssystem, in dem sie lebt. Als Individuum, über dessen Abgrenzung sie ihren eigenen Standort definiert, wählt sie überwiegend ihre Mutter aus, die wie Petra W. meint, am Ende ihrer Lebenszeit noch immer im sozialen Status- und Gesellschaftsgefüge der Unterschicht verharrt. Indem Petra W. diese Selektion präsentiert, sich bewusst vom Individuum der Mutter distanziert und damit der Matrophobie unterliegt, legt sie ein Steinchen in den Kreis, der sich um ihre eigene Person schließt. Sie verortet sich selber nicht nur in ihrem Herkunftsmilieu, sondern legt darüber hinaus auch dar, warum sie nicht Teil dieses Milieus ist. Weitere Steine folgen in der Untersuchung über den Umgang mit fremden Einflüssen.

Strainger-Stigma

Besonders im Reflexionsprozess über Dritte und im gesellschaftlichen Umgang mit Menschen bilden sich Andersartigkeiten und/oder auch sich selbst blockierende Störungen von Individuen ab. In der eigenen Reaktion auf abweichende Denk- und Handlungsweisen von Mitmenschen, dass heißt in der Konfrontation mit Einflüssen, die sich mit der eigenen Vorstellungswelt nicht deckungsgleich gestalten, zeichnet sich jenes Verhalten ab, das im Positiven mit Toleranz, Akzeptanz und im Negativen mit Stigmatisierung, Engstirnigkeit und Intoleranz bezeichnet wird. Im Interview legt Petra W. - ohne explizit dazu aufgefordert zu sein – dar, wie sie den Umgang mit ihr nahestehenden Personen gestaltet. Glänzend versteht sie es, Beziehungen zu pflegen, wohingegen anderen diese Fähigkeit abgeht, so auch einigen „Mitgliedern ihres Freundeskreises". Wer nicht gewillt ist, etwas zur Aufrechterhaltung der Beziehung beizutragen, wird von Petra W´s Einladungsliste gestrichen. Als solcher Beitrag gilt etwa das Verbringen eines gemeinsamen Urlaubs oder sonstige gemeinsame Freizeitgestaltung. Hierbei kann auf individuelle Einstellungen, wie die einer Freundin, die ihr Kind abends nicht alleine lassen möchte, keine Rücksicht genommen werden. Indem sie nicht bereit ist, sich dem Rest der Gruppe anzupassen, muss die Freundin die Konsequenz des Alleinseins tragen.

Kompromisslösungen, mit denen alle Betroffenen leben könnten, werden nicht erwähnt, dafür Vorstellungen und Erwartungen, mit denen Petra W. ihre Mitmenschen konfrontiert und mit denen sie darüber hinaus das Handlungsrepertoire der Gruppe ihrer Freunde und Bekannten bestimmt. Sie ist es, die den Bewertungsmaßstab, was richtig und was falsch ist, wie der Mensch im allgemeinen zu sein hat, vorgibt. Mit diesem *autoritären Einstellungssyndrom* erinnert Petra W´s Verhalten an Untersuchungsergebnisse über *den Zusammenhang von Arbeitserfahrungen und Persönlichkeitsdisposition* von Vätern, die in ihrer Arbeitswelt stark fremdorientierter Weisung ausgesetzt sind und *eigenpsychische Dispositionen (vgl. Steinkamp, Günther 1979: 94f)* kompensieren, indem sie nicht nur eine hohe Sanktionsbereitschaft, sondern auch unversöhnlichen und repressiven Erziehungsmethoden anhängen. Gleichzeitig weist Petra W. mit diesen Vorstellungen erste Anzeichen eines Kleinbürgers auf *(Enzensberger, Hans Magnus; 1976: 4)*. Diese Vermutung wird sich, wie noch aufzuzeigen sein wird, immer mehr zur Gewissheit verdichten (s. Kapitel über bildungsmilieutypisches Verhalten).

Ähnlich fixierte Vorstellungen erstrecken sich auch auf den Bereich der Kindererziehung. Obwohl sie eine pädagogische Ausbildung hat, glaubt sie erst als sie selbst Mutter ist, die Tragweite des, wie sie abschätzend meint, von „Wessis" geprägten und nie ganz ernst genommenen Begriff der „Kindererziehungsarbeit" zu erfassen. Diesem Terminus ordnet sie in Form von Forderungen Wortbelegungen zu, wie „Nerven behalten, kluge Sätze rüberbringen, in jeder Situation Stärke demonstrieren". Nur am Rande, mit dem Eingeständnis, nicht alles im Griff zu haben, im Zusammenhang mit Situationen, die kein optimales Ergebnis vorweisen, taucht erstmals und einzig der Begriff „unsere", statt ´meine` Tochter auf. Zwei Konklusionen liegen nahe: die negative Wertung eines

'Wessibegriffs' schließt die Wertung aus, dass alles Gute aus dem Westen komme, sondern betont mit der Koppelung 'unserer' Tochter, der es doch ganz gut geht, die Schwierigkeit, die mit der Erziehung eines Kindes verbunden ist; ein Bereich, mit dem 'Wessis' anscheinend auch Schwierigkeiten haben. Darüber hinaus liegt die Vermutung nahe, dass die Einbeziehung des Partners in diesem Zusammenhang keine Anerkennung seiner Sorge um die Tochter Petra W´s darstellt, sondern es sich bei seiner Erwähnung eher um die demonstrative Teilung des Unvermögens optimaler Erziehungsarbeit handelt, quasi um eine Halbierung der Verantwortung.

Neben dieser schwer lösbaren Aufgabe verhindern jedoch noch andere schwerwiegende Probleme, die Demonstration allgegenwärtiger Stärke Petra W´s. U. a. ist es das vorgerückte Alter der Mutter, aber auch deren weitab von Petra W´s gelegene Wohnung in einem anderen Stadtteil in A-Stadt. Dies bedingt, dass Petra W. nicht Zeiten der Ruhe vergönnt sind, in denen sie ihre Tochter bei der Mutter abgeben kann, Zeiten, in denen sie unabhängig von Verantwortlichkeiten Kraft für ihre Erziehungsarbeit sammeln könnte. Wie wichtig dieser eigene Freiraum ist, tritt in der Erörterung der Frage, Kindergarten oder nicht, zutage. Es scheint nicht die pädagogische Erwägung zu sein, Kinder unter Kinder zu bringen, ihnen die Chance zu geben, Verhalten in Gruppen zu trainieren: die ausschlaggebenden Faktoren für den Kindergartenbesuch der Tochter werden mit der nervlichen und physischen Beanspruchung skizziert, die es kostet, das Kind den ganzen Tag um sich zu haben.

Demgegenüber steht schon heute, zu einer Zeit, als das Kind nicht einmal schulpflichtig ist, fest, welche Kriterien Petra W. ihrer Tochter für eine Partnersuche vorgibt. Ungefragt und ohne sinnhafte Notwendigkeit aus dem Gesamtzusammenhang zeichnet Petra W. perspektivisch ihre Position als Hüterin der Tochter auf. Damit drängen sich Parallelen zu ihrer eigenen Adoleszenzphase auf; nur sind die Initiatoren einer glücklichen Zukunft, die zwischenmenschliche Beziehungen in 'möglich' oder 'nicht möglich' unterscheiden, nicht die Partei oder das gesellschaftliche System, sondern ist es Petra W., die für ihre Tochter den Rahmen festlegt.

Damit bleibt sie ihrem Selbstbild treu. Generell meistert sie alle Situationen, legt Maßstäbe für Menschen in ihrer Umgebung fest, lediglich die Umstände oder

die sich ihr verweigernden Personen verhindern eine permanente Demonstration von „alles im Griff haben".
Insbesondere der Partner wird immer wieder anhand dieses Rasters bewertet. Als „Ossi", konkludiert Petra W., war er nach der politischen Wende froh, überhaupt einen Job zu haben und hat sich, wie so viele, weit unter Wert „verkauft". Da sich der Partner – trotz zahlreich mit ihm geführter Gespräche - nicht gegen die vehemente Ausbeutung durch seinen „Wessi-Chef" wehrt, selbst an Wochenenden arbeitet, trägt sich Petra W. mit dem Gedanken, den Chef aufzusuchen und über diese Art Fehlentwicklungen im Unternehmen aufzuklären. Das Unvermögen des Partners, sich gegen diese Zustände zur Wehr zu setzen, begründet Petra W. mit einer Kette von Fehlentwicklungen in dessen Kindheit und Adoleszenz. Vor allem ist es seine mangelnde Konfliktfähigkeit, die nach Petra W´s Auffassung verhindert, dass er Ansinnen seines Chefs auf Mehrarbeit ablehnt. Als ein weiteres Manko des Partners zählt, dass er bisher nicht gelernt hat, an sich zu denken, nicht einmal beim „Geldabschöpfen". Interessanter Weise schildert Petra W. das berufliche Engagement des Partners, seine daraus resultierende Leistung und seine Anerkennung im Berufsleben als negative Erscheinungen. In ihrer Darstellung klingt die berufliche Bestätigung wie ein Vorwurf; das Interesse des Partners an guten Arbeitsergebnissen wird zum abweichenden, abnormen Verhalten, die positive, ergebnisorientierte Arbeitseinstellung rutscht in den Bereich des Krankhaften. Viel Rauchen, viel Kaffeetrinken, wenig Essen und vor allem sein überobligatorisches Engagement will Petra W. als Ursache für seinen permanent schlechten Gesundheitszustand, aber auch für seine angespannte äußere Erscheinung ausgemacht haben. Vor den Augen des Zuhörers entsteht das Bild eines Menschen, der nicht normal entwickelt ist, und der es nicht versteht, gemäß der von Petra W. definierten Normalität zu denken und zu handeln. Beinahe selbstverständlich erteilt Petra W. dem Partner Ratschläge für alle Lebenslagen und meint, sie sei als einzige dazu berufen. Ihr Sofortprogramm lautet: sich krankschreiben lassen, sich erholen und auf diesem Wege in Empfang nehmen, was ihm zustehe.
Zwei Motive ihrer Handlungsweise, die sich eher ergänzen als widersprechen, zeichnen sich ab: Zum einen scheint es bei der Darstellung des Gesundheitszustandes des Partners keineswegs vorrangig um dessen Wohlbefinden zu ge-

hen, sondern eher um Petra W. in der Rolle einer aufrechten, guten Beraterin. In dieser Rolle möchte sie vor allem vom Partner wahrgenommen werden, unterstreicht diese doch ihre Stärke und seine Schwäche.

Andererseits präferiert Petra W. in ihren Überlegungen immer wieder die Seite des Habens[63]. *In der Existenzweise des Habens ist die Beziehung zur Welt die des Besitzergreifens, eine Beziehung, in der ich jedermann und alles, mich selbst eingeschlossen, zu meinem Besitz machen will (ibid).* Die Vermutung, den Partner über die Funktion einer Beraterin in seinen Handlungen bestimmen, von ihm Besitz ergreifen zu wollen, ist nicht völlig von der Hand zu weisen. Gleichzeitig erweckt Petra W. den Eindruck, die Orientierung des Partners, die von ihrer eigenen abweicht, auf einen ihr akzeptablen Level zurückführen zu wollen . Mit ihrem Verhalten deutet sie an, wie schwer es ihr fällt, die ihr fremden Eigenschaften des Partners als Ausdruck seiner Individualität zu akzeptieren.

Der Umgang mit Fremdem kann als Ausdruck ´geglückter` internalisierter Sozialisierung ihrer Kindheits- und Adoleszenzphase gewertet werden – zumindest aus Sicht der ehemaligen DDR-: nur wer den vorgegebenen Vorstellungen entsprach, konnte mit Anerkennung seiner Person und mit Aufnahme in die Gemeinschaft rechnen. Bei diesem Denkmuster handelt es sich offenkundig um *die Genese elterlicher sozialisationsrelevanter Bewusstseinsstrukturen, Wertorientierungen und Verhaltensweisen (Steinkamp/ Stief; 1978: 84)*, die sowohl auf sozialstrukturellen als auch sozialisationsbedingten Ursachen ihrer familialen Sozialisation beruhen, und auf die besonders im Abschnitt über Matrophobie erneut einzugehen sein wird.

Wenn es um *Wertorientierungen und Verhaltensweisen* geht, darf die Betrachtung von Entwicklungsstadien und damit verbundenen Veränderungen in der Bildung von Freundeskreisen nicht außer Acht bleiben. Ohne eine Wertung vorzunehmen, kann im abendländischen Kulturraum davon ausgegangen werden, dass sich Freundeskreise in der Regel auf der Basis wachsender Sympathie, nicht jedoch aufgrund eines vorgegebenen Bewertungsmaßstabes einer einzel-

---

[63] Fromm charakterisiert mit „Haben und Sein... zwei verschiedene Arten der Charakterstruktur, deren jeweilige Dominanz die Totalität dessen bestimmt, was ein Mensch denkt, fühlt und handelt". *vgl. Fromm, Erich; 1976/ 1981: 35.*

nen Person entwickeln. Hierbei wechseln sich Geben und Nehmen der im Beziehungsgeflecht beteiligten Personen – wenn auch möglicherweise in unterschiedlichem Ausmaß - zwangsläufig ab. Im Alltag von Petra W. scheint es diese Abläufe weder zwangläufig noch automatisch oder selbstverständlich zu geben. Ihre erst nach langer Zeit des Zusammenlebens vom Partner vehement eingeforderte Beteiligung an den Wohn- und Lebenshaltungskosten ist ein beredtes Beispiel dafür. Die Forderung an ihre Freunde gerichtet, sich nach von ihr aufgestellten Prämissen zu richten oder aus dem Freundeskreis verstoßen zu werden, stellt möglicherweise nur die Weitergabe selbst erlebter Intoleranz dar. Vielleicht stilisiert Petra W., im Rückblick auf den Beginn ihrer Partnerbeziehung, gerade darum die Teilung aller Dinge im Leben zur Voraussetzung für ein Zusammenleben. Auch die schlechte Beziehung zur Mutter lässt sich eventuell auf miterlebte Unterdrückungsmechanismen zurückführen, gegen die sich die Mutter nicht zu wehren wusste. Vor diesem Hintergrund erhalten die auffällig häufig hintereinander stehenden und auf den ersten Blick zusammenhanglosen Äußerungen Petra W´s ihren Sinn, 'anders zu sein, als ihre Mutter` und 'in allen Lebenslagen zu wissen, was richtig ist`.

Wertorientierung im Erwachsenenalter

Nachdem Petra W. sowohl als Kind wie auch als Jugendliche mitansehen musste, wie ihre Mutter trotz kontinuierlicher Berufstätigkeit immer vom Wohlwollen Dritter, vor allem vom jeweiligen Partner abhängig war, scheint sich bei ihr der Vorsatz herausgebildet zu haben, niemals werden zu wollen wie die Mutter: angepasst und dem Schicksal ergeben. Ungeachtet dessen beginnt Petra W´s eigene Berufsbiographie als Jugendliche mit einer Ausbildung und ersten Berufstätigkeit, die ihr ungeachtet anderer eigener Vorstellungen von staatlicher Seite zugeordnet werden. Als mit der Zeit ihre Bereitschaft, sich anzupassen, sinkt und sich daraus im Arbeitsleben ernste Probleme entwickeln, kündigt sie das Arbeitsverhältnis und schert aus dem System der staatlichen Arbeitszuweisung aus. Die darauf folgenden Repressalien registriert sie zwar, ordnet sie aber nicht funktional dem gesellschaftspolitischen System an sich, sondern seiner mangelnden Flexibilität, ihre persönlichen speziellen Fähigkeiten adäquat einzusetzen, zu. Etwa zur gleichen Zeit lernt sie Menschen kennen, die aufgrund ihrer Überzeugungen mit dem gesellschaftlichen System unzufrieden sind und die damalige DDR verlassen wollen. Daraufhin glaubt Petra W., in diesem Weg auch für sich die Lösung ihrer Probleme gefunden zu haben und stellt einen Antrag auf Entlassung aus der Staatsbürgerschaft, den sie sich schließlich - inzwischen hochschwanger - in letzter Konsequenz scheut, zu realisieren.

Als ihr kurz darauf mit der Wiedervereinigung unverhofft die Gelegenheit geboten wird, ihre individuellen Vorstellungen von Leben umzusetzen, vertraut sie erneut auf staatliche Absicherungsmechanismen und nimmt ihre erste ABM in Anspruch. Diese Entscheidung gibt endgültig Anlass, Vermutungen über ihre Wertorientierung im Leben anzustellen. Allem Anschein nach beängstigt sie alles, *was wächst, sich verändert und sich somit der Kontrolle entzieht..., fühlt <sie> sich in der Tat durch neue Ideen oder Gedanken... eher beunruhigt, denn das Neue stellt die Summe der Informationen in Frage, die... <sie> bereits hat (Fromm, Erich; 1976/ 1981: 38).* Treffen diese Eigenschaften zu, so kennzeichnen sie sie in der täglichen Erfahrung als *Haben-Mensch*.

Mit ihrer Äußerung, erst seit der Grenzöffnung die Intensität des Lebens wahrzunehmen, vor allem aber mit ihrer Definition, was als lebenswert angesehen wird, rechtfertigt sie diese Zuordnung zur Gruppe der Haben-Menschen. Es geht ihr darum, bisherige Träume, wie etwa einen Hausbau, zu realisieren, aber auch alle Produkte kaufen zu können, ohne anstehen zu müssen, in die ganze Welt reisen zu können, also zusammengefasst um das Abstecken neuer Grenzen und das Entdecken bislang unbekannter Bereiche. Dass diese Art des Konsums auch die Angst beseitigt, im Leben als Verlierer dazustehen - *schließlich kann... das Konsumierte nicht weggenommen werden (ibid: 37),* widerspricht zwar Petra W´s eigenen Äußerungen, nicht einem allgemein zu verzeichnenden Konsumstreben anzuhängen, erklärt aber gleichzeitig, warum Konsum bei ihr dennoch einen so hohen Stellenwert einnimmt. Als einziges „wahrscheinlich nicht so Positives" bezeichnet sie auffällig kurz und knapp ihre Arbeitslosigkeit und pauschal ihre Partnerschaft, die sich nicht wie gewünscht entwickelt, mit deren Fortbestand – jedenfalls zum Zeitpunkt des Interviews - aber untrennbar die Realisierung ihrer vorgenannten Lebensziele verbunden ist.

Als Ursache für die Begründung dieser Partnerschaft kurz nach der politischen Wende, die ins Auge gefasste Realisierung der Lebensziele anzunehmen oder gar Petra W´s für lange Zeit freiwillige Übernahme aller Lebenshaltungskosten in einen Zusammenhang mit der unbedingten Durchsetzung dieser Ziele zu bringen, wäre eine nicht zu beweisende Annahme. Konkreter lässt sich ihre Wertorientierung an Einzelbeispielen festmachen, etwa an ihrer Äußerung, lange Zeit finanziell und psychisch in die Partnerschaft investiert zu haben und nun auch die Früchte dessen ernten zu wollen oder ihre niemals konsequent umgesetzte Drohung, den Partner ungeachtet erlebter Zufriedenheit während seiner dreiwöchigen Abwesenheit aus der Wohnung zu verweisen. An diesen wenigen Beispielen wird die Prämisse Petra W´s deutlich, unter keinen Umständen so leben zu müssen wie die eigene Mutter. Im Interview lässt sich vor allem, wenn es um die Beziehung zum Partner oder um Kommunikationsstrukturen geht nachvollziehen, dass Petra W. bis dahin grundsätzlich bereit war, auf eine eigene berufliche Karriere zu verzichten, wenn sich auf diesem Weg ihre Lebensziele realisieren lassen, obwohl sie gerade diesen Umstand mehrfach ungefragt mit Betonung ihrer besonderen Fähigkeiten versucht zu widerlegen.

Interkulturelle Kommunikation – gendertypisches Kommunikationsverhalten

An verschiedenen Textstellen –nämlich immer dort, wo Schilderungen über die sich häufenden verbalen Auseinandersetzungen aufgrund der nicht erfüllten Anforderungen Petra W´s an den Partner detailliert werden-, öffnet sich für einen Moment ein Spalt in der äußeren Fassade, der im allgemeinen mit wohlfeilen Worten umschriebenen Partnerschaft und gestattet einen kurzen Einblick in die Art der partnerschaftlichen Auseinandersetzungen:

Das Zusammensein wird weder durch eine rechtliche Verankerung in Form eines Trauscheines, noch durch gemeinsames Eigentum beispielsweise an Möbel oder gemeinsame Verpflichtungen gekennzeichnet. Die einzige nach außen dokumentierte Gemeinsamkeit besteht in einem Bausparvertrag. Überlegungen, die Partnerschaft ausschließlich auf gegenseitige Zuneigung gründen zu lassen, sind im gesamten Interview nicht nachweisbar; immer erhält die Beziehung eine Zweckzuweisung. Auffällig häufig betont Petra W. im Verlauf geschilderter Auseinandersetzungen, der Partner könne aus der Wohnung ausziehen, da beide nichts Gemeinsames verbinde. Allerdings gehe es ihm bei ihr so gut, dass er wohl erst dann ausziehen werde, wenn sie es explizit von ihm verlange. Da er andererseits auch nicht die ihm von ihr zugedachte Rolle des perfekten Mannes als Verdiener, Hausmann und Vater akzeptiert und lebt, muss er sich in von Petra W. initiierten Diskussionen damit stets aufs Neue auseinander setzen. Es scheint mehr ein Spiel zwischen den Beteiligten zu sein, in dem die gewährten Nutzungsrechte an der in ihrer alleinigen Verfügungsgewalt stehenden Wohnung mit der Einlösung von ihr auferlegter Verpflichtungen aufgerechnet werden. Jedes Nichteinlösen oder schon der Versuch, sich einer Verpflichtung zu entziehen, löst endlose Diskussionen über die Gründe dieser Verweigerungshaltung aus. Die immer mehr zunehmenden derartigen Diskussionen bringen zusätzlich Schärfe in die Auseinandersetzungen. Von ihrer Seite werden sie lautstarker und heftiger mit immer weiterreichenden Forderungen versehen. Mehrmals wird der Partner vor die Alternative gestellt, sich entsprechend den Wünschen Petra W's zu ändern oder auszuziehen. Nur die Rücknahme dieser Forderung konnte bisher diese letzte Konsequenz vereiteln. Petra W. unterstreicht dennoch ihr Postulat, der Partner müsse die Wohnung verlassen, wenn sie dies ernstlich wolle. Eigentlich wünsche sie es nicht; lediglich die Enge der momentanen Wohnverhältnisse erzwinge eventuell bald diesen Schritt. Sie betont für ihre Person nicht zu wissen, wie lange sie diesen beengten Zustand noch aushalte. Durch die jahrelang unverändert beengten Wohnverhältnisse, die sie sich nicht zu zweit, sondern aufgrund der Existenz des Partners nun zu dritt teilen, fühlt sie sich in ihrem Freiraum unnötig eingeschränkt. Nachdem sie mehrere Jahre eigenverantwortlich den Haushalt geführt, ihre Tochter allein versorgt hat und darüber hinaus teilweise berufstätig war, sei es nun Aufgabe des Partners, diese Einschränkung ihrer Freiheit zu beenden und ein Haus zu bauen. Je länger der Partner mit der Beantragung einer Baugenehmigung zögert, desto häufiger kommt es zu verbalen Exaltationen.

Im Kern dieser Auseinandersetzungen verweist sie auf ihre Hilfsbereitschaft ihm gegenüber und auf seine nun fälligen Gegenleistungen. Die gleichbleibenden

Teil II
4. Partnerschaftliche Interaktionsprozesse

Reaktionen des Partners auf diese Auseinandersetzungen, entweder sein stummes Zuhören oder bisweilen auch seine Zustimmung, der trotzdem keine Veränderung folgt, deuten darauf hin, dass hier verbal widersprüchliche Aufforderungen erteilt werden, denen er sich insgesamt entzieht. Es geht um Divergenzen von *Mitteilungen und Metamitteilungen*, die auch *double bind* genannt werden.[64]

Auffällig lang gestalten sich in mehreren diesbezüglichen Interviewpassagen die Pausen und Petra W´s verächtlich klingendes, lautes Schnaufen. Häufig betont sie ihre Auflehnung gegen diesen sie aus ihrer Sicht erniedrigenden Zustand, um gleichzeitig anzumerken, dass die diesbezüglich von ihr initiierten Streitgespräche allmählich Früchte tragen.

Sowohl die Art und Weise der Schilderungen, die sich auf die Auseinandersetzungen beziehen, als auch ihr Anspruch, nicht die Dienende im Haus sein zu wollen, vor allem aber die Kritik an der Aufgabenverteilung in eine Beziehung zu den engen Wohnverhältnissen gesetzt, legen den Schluss nahe, dass es Petra W. nicht um die Erledigung aller anfallenden Arbeiten im Haus geht. Dies gilt umso mehr, als sie immer wieder hervorhebt, wie perfekt sie Hausarbeiten zu bewerkstelligen versteht; ausschlaggebend erscheint vielmehr, dass sie diese Aktivitäten als ihren Beitrag zu dem beabsichtigten Hausbau des Partners betrachtet. Die Initiierung von Diskussionen über eine gerechte Arbeitsverteilung dürften daher eher als Druckmittel gegenüber dem Partner verwendet werden, endlich die bedrückenden Wohnverhältnisse zu verändern und ihr den infolge bereits erbrachter Vorleistung zustehenden Wohnstandard zu verschaffen. Sie betont, es aufgrund des Gesamteinkommens von sich und ihrem Partner, aber auch aufgrund des Partnerberufes, nicht nötig zu haben, derartig beengt zu wohnen. Mit diesen günstigen Vorbedingungen hebt sie sich von der Masse der Menschen ab. Aufgabe des Partners in diesem Zusammenhang ist die Erfüllung ihrer Wünsche. Als Gegenleistung gestattet sie ihm den weiteren Aufenthalt in ihrer Wohnung, konfrontiert ihn aber quasi als Gedächtnisstütze immer wieder mit ihrer Forderung, dem Hausbau.

---

[64] Bateson schuf 1972 die Begriffe Metamitteilung und double bind. *vgl. Bateson, Gregory;* *1972/ 1990.*

Jede Seite behält offensichtlich ein Druckmittel in der Hinterhand zurück. Der Partner nimmt eine für ihn relativ bequeme Versorgung in Anspruch, sie zumindest in ihrer Vorstellung, wähnt sich durch den Partner finanziell abgesichert. Damit sind Eckpfeiler dieser Partnerschaft, deren Zukunftsperspektive belastet scheint, gesetzt, zumal es in den Auseinandersetzungen zu gegenseitigen Provokationen kommt, auf die Petra W. mit lauten Exaltationen reagiert, der Gegenpart schweigt oder den Forderungen zögernd zustimmt, weitere Aktivität jedoch verweigert. Als Folge dieser Vorgänge kommt allmählich eine *komplementäre Schismogenese (vgl. Bateson, M. C.;1986: 117-8)* zum Tragen, d. h. die Partner ergänzen sich gegenseitig in ihren voneinander abweichenden Vorstellungen. Gleichzeitig fördern sie durch die Gegenläufigkeit dieser Vorstellungen ein Auseinanderdriften ihrer partnerschaftlichen Beziehung. In ihrer Gesprächsstruktur, ihrer Sprechweise und individuellen Überinterpretation der partnerschaftlichen Äußerungen erhärten sie die These, *ein Mann-Frau-Gespräch ist immer ein interkulturelles Gespräch (Tannen, Deborah; 1986/ 1992: 157)*, bei dem die Beteiligten aus *Erfahrungen, ...Gewohnheiten und Verhaltensmustern (ibid: 159)* schöpfen. Für den Außenstehenden sieht es so aus, als befinde sich ihre Partnerschaft dort, wo sie bei vielen anderen Menschen im letzten Stadium vor der Auflösung angelangt ist – zumindest deuten die Hinweise auf äußerlich fehlende Gemeinsamkeiten, etwa hinsichtlich der Eigentumsverhältnisse darauf hin. Petra W´s Aufstellung von Prioritäten erinnert an Teilungslisten von Hausrat für ein Ehescheidungsverfahren. Häufig wird hier über eine Inventarliste der letzte Rest einer Beziehung geregelt, nachdem alles andere, das eigentlich eine Partnerschaft begründet, verlorengegangen scheint.

Darum kann sich eine Trennung in Windeseile vollziehen: es gibt nichts, was nicht schnell zu trennen wäre. Quasi in einem halben Nebensatz wird den zwischenmenschlichen Beziehungen gedacht, um unmittelbar nach diesem Seitenblick wieder auf die (fehlenden) gemeinsamen Verbindlichkeiten einzugehen. Darum scheint das Fazit logisch: sich trennen ist aus vorgenannten Gründen einfach; nicht einmal ein gemeinsames Kind steht einer Trennung entgegen.

Unter diesem Aspekt erhält der Wunsch Petra W´s nach einem gemeinsamen Kind eine sehr spezielle Dimension – Kinder als Schutz vor Trennung oder als Versorgungseinrichtung der Mutter. Die Grundlage eines derartigen Wunsches wird von zwei Bedürfnissen bestimmt: die finanzielle Absicherung und darüber hinaus die Verteilung anfallender Arbeiten. Dabei geht es in den immer wieder von Petra W. erwähnten Diskussionen nicht um Um-, Neu- oder einfach um Verteilung der im Haushalt anfallenden Arbeiten, sondern um das Versäumnis, deren Erledigung nicht von Anfang an beim Partner eingeklagt zu haben. Ein Bild von Kläger und Angeklagtem entsteht, ein Szenario von Schuld und Verteidigung als partnerschaftliche Auseinandersetzungsform, in dem beide jeweils auf das Verhalten des anderen reagieren. Die schon geschilderte Reaktion des Mannes verdeutlicht hierbei seine Position innerhalb der Partnerschaft: alles ruhig anhören, auch wenn seine Partnerin die Geduld verliert und schreit, ihr Recht geben ohne die verlangten eigenen Vorschläge einzubringen. Am Ende bleibt alles, wie es ist, zumindest bis zum nächsten Wutausbruch der Frau. Als sich Petra W´s emotionale Eruptionen häufen, konsultiert sie einen Arzt, der Unregelmäßigkeiten der Funktion der Schilddrüse feststellt. Nach Beseitigung der Symptome nehmen ihre Wutanfälle dennoch weiter zu, sodass ein gesundheitlicher Faktor als Auslöser ausscheidet.

Als sich keine unverschuldete intrapersonelle Ursache für Petra W´s verbale Explosionen finden lassen will, erklärt sie den weiteren Ablauf der partnerschaftlichen Auseinandersetzungen auf ihre Weise. Mit der Zeit ist Petra W. davon überzeugt, dass ihr Partner in Diskussionen nur deshalb passiv reagiert, weil er einerseits zu keiner Reaktion in der Lage ist und andererseits diese Wechselbäder der Gefühle inzwischen liebt – hat er sich doch im Laufe der Jahre daran gewöhnt.

So scheint die Ausgangslage beider Partner in Diskussionen eher von beiderseitiger Macht und Ohnmacht strukturiert zu sein. Außer Betracht bleiben Überlegungen bezüglich kongruenter oder angemessener Erwartungshaltungen der Partner, vor allem im Umgang miteinander. Am Ende ihrer psychischen Kräfte beschließt Petra W., sich nur noch auf sich selbst zu konzentrieren, den Partner bei der Zukunftsplanung als nicht zu berücksichtigenden Faktor auszuklammern. Gleichzeitig erhält er die Schuld für ihre nicht realisierte Selbstentfaltung zugewiesen.

Die Mütter und die Väter

Ähnliche Schuldzuweisungen wie der Partner erhalten die Mutter Petra W´s, der real nie präsente Vater und der Stiefvater. Über die Feststellung, sie alle lebten ein unbefriedigendes Leben, gekoppelt mit der Konklusion, ihrerseits besonders von diesen Personen geprägt worden zu sein, konstatiert sie die Schuld dieser Menschen an ihrem eigenen, derzeit höchst unbefriedigend empfundenen Dasein. Parallel wird immer wieder ihre Andersartigkeit, insbesondere bezogen auf die Mutter, hervorgehoben. Bisweilen kann deren in der Grundtendenz negative Charakterisierung mit den Äußerungen Petra W´ s im Interview schwer nachvollzogen werden, so z. B. dann, wenn sie als liebe Seele, die immer gibt und nie nimmt, skizziert wird.

Als entscheidend für ihr Leben bezeichnet Petra W. den Umstand, nie mit einem Vater aufgewachsen zu sein, aber von ihrem leiblichen, ihr unbekannten, die Prägung zum „Anderssein" erhalten zu haben. Daran ändern auch die rund zehn Jahre gemeinsamen Lebens mit dem Stiefvater nichts, weil dieser sich anscheinend nicht um die 'neue` Tochter gekümmert hat. So wird auch diese objektiv doch recht lange Zeitspanne, in der sie mit der Mutter und dem Stiefvater zusammenlebt, zur „vaterlosen Zeit" erklärt. Die Art ihrer Darstellung, die Wahl von Erzählgerüstsätzen, vor allem aber die sich wiederholenden Passagen im Erzähltext mit eingelagerten Erklärungstheorien weisen auf die heute noch bestehende emotionale Verbundenheit mit dem in ihrer Kindheit nicht zu realisierenden Vaterbild hin *(Schütze, Fritz; 1987: 131)*.

Gerade weil in dieser Zeit der Stiefvater für sie zwar real, nicht aber gefühlsmäßig vorhanden war, grenzt sie sich ihm gegenüber ab. Auffällig häufig verlässt sie in diesem Kontext immer wieder die Ebene der Erzählung. Dabei scheint der Erzähldruck nicht durch die Ausgangsfragestellung entstanden zu sein; eher gleichen ihre Ausführungen der Beantwortung an sich selbst gestellter Fragen. Möglicherweise entwickelte sich durch diese „vaterlose Zeit" auch der erhobene Autonomieanspruch, alles im Leben im Griff und sich für alles ganz bewusst entschieden zu haben, eben anders zu sein, als Menschen mit intakter Vaterbeziehung.

Für diese Vermutung spricht, dass der fehlende Vater bzw. die von ihr als Kind stillschweigend erhoffte, aber misslungene Stiefvaterbeziehung zum erklärungstheoretischen Versuch für den Umstand wird, warum ein Mann/Partner schon immer keine maßgebliche Rolle in ihrem Leben gespielt hat. Identifikationsprobleme, wie sie in der Regel bei 10- 15 Jährigen mit dem Vater/Stiefvater auftreten und zum Ablösungsprozess von den Eltern oder als Entwicklung eines Selbstwertgefühls dienen sollten *(vgl. Mitscherlich/ Mitscherlich; 1967/ 1969: 232)*, wirken hier als Auslöser eines negativen Partnerbildes. Die *familiare Bruchfläche (Jung, Carl Gustav; 1909/ 1971: 15)*, die negative Vater-/(Partner) - beziehung, scheint den Grundstein für eine vorgeprägte Prozessstruktur ihrer Partnerbeziehung gelegt und außerdem einen nicht unwesentlichen Beitrag zu ihrem anfänglichen Entschluss für ein Leben allein mit ihrem Kind geliefert zu haben. Die Vermutung liegt nahe, dass der Vater ihrer Tochter aus diesen Gründen schon in den ersten Minuten des Interviews als Mann, mit dem sie nicht zusammenlebt, skizziert und demgegenüber der jetzige Partner nicht als der Vater ihrer Tochter ins Geschehen eingeführt wird. Weil letzterer sich aber, im Gegensatz zum eigenen Stiefvater, zu Beginn der Beziehung in ihren Augen als Vaterfigur für ihre Tochter profiliert, seine Freizeit größtenteils gemeinsam mit dem Mädchen verbringt, wird er erst einmal als Lebenspartner akzeptiert. Da sein Verhalten Petra W´s Vorstellungen von einem Vaters entspricht, trägt ihm diese zunächst positive Zuordnungen ein.

Umso unverständlicher erscheint für einen Außenstehenden die Kritik, die Petra W. an den häufigen Besuchen des Partners am Sonntagnachmittag bei den Eltern übt, zu denen die Tochter ihn begleitet. Diese Besuche stellt Petra W. als Charakterschwäche hin, Ausdruck seiner mangelnden Reife und seiner bisher nicht vollzogenen Loslösung vom Elternhaus. Sie selber beteiligt sich nicht an den Besuchen, beklagt sich jedoch gleichzeitig, wie wenig Zeit sie und ihr Partner gemeinsam verbringen. Trotzdem kann sie sich nicht mehr zu gemeinschaftlichen Besuchen durchringen: Die Harmonie in der Herkunftsfamilie des Partners, in der niemals jemand ein böses Wort über einen anderen Menschen sagt, hält sie für unnatürlich. Auch mit dem „total festgeschriebenen Rollenverständnis" weiß sie nichts anzufangen und ist keinesfalls bereit, sich darauf einzulassen. Vor allem vermisst sie die Auflehnung der Hausfrau gegen ihre tradi-

tionelle Rolle, und dies, obwohl ihre ´Schwiegermuter´ selbst noch einer außerhäuslichen Beschäftigung nachgeht.
Um sich dieser „unheimlichen Harmonie" überhaupt nähern zu können, wird als Gegengewicht das tölpelhafte Verhalten des „Quasi-Schwiegervaters" herangezogen, der zwar rollenkonform in der Lage ist, alle handwerklichen Dinge im Haus zu erledigen, der andererseits nach 25 Jahren Ehe das erste Mal Staub gesaugt hat und unfähig ist, sich ein Hemd aus dem Schrank zu nehmen, ohne ganze Stapel aus diesem herauszureißen. Petra W. misstraut vor allem dieser anscheinend funktionierenden, traditionellen Rollenverteilung. Insbesondere glaubt sie, hierin die Ursache aller ihrer Schwierigkeiten mit dem Partner auszumachen, der im Kontext der Auseinandersetzung mit seiner Familie zum „Freund" degradiert wird. Seine Unfähigkeit, Probleme überhaupt erst einmal zu erkennen, diese dann zu verbalisieren, um sich anschließend darüber mit seiner Partnerin auseinandersetzen zu können, aber auch sich gegenüber seinem Chef zu behaupten, seine Ersatzhandlung des Nägelkauens, wird als Ergebnis einer nicht zur Konfliktfähigkeit führenden Erziehung, deren Basis in der unheimlichen Harmonie der Herkunftsfamilie begründet liegt, als Ausdruck herkunftsbedingter, anerzogener Charakterschwäche und nicht als gendertypisches Verhalten gesehen[65].

Wenn Petra W. doch einmal einen Familienbesuch bei den Quasi- Schwiegereltern abstattet, ist sie im Nachhinein völlig erledigt, denn so edel, behauptet sie, kann niemand sein. Außerdem fühlt sie sich dabei jeweils verpflichtet, auf ein verändertes Rollenverhalten des Partners und des Schwiegervaters hinzuwirken, beide durch permanente, verbale Aufforderungen z. B. zum Tischabdecken und Abwaschen umzuerziehen. Am Ende dieser Schilderung steht die Konklusion, dass sie zwar zu den Menschen gehöre, die nicht in derartiger Harmonie leben, dafür jedoch in der Lage sind, Wünsche und Gegensätze verbal auszudrücken. Sie impliziert den Eindruck, die Herkunftsfamilie des Mannes lebe gezwungenermaßen, bedingt durch deren Unvermögen zu verbaler Ausdrucksfähigkeit und zu Kritik, in Harmonie und sei nicht in der Lage, ihr nicht

---

[65] Nach Tannen neigen Männer eher dazu, Entscheidungen alleine zu fällen, Frauen hingegen wünschen verbale Verhandlungen auch über Kleinigkeiten. *Tannen, Deborah; 1990/ 1991: 23.*

mehr zeitgemäßes Leben, ihre Abweichungen vom Normalen – wie Petra W. es zu sehen glaubt - wahrzunehmen und dies anschließend zu korrigieren. Die wiederholte Hervorhebung der eigenen Stärken im Interview legt die Vermutung nahe, dass es nicht Petra W´s Intention ist, die Herkunftsfamilie des Partners zu charakterisieren, sondern als Randtextur misslungene Aushandlungs- bzw. Zuweisungsprozesse der Partner untereinander, oder zementierte, unausgesprochene Positionierungen beider, initiiert durch Petra W. ins Spiel zu bringen. Die größtmögliche Differenz zeichnet sich zwischen der Arbeitslosigkeit Petra W´s und der engagierten Berufstätigkeit des Partners ab, die unter den Partnern nicht konkret thematisiert, sondern ausgespart wird. Stattdessen findet ihr Kampf auf immer denselben Nebenschauplätzen alltäglicher Routine statt. Besonders durchsichtig wird diese Verlagerung des Kriegsschauplatzes wenn der Partner ins Visier gerät.

Der Partner

Während ihrer ersten Arbeitsbeschaffungsmaßnahme, in einer Zeit exmanenter gesellschaftlicher und individueller Umbrüche, in einer auf den Beruf bezogen negativ bewerteten Zeit, lernt Petra W. ihren jetzigen Partner kennen. Ob der Gedanke an eine mögliche Familienbildung vor dem Erscheinen des Partners oder mit diesem entsteht, kann durch das Interview nicht geklärt werden. Gleichwohl lassen sich Überlegungen zur sozialen Absicherung im Gedankengebilde von Petra W. nachzeichnen; sie selbst zieht eine Verbindungslinie zwischen ihren damaligen schlechten sozialen Lebensumständen und der Idee der Familienbildung. Deutlich wird dies in der eigeninitiierten Erörterung des Aspekts, damals hätte es einen Nachholbedarf in bezug auf diese Familienbildung gegeben. Dies führte schließlich zu der Idee, die Probe aufs Exempel zu machen. Als der Partner nach kurzer Zeit als Idealvater für die Tochter erkannt wird, der im Gegensatz zum eigenen Stiefvater die Anforderungen eines Vaters geradezu optimal erfüllt, und als sich „Harmonie und Liebe" zwischen den Erwachsenen festigen, ist Petra W. überzeugt, nun auch den Partner fürs Leben gefunden zu haben.

Teil II
4. Partnerschaftliche Interaktionsprozesse

Das wichtigste Kriterium, dass den Ausschlag zum Eingehen dieser Partnerschaft gab, liegt für Petra W. offensichtlich nicht in der Zuneigung zu einem bestimmten Menschen, sondern in der Teilung aller Aufgaben, die vorher alleine zu tragen waren begründet, wobei die Reihenfolge ihrer Aufzählung interessante Hinweise auf deren Wertzumessung gibt. Neben dem Finanziellen, dem Moralischen, der Übernahme pauschaler Verantwortung, tauchen Forderungen nach dem Tragen von Einkaufstaschen und schließlich die gemeinsame Verantwortung für die Tochter, ausgedrückt im noch zu realisierenden Abholen des Mädchens vom Kindergarten, auf. Liebe, Zuneigung, und sonstige Gemeinsamkeiten fehlen in dieser expliziten Rangliste.

In der Abfolge des Erzählprozesses, vor allem während der Eingangspassage, folgt eine Verknüpfung zwischen der Tätigkeit des Partners in einer Westfirma und der häuslichen Arbeitsteilung, wobei weder der Beruf des Partners noch der Unternehmenszweig, in dem er beschäftigt ist, dies rechtfertigen. Die Vermutung liegt nahe, dass die gedankliche Verbindung eher den Status des Partners belegen soll, inhärent und über diese Festschreibung auch den Status Petra W's *(vgl. ibid: 35)*. Wahrscheinlich dient in diesem Kontext selbst die vordergründig traditionelle Aufgabenverteilung der Bestätigung ihres gemeinsamen 'Familien'-Status.

Ausgehend vom eigenen Werteschema werden im Verlauf der Partnerschaft Vorstellungen über eine befriedigende Beziehung entwickelt, indem die *virtuale soziale Identität*[66] bzw. der Habitus des Partners konstruiert wird, um anschließend, als sich die Vorstellungen Petra W's. nicht realisieren lassen - ohne Einbeziehung des Mannes - die Partnerschaft an dieser individuell konstruierten Rolle zu messen.

Im ersten Jahr ihres Zusammenlebens erledigt Petra W. alle anfallenden Arbeiten im Haus, regelt und entscheidet für sich, für ihre Tochter und für den Partner allein - mehr aus der Gewohnheit heraus und wohl als Fortsetzung ihres bisherigen Lebens. Parameter für Aushandlungsprozesse sind nicht erkennbar. Erst als neben der allgemeinen Arbeitsmehrbelastung auch die finanziellen Las-

---

[66] mehr oder weniger willkürlich vorgenommene Forderung oder Zuschreibung an den Charakter des anderen *vgl. Goffmann, Erwing; 1963/ 1994: 10f.*

ten steigen, vor allem dadurch, dass sich der Partner nicht an den Kosten des täglichen Lebens beteiligt, als in der Kosten-Nutzen-Rechnung der Bereich der roten Zahlen erreicht wird, kommt es zu ersten verbalen Auseinandersetzungen zwischen den Partnern, jedoch ohne erkennbare Resultate oder Konsequenzen.

Im zweiten Jahr der Beziehung festigen sich die täglichen Abläufe weiter, werden zur Routine. Parallel reduziert sich das Verständnis für den Partner, bis es - im letzten halben Jahr vor dem Interview – nahezu entfällt. Die sich in immer kürzeren Zeitabständen wiederholenden verbalen Auseinandersetzungen bleiben ergebnislos. Allerdings und dies betont Petra W. mehrere Male sehr expressiv - betreffen diese Auseinandersetzungen nur die Ebene der Arbeitsteilung. Denn immer noch besteht Liebe zwischen den Beteiligten, lediglich die Basis zur Lösung der Alltagsprobleme fehlt, womit die Schwierigkeiten auf einen Nebenschauplatz mit dem Charakter der formalen Allgemeinheit verwiesen werden. Es ist die Angst vor nicht konkret zu fassenden Verlusten oder die Bestätigung der Vermutung, dass es Petra W. immer um alles oder nichts geht und Kompromisse einzugehen, nicht zu ihrem Handlungsrepertoire gehört.

Bilanzierungskonzept der Partnerschaft

Als Opfer ihrer Erziehung und aufgrund von nicht näher bezeichneten Prädestinierungen, vor allem aber, weil sie es bei der Mutter nie anders kennen gelernt hat, glaubt Petra W., einer überdimensionierten Prägung ausgesetzt gewesen zu sein. Dass die in den letzten Jahren ihrer derzeitigen Partnerschaft festgestellten Parallelitäten mit dem Leben der Mutter, ihr Gefühl, jetzt auch einem Partner „mit Erfolg zu dienen" überhaupt möglich ist, schreibt sie den Prägungen ihrer Kindzeit zu. In der Retrospektive äußert sie Überlegungen, selber auch Fehler in der Ausgestaltung vor allem zu Beginn der Partnerschaft gemacht zu haben, worunter sie die mangelnde finanzielle Beteilung des Mannes an der Haushaltsführung und der Arbeitsverteilung verstanden wissen will. Immer wieder betont Petra W. auffällig prononciert die Deckungsgleichheit wesentlicher Lebenseinsichten und grundsätzlicher Einstellungen zwischen dem Partner und sich. Parallel bekundet sie aber ebenso ihren Vorsatz, auf keinen

Fall in der Art und Weise der letzten Jahre ihre Partnerschaft fortsetzen zu wollen, um nicht, ihrer Mutter gleich, als dienende Verliererin zu enden. Vielleicht pendelt darum die Ursprungsidee von der Gründung einer Lebensgemeinschaft zwischen Festhalten und Verwerfen.

Für kurze Zeit existiert sogar der Wunsch nach einem gemeinsamen Kind. Die zwei Tage, an denen beide an eine Schwangerschaft Petra W´s glauben, bezeichnet sie als die glücklichsten ihrer Beziehung. Als sich der Irrtum aufklärt, weigert sich der Partner ohne nähere Begründung an einer Klärung einer nicht zustande kommenden Schwangerschaft mitzuwirken. Der Wunsch nach einem gemeinsamen Kind wird durch die Idee eines Hausbaus abgelöst. Auffälligerweise sind alle Passagen des Interviews, in denen der geplante Hausbau zur Sprache kommt, sehr allgemein gehalten, sodass nicht deutlich wird, von wem diese Idee stammt. Die Vorstellung, in diesem Haus keinen gemeinsamen Hausstand mit dem Partner zu gründen, sondern stattdessen getrennt in zwei Wohnungen zu wohnen spricht eher dafür, dass eine lebenslange Bindung ohnehin nicht vorgesehen ist. Seine zögerlich-abwartende Haltung bei der Beantragung einer Baugenehmigung könnte ein Indiz für diese Hypothese sein. Als sich die verbalen Auseinandersetzungen zwischen den Partnern mit der Zeit häufen und der Hausbau möglicherweise in Frage gestellt ist, bilanziert Petra W. ihre Partnerschaft: während sich ihre eigene finanzielle Lage in den letzten Jahren erheblich verschlechtert hat, profitiert der Partner von dieser Beziehung und dies nicht nur, weil seine Einkünfte für den Hausbau angespart werden, sondern auch, weil er zumindest zu Beginn keinen Beitrag zur gemeinsamen Haushaltsführung leistete.

Trotzdem möchte Petra W. den Partner nicht verlieren. Sie spricht von „Liebe zwischen allen Beteiligten". Ihre Formulierung lässt jedoch eher an eine wirtschaftliche Verbindung, an Rechtsbeziehungen zwischen Menschen, die als gemeinsames Ziel die Gewinnoptimierung ihres Einsatzes vor Augen haben, denken, statt an zwischenmenschliche Beziehungen. Immer wieder kehrt Petra W. zu dieser gedanklichen Schiene der monetären Partnerschaft zurück. Unter Berücksichtigung ihrer Bilanz erscheint die exzessiv vom Partner geforderte Vielzahl von Veränderungen logisch. Gleichzeitig sind ihre Forderungen insoweit konsequent als im Gegenzug eigene Veränderungen nicht angeboten werden:

schließlich ist sie bereits durch ihre Art der Haushaltsführung in monetäre Vorleistung getreten.

Neben der finanziellen steht die emotionale Begutachtung der Partnerschaft, in deren Verlauf der Partner immer häufiger als „Freund" tituliert wird. Petra W. ist von seiner Liebe und Abhängigkeit von ihr überzeugt, meint, er brauche die emotionale Verbindung zu ihr, sie für ihre Person habe ihn allerdings nicht so nötig. Als Beispiel führt sie die vorübergehende Abwesenheit des Partners an, als er die Wohnung seiner im Urlaub befindlichen Eltern hütet. In dieser Zeit glaubt Petra W. im Nachhinein seinen Trennungsschmerz von ihr und ihrer Tochter wahrgenommen zu haben, wohingegen sie selber diese Phase als herrlich empfunden und genossen hat.

Die Frage drängt sich auf, warum Petra W. unter diesen Vorzeichen keine Trennung vom Partner vollzieht bzw. ob vorangegangene Interviewpassagen tendenziell nicht bereits Überlegungen in diese Richtung andeuten: Partnerschaft ja, aber in erster Linie zur finanziellen Absicherung mit dem impliziten Abfallprodukt der zeitweisen Zuneigung. In diesem Kontext muss wohl ihre wiederholte Betonung, in ausreichendem Maße in Vorleistung getreten zu sein und nun die Früchte der Beziehung ernten zu wollen, gesehen werden.

Zum Ende des Interviews, als es um Zukunftspläne geht, konkretisiert Petra W. den vom Partners geforderten Einsatz. Im Falle einer von ihr angestrebten, aber noch nicht genehmigten Umschulung muss der Partner zukünftig morgens die Tochter versorgen, sie zum Kindergarten bringen, abends dann die Hälfte aller sonstigen anfallenden Arbeiten zur Aufrechterhaltung des Haushaltes erledigen. Akkurat werden sämtliche Arbeiten aufgelistet, präzise definiert und hälftig verteilt. Darüber hinaus wird die schnellstmögliche Schaffung einer besseren Wohnsituation gefordert, damit die räumliche Enge nicht weiter einer Entfaltung der Person Petra W´s entgegensteht, ihr vor allem nicht weiter die Kraft raubt, den Anforderungen auf dem Arbeitsmarkt gerecht zu werden.

Bildungsmilieutypisches Verhalten

In diesen Kontext persönlicher Vorstellungen lässt sich wohl auch Petra W´s Verhalten direkt nach der politischen Wende einordnen. Sehr schnell realisiert sie die veränderten sozialen und politischen Konstellationen nach der Wiedervereinigung beider deutscher Staaten, aber auch die neuen Möglichkeiten des nun vereinten Deutschlands. Schon einen Monat nach dem politischen Umbruch hat sie ihre erste Vollzeit ABM-Stelle. Ihr folgt die zweite, nun gezielt darauf ausgerichtet, einen Weiterbildungsträger zu finden, der seine Umschüler nach Auslaufen der Maßnahme nicht in ein festes Arbeitsverhältnis übernimmt oder vermittelt, um - wie Petra W. sehr viel später betont – nicht vom Alltagstrott gefangen zu werden. Ihre Suche gilt dem Außergewöhnlichen mit idealen Bedingungen. Bis sie ihre Träume realisieren kann, vertraut sie auf das soziale Absicherungsnetz, auf staatliche Institutionen, gesellschaftliche Versorgung.

Dass diese Handlungsweise nicht nur wiederkehrende Arbeitslosigkeiten vorprogrammiert, sondern auch zu Problemen bei der Betroffenen führt, verneint Petra W. vehement. Ohne direkt auf die Schwierigkeiten arbeitsloser Menschen angesprochen zu werden, betont sie, nicht zu der Kategorie Arbeitsloser zu gehören, auf die sich ihre berufliche Situation negativ auswirkt. Sie verstehe es im Gegenteil gerade, das Beste aus der Situation zu machen. Ihre Tage vergeudet sie nicht mit Sinnlosigkeiten wie viele andere Arbeitslose sondern hebt sich allein schon dadurch von ihnen ab, dass sie die Tage mit nützlichen Tätigkeiten ausfüllt. Auf ihrer Liste stehen neben der Renovierung der Wohnung, alle anfallenden Reparaturen im Haus, die ihr eher genderuntypisch das Gefühl der Unabhängigkeit geben *(vgl. Keller, Fox; 1986)*. Außerdem erledigt sie alle täglichen Kleinigkeiten, wodurch sie dem Partner erst die volle Berufstätigkeit ermöglicht.

Am Beispiel ihrer Betroffenheit als Arbeitslose wird das Handlungs-, Erwartungs- und Antwortraster Petra W´s erkennbar. Zuerst schlüsselt sie Gegebenheiten bis in Einzelheiten auf, grenzt sich dann gegenüber anderen anonymen Personen ab und stellt klar, das gerade sie in jedem Fall das Beste aus allem zu machen versteht. Abrupt und ohne erkennbaren Zusammenhang erfolgt dann die Einschränkung verbunden mit Schuldzuweisungen, warum sie trotz aller dargestellten Stärke immer wieder die Leidtragende und Verliererin der Situation ist.

Folgender formaler Ablauf wiederholt sich mehrfach: das Hervorheben der eigenen Arbeitslosigkeit mit dem ausdrücklichen Hinweis, davon nicht negativ betroffen zu sein, gefolgt von der Betonung der Unfreiwilligkeit dieses Zustandes, gipfelnd in der Schlussfolgerung, letztendlich sei der Partner der Nutznießer dieser Situation, eventuell gar ihr Verursacher – eine sinnimmanente Diffamierung, die allmählich aufgebaut wird.

Mit dem Darstellungsobjekt 'Berufstätige' kennzeichnet Petra W. Menschen, die sich selber aufgeben. Verallgemeinernd nennt sie sie „manche" und kommt zu dem Fazit, dass diese genau wie ihr Partner im Hochsommer - die Zeit des Interviews – im Büro „rumschwitzen". Sie selber hält derartige Arbeitsbedingungen für inakzeptabel und lehnt sie kategorisch ab. Allerdings gelingt es ihr mit Hilfe ihrer Darstellungsart, eine gedankliche Verbindung zwischen willensschwachen Menschen und dem Partner herzustellen. Danach kann der Mann seinen Beruf nur ausüben, weil er nicht über gleichwertige Grundsätze verfügt, wie sie selbst. Hieraus folgt nahezu automatisch als Schlussfolgerung eine Diffamierung seines Berufes.

Die Schlussfolgerung scheint logisch: Wie im gesamten Verlauf des Interviews steht der Partner auch dieses Mal auf der Verliererseite – er ist erfolgreich berufstätig, weil angepasst und ohne Grundsätze. Petra W. befindet sich zwar in der Arbeitslosigkeit, versteht es aber prinzipiengetreu ihre Lage zu meistern. Damit werden Polaritäten konstruiert, innerhalb derer der Partner als Verlierer definiert wird. Im gleichen Kontext fällt es Petra W. nicht schwer, eigene kleine Schwächen einzugestehen. Die Partnerschaft scheint als Mittel zum Zweck und als Möglichkeit zu fungieren, sich und ihrer Umgebung Stärke in der Schwäche zu demonstrieren.

Bei näherer Betrachtung fällt auf, dass es sich bei den genannten, während der Arbeitslosigkeit ausgeführten Tätigkeiten, zwar um sinnvolle Arbeiten handelt, die allerdings jeder Berufstätige neben seiner Arbeit in der Freizeit erledigen muss. Die Vermutung liegt darum nahe, dass die Auflistung der Aktivitäten wohl eher dem Nachweis dienen soll, anderen überlegen oder zumindest Berufstätigen gleichwertig zu sein. Gleichzeitig können die immer wieder aufgeführten Fähigkeiten Petra W. in der partnerschaftlichen Interaktion unterstützen, ihren Status *(Tannen, Deborah; 1990/ 1991: 64)* auszuhandeln. Parallel demonstriert sie auf diesem Wege ihre Unabhängigkeit und bestärkt sich in dem Wissen, *die Situation unter Kontrolle zu haben und die Welt der Objekte zu beherrschen (ibid: 72).* Ihre emotionale Einbindung in die Situation als Arbeitslose wird erst bei der Wortwahl deutlich, dass Arbeitslosigkeit jeden „ereilen" kann und „man" sich dessen nicht zu schämen braucht. Im Zusammenhang von positiven Ereignissen lässt sich nicht von „ereilen" sprechen. Darüber hinaus begründen sie keinen sprachlichen Personenwechsel zu 'jedem' und 'man'. Normalerweise, betont Petra W., kann auch sie über ihre Arbeitslosigkeit reden - warum auch nicht -, denn selbst bei ihren Nachbarn glaubt sie gelegentlich eine solche Situation zu bemerken. Aber weder die Nachbarn noch die meisten ihrer Bekannten mit Ausnahme ihrer Mutter wissen von ihrer eigenen Betroffenheit.

Doch in dieser Beziehung verhindert das gespannte Verhältnis zwischen Mutter und Tochter tiefer gehende Gespräche über diese Situation. Petra W. betrachtet ihrerseits jeglichen Kontakt mit der Mutter, der über eine gelegentliche Betreuung ihrer Enkelin hinausgeht als sinnlos, weil die Mutter sich um nichts Gedanken mache und nicht in der Realität Petra W's lebt. Vor allem weil die Mutter es in ihrem Leben zu nichts Nennenswertem gebracht hat, sich wiederholt in die Abhängigkeit ihrer Partner begeben hat, wird ihr gleichgültig bis ablehnend begegnet. Immer wieder tauchen indirekte an die Mutter gerichtete Schuldzuweisungen auf, in denen Petra W. kritisiert, dass die Mutter nichts aus ihrem Leben macht.

In diesem Punkt erscheinen die Lebensverläufe von Mutter und Tochter fast kongruent – nur dass die Mutter bereits das Rentenalter erreicht hat. Auch bei Petra W. ist Eigeninitiative zur Beseitigung der Arbeitslosigkeit bis auf ihre Verweigerungshandlungen bezüglich ihrer Integration nicht erkennbar Ebenso fällt es schwer, selbst nur ansatzweise eine Bereitschaft, sich in die Gesellschaft einzubringen, bei ihr zu erkennen. Und doch verlangt Petra W. – gemessen am Verlauf ihres bisherigen Lebens – nichts Außergewöhnliches. Schule, Berufsausbildung, Arbeitsstelle wurden vorgegeben, wenn auch nicht immer im gewünschten Rahmen. Soweit nachvollziehbar, arrangierte sich Petra W. stets mit den Umständen. Nur einmal in ihrem Leben stand sie kurz davor, anders zu sein als das Gros der DDR Bürger, hätte sie sich nicht im letzten Moment anders besonnen und mit ihrem Ausreisevisum die damalige DDR verlassen. Nach dieser Entscheidung verläuft ihr Leben wie zuvor: sie nimmt die gegebenen Verhältnisse hin, absolviert eine ABM nach der anderen, bis sie - inzwischen in ihrer vierten ABM - feststellt, dass kurzfristige Projektarbeit, wie sie jede ABM darstellt, sich weder finanziell, noch ideell lohnt. Sie fühlt sich intrinsisch nicht motiviert, erfährt keine *flow*[67]- *Erlebnisse* durch ABM-Maßnahmen, und glaubt nicht an eine angemessene Bezahlung für ihr Engagement, womit auch die positive Orientierung auf eine extrinsische Belohnung entfällt. Stattdessen empfindet sie sich durch die zeitliche Begrenzung der Maßnahmen ebenso wie auch durch deren geringe Entlohnung degradiert, mit der Folge völliger beruflicher Passivität.

Dabei lässt sich aus Sicht der früheren DDR durchaus in dem Sinne von einer geglückten Sozialisation sprechen, dass die äußeren Erziehungsziele des Systems internalisiert worden sind – Petra W. passt sich zugunsten einer materiellen Versorgung in jeder Beziehung den Forderungen des Systems und im Großen und Ganzen auch denen des Partners an. Bei genauerer Betrachtung der Reaktionen Petra W´s bezüglich der Entlohnung ihres Arbeitseinsatzes, aber auch hinsichtlich der Abläufe partnerschaftlicher Auseinandersetzungen kann jedoch eher von *Unsicherheitsabsorption* im Sinne Luhmanns gesprochen werden. Die hypothetische Frage, wie hätte Petra W. in der Arbeitslosigkeit und innerhalb der Partnerschaft gehandelt, wenn sie schon in der Herkunftsfamilie vom Wert und selbstverständlichen Akzeptanz ihrer Person überzeugt worden wäre, stellt sich nicht. Stattdessen lassen sich Situationen aufzeigen, in denen Petra W. vor einer endgültigen Entscheidung zurückweicht, wie beim Verlassen der Ex-DDR oder bei der Frage ´Beendigung der derzeitigen Partnerschaft oder nicht`. Ihre *Unsicherheitsabsorption* findet immer dann statt, *wenn eine Entscheidung sich an einer anderen orientiert (Luhmann, Niklas; 2000: 184f)*. Die Ursache mangelnder Initiative zur Wiedereingliederung in den Beruf liegt zumindest vordergründig in kapitalistischen Ausprägungen des derzeitigen gesellschaftlichen Systems, mit denen sie augenscheinlich ebenso wenig zurechtkommt, wie mit dem der ehemaligen DDR. Die ABM Einsätze bieten nicht das,

---

[67] Intrinsische Motivation löst von einer Tätigkeit oder Aufgabe ausgehend, positiv empfundene Reize aus, die den Menschen in einen gelösten, zufriedenen Zustand versetzen und deren ausschließliche Belohnung der angenehm empfundene ´Kick`, das *flow*-Erlebnis ist, denn es gilt, immer wieder zu erleben. Damit ermöglicht intrinsische Motivation ein angstfreies Arbeiten, Mut zur Problemlösung in allen Betätigungsfeldern und die Anwendung der persönlichen Fähigkeiten. *vgl. hierzu: Csikszentmihaly, Mihalyi; 1975/ 1985.*

was sie versprechen, ein hohes Einkommen und die Anerkennung der herausragenden Fähigkeiten. Bei genauerer Betrachtung liegen die Gründe, die eine Erfüllung der Wünsche Petra W´s verhindern allerdings eher in der Person und nicht im gesellschaftlichen System begründet, sodass eher von einer Entscheidungskette gesprochen werden kann, als deren Initiator der Verkettungen die Person Petra W´s angesehen werden kann.

Bei näherer Betrachtung von Petra W´s Verhalten, ist damit festzustellen, dass sie weit vom Habitus eines durchschnittlichen Ausreisewilligen in der früheren DDR abweicht. Kennzeichnend für diese Gruppe war gerade die demonstrative Ablehnung jeder staatlichen Bevormundung und Gängelung auch in Form des 'Einkaufs` systemtreuer Staatsbürger etwa auf dem Weg über spezielle staatliche Förderung, wie Frauen- und Mütterförderungsprogramme. Insoweit weicht Petra W´s Einstellung von der eines durchschnittlichen Ausreisewilligen ab, was die Vermutung nahe legt, sie könne eher der Gruppe der Wirtschaftsflüchtlinge zugeordnet werden.

Unabhängig von dieser endgültigen motivationsbedingten Zuordnung kann Petra W´s biographischer Wendepunkt mit dem Moment zeitlich verbunden werden, als sich für die Mehrheit der Ex-DDR Bürger die westliche Welt auftat. Mit der Grenzöffnung und der damit einhergehender Veränderung des politischen und gesellschaftlichen Systems in der früheren DDR wird sie eine unter vielen und muss nun ihren Anspruch auf `Anderssein´ auf anderem Wege begründen, etwa als Arbeitslose, die ihre freie Zeit sinnvoll gestaltet oder als Hauseigentümer, der gemessen an der Masse der Ex-DDR Bürger über Grundbesitz und Haus verfügt.

Gerade diese Eigenschaft aber ist es, die Petra W. immer wieder als intrapersonell hervorhebt: anders zu sein, als die Menschen ihrer Umgebung, auch als der Partner. Sie selber will es sein, *die im massenhaften Maßstab die Lebensformen des Alltags produziert und für alle anderen* (ihrer Umgebung) *verbindlich macht.. Sie legt fest, was (für)* (als) *schön und erstrebenswert gilt* (Enzensberger, Hans Magnus; 1976: 1-8). *Gelten soll nur das, was (ihn)* (sie) *unterscheidet: der Kleinbürger ist immer der andere... Solidarisches und kollektives Handeln kommt für sie nicht in Frage* (ibid: 4). Allerdings verortet sich Petra W. damit sicher ungewollt selbst in die Gruppe der Kleinbürger.

Teil II
4. Partnerschaftliche Interaktionsprozesse

Dass nun allen Menschen, auch denen, die keine Mühen auf sich genommen haben wie sie, die angestrebten Ziele, etwa ein gut bezahlter, frei zu wählender Arbeitsplatz oder auch die Schaffung sozialer und finanzieller Sicherheit, offen stehen, scheint Petra W. in ihrer Überzeugung bestärkt zu haben, ein wirklicher persönlicher Einsatz lohne nicht, schon gar nicht, wenn er sich nicht unmittelbar und deutlich finanziell bemerkbar macht. Sozusagen als Schlussfolgerung des Erlebten verlangt sie zukünftig bei allen ihren Handlungen explizit soziale und finanzielle Absicherung. Dies wird in der Schilderung ihrer Partnerschaft besonders deutlich.

Verlaufskurve der Partnerschaft

Die dem Partner eingeräumte Stellung begrenzt sich zunächst auf die finanzielle und emotionale Beteiligung an ihrem Leben. Unter weittestgehendem Engagement in allen, beide Personen betreffenden Lebensbereichen subsumiert Petra W. seine Übernahme von Verantwortung für Bereiche, um die sie sich früher alleine zu kümmern hatte, d. h., die Beziehung reduziert sich auf die Frage, ob und inwieweit *der zentrale Verbindungspunkt... in der Partnerschaft in einer Reihe gemeinsamer normativer Muster besteht (Parsons, Talcott; 1986: 178)*, die nicht der traditionellen Rolle eines Hauptverdieners, sondern den Vorstellungen Petra W´s zugrunde liegen. Zu Beginn der Beziehung fordert sie von dem Partner noch Aktivitäten. Die sich anschließende parallele Verwendung des Begriffs ´Verantwortung einfordern` und die Abwertung der ´Harmonie in der Herkunftsfamilie des Partners`, deutet auf wenig einvernehmliche und gleichzeitig erfolglose Aushandlungsprozesse hin, sodass sich schleichend eine eher resignierende Haltung bei ihr breit zu machen scheint. Petra W. führt ihren offenkundigen Misserfolg bei der Einbindung des Partners in die ihm von ihr zugedachte Rolle nicht mit den ihrerseits aufgestellten Forderungen nach Teilung aller zu erledigenden Aufgaben und schnellem Hausbau, sondern auf sein harmonisches Elternhaus, in dem es nie Auseinandersetzungen gibt, zurück. Anscheinend assoziiert sie sowohl Ausgewogenheit als auch abwartendes oder abwägendes Verhalten in Auseinandersetzungen mit Interesselosigkeit an der Beziehung. Zumindest leitet sie die Inaktivität des Partners aus seiner passiven

Grundhaltung und aus seinem harmonischen Elternhaus ab. Dort wo im Aushandlungsprozess zwischen Petra W. und ihrem Partner die Begriffe „Harmonie" und „Aktivität einklagen" gegenübergestellt werden, degradiert die Partnerschaft zur Gewinn- und Verlustrechnung. Je länger die Beziehung andauert, je weniger der Partner sich in die *Rolle des idealen Selbst (Richter, Horst-Eberhard; 1970: 52)* zwingen lässt und ihr als Substitut das bietet, was Petra W. oder ihre Herkunftsfamilie nicht zu realisieren vermochte, desto mehr gerät die Verbindung – quasi monetär betrachtet -, ins Soll; und je weniger Aufwertung die Person Petra W´s durch außerhäusige Tätigkeiten erfährt, desto expliziter unterstreicht sie den Wert ihrer Fähigkeiten als die denen des Partners weit überlegen.

Ihr eigenes Verhalten betitelt sie Selbst als bisweilen provokant, wenn sie beispielsweise darlegt, wie sie absichtlich den Flurspiegel in eine schiefe Stellung bringt und ihr Partner, müde von der Arbeit nach Hause kommend, diesen optischen Mangel ebenso wenig registriert wie das schmutzige WC und darum auch nicht sofort für Abhilfe sorgt, was sie ihrerseits mit verbalen emotionalen Ausbrüchen quittiert. Immer häufiger trägt sie ihren intrapersonellen Konflikt in die Paarbeziehung hinein, *manipuliert den Partner als entschädigendes Ersatzobjekt oder als narzisstische Fortsetzung ihres Selbst (ibid: 50)*, oder zumindest als das, was sie selber gerne verkörpern würde.

Über eine erneute Arbeitslosigkeit berichtet sie, dieses Mal die freie Zeit noch nützlicher verbracht und z. B. völlig selbständig die Wohnung renoviert zu haben. Sie begründet die alleinige Ausführung dieser Arbeiten folgendermaßen: zum einen will sie sich nicht über den Partner ärgern, der weder diese Renovierung weder mitfinanziert, noch zur aktiven Unterstützung solcher Einsätze bereit ist. Zum anderen bezeichnet sie die Wohnung ausdrücklich als die ihrige und muss folglich auch die Arbeiten alleine erledigen und finanzieren – Überlegungen, mit denen sie den Partner als gleichberechtigten Teilhaber an ihrer Gegenwart und an ihrer Zukunft ausschließt.

Zum Zeitpunkt des Interviews stellt sich die Situation der Partnerschaft eher desolat und den Vorstellungen zu ihrem Beginn diametral entgegengesetzt dar. Zeiten von Arbeitsbeschaffungsmaßnahmen und Arbeitslosigkeiten Petra W´s wechseln sich ab. Es gibt objektiv betrachtet weder eine soziale noch eine finanzielle Absicherung für sie. Ihre Partnerschaft scheint latent gestört. Mehrmals prononciert geäußerte partnerschaftliche Übereinstimmung, insbesondere bei grundlegenden weltanschaulichen Fragen, soll scheinbar belegen, warum die Partner nicht einfach „auseinanderlaufen" können und warum Petra W. versucht, den Mann in ihrem Sinne umzuerziehen. *Das Bestehen einer Schwierigkeit wird geleugnet; das heißt, eine Lösung ist notwendig, wird aber nicht einmal versucht (Watzlawick/ Weakland/ Fisch;1974: 59).*

Allmählich beginnt sich ein konstruierter Metarahmen der Partnerschaft abzuzeichnen, der sich jedoch ohne Einpassung in die realen Bedingungen und ohne Einbeziehung des mitbetroffenen Partners nicht über die Beziehung stülpen lässt. Es kann nur vermutet werden, wie weit Anspruch und Realität auseinander klaffen. Der Partner dient eher als Kompensationsobjekt, der *als bessere Mutter* das leisten und befriedigen soll, *was die reale Mutter aus Unvermögen oder Lieblosigkeit nicht leisten konnte (Stiemerling, Dietmar; 1986: 141-2).* Anhand ihrer Schilderung von Streitigkeiten über Nebensächlichkeiten kann ferner davon ausgegangen werden, dass Petra W. bestehende Differenzen zwischen Wunsch und Wirklichkeit zumindest teilweise realisiert hat, sie andererseits aber nicht bereit ist, Metarahmen und Anspruchsraster kongruent zu gestalten. In der Interaktion mit dem Partner kann wohl eher von unterschiedlichen, aber sich ergänzenden Verhaltensweisen gesprochen werden *(Watzlawik/ Beavin/ Jackson; 1967 1993: 69),* womit sich *ein metakommunikatives Axiom ... ergibt: Man kann nicht kommunizieren (ibid).*

Wichtigste Werte im Leben

Die Störung ihrer Partnerschaft beeinflusst auch die Überlegung, ob beide Partner sich ein gemeinsames Kind wünschen. Im Verlauf des Interviews kommt Petra W´s grundsätzliches Bedürfnis danach wiederholt zum Ausdruck. Insbesondere zu Beginn der Beziehung ist dieser Wunsch anscheinend stark ausgeprägt, scheint aber nicht unbedingt mit der Lebensplanung des Partners deckungsgleich zu sein. Als sich die Partnerschaft zunehmend konfliktgeladener darstellt, wandelt sich dieser Kinderwunsch Petra W´s, wird latent, dann indifferent, schließlich ausgeschlossen. Am Ende des Interviews lehnt sie ein für sie zweites Kind mit der Begründung ab, nicht vom gesellschaftlichen Leben ausgeschlossen werden zu wollen, abends dann nicht mehr „rumschnurren" und sich keine finanziell gesicherte Zukunft aufbauen zu können. Schon die Existenz ihrer Tochter, zu deren Geburt sie sich in der Eingangspassage des Interviews explizit positiv geäußert hat, sorgt dafür, dass Petra W. sich nicht wie gewünscht am gesellschaftlichen Leben beteiligen kann und sich als „Ostfrau", als eine von vielen, die alle noch Kinder zu versorgen haben, besonders gegenüber kinderlosen Frauen aus dem Westen benachteiligt fühlt. Diese Rolle als Ostfrau wird immer dann erwähnt, wenn es um persönliche Benachteiligung und Abgrenzung gegenüber anderen Frauen geht. Diese Überlegung wird solange aktiviert, bis sie als Denk- und Handlungsmuster, quasi als Rolle internalisiert und gelebt wird. Allein die Vorstellung einer Rollen-*Abweichung wird zur existentiellen Bedrohung,... der Impuls zur Befreiung von einem Zwang kommt gar nicht mehr auf. Der Zwang als solcher wird nicht mehr gespürt, weil die Rolle ins Ich hineingenommen ist (Richter, Horst-Eberhard; 1995: 142).* Parin spricht in diesem Zusammenhang von einer Entlastung des Ichs, die für die Aufhebung des Alleinseins sorgt und die die verloren gegangene Autonomie durch ein sehr individuell geprägtes Rollenverständnis ausgleicht *(Parin, P.;1978: 117. Zit. n.: Richter, H.-E.;1995: 142).*

Offensichtlich verbergen sich hinter dem von Petra W. verwendeten Begriff „Leben" materielle Güter oder Gelegenheiten, aus denen sich wirtschaftlicher Nutzen ziehen lässt, der im Alltäglichen vorhanden, demjenigen zufällt, der ihn zuerst entdeckt. Mit ihrer Einstellung zu allem Materiellen, stellvertretend für Geld, weicht Petra W. von der nach allgemeiner Auffassung vorherrschenden weiblichen Einstellung ab. Wie Blumstein und Petter[68] in ihren Untersuchungen feststellten, verstärken bei Männern ausreichende finanzielle Mittel eher das Machtgefühl, wohingegen Frauen vorziehen, dadurch Sicherheit und Unabhän-

---

[68] Wenngleich es – wie im ersten Teil der Arbeit dargestellt – nicht gelungen ist, gleichgeschlechtliche Paare in der vorgegebenen Konstellation zum Interview zu bewegen, sei hier doch angemerkt, dass Blumstein und Petter bei ihren Untersuchungen herausfanden, dass nur bei lesbischen Paaren der mehrverdienende Part keinen Vorteil aus seinem Mehrverdienst zieht, dieses ´Mehr` vielmehr zur Herstellung von Unabhängigkeit für beide verwendet wird; ganz im Gegenteil zu homosexuellen Paaren, bei dem der Höherverdienende aus dem Mehrverdienst Dominanz- und Machtansprüche gegenüber dem geringer Verdienenden ableitet. *Vgl. Blumstein/ Petter/ Schwartz; 1984: 34ff.*

gigkeit zu erlangen. Für Petra W. scheint unter den neuen gesellschaftlichen Gegebenheiten das Gesetz der Wildnis zu herrschen: wer jagt, gewinnt. Sie fühlt sich bei dieser Schnäppchenjagd als Ostfrau benachteiligt. Zum einen glaubt sie, aufgrund ihrer (Ost)Sozialisation Chancen zu langsam erkennen zu können, zum anderen hat sie es ihrer Meinung nach als Frau mit Kind ohnehin schon schwerer im Leben. Mehrmals verbindet sie im Interview auf diese Weise die unabhängig voneinander auftretenden Schwierigkeiten von Alleinerziehenden mit ihrer Herkunft als Ostfrau.

In diesem Zusammenhang verwendet sie das Wort „jehandicapt" und die Frage stellt sich, ob sowohl der realisierte, als auch der nicht realisierbare Kinderwunsch, für ihre teilweise widersprüchlichen Entscheidungen – bezüglich ihres beruflichen Werdegangs, aber auch hinsichtlich der Lebensplanung - mitverantwortlich waren und sind.

So wird am Beispiel von Petra W. deutlich wie beruflich indifferente Verhältnisse ineinander greifen, sich gegenseitig vehement kontraproduktiv beeinflussen und verstärken. Nachdrücklich äußert sie verbal wiederholt Zweifel, ob sie die Zeit etwa einer Umschulung durchstehen würde, zumal sie vom Partner keine finanzielle Unterstützung oder Hilfe bei der Betreuung der Tochter erwartet - eine recht widersprüchliche Darstellung – im Hinblick auf andere Äußerungen, wonach der Partner bereit wäre, sich im Falle einer Umschulung um Haushalt und Kind zu kümmern. Eher scheint es Petra W. zu sein, die den Partner nicht in ihre Planung einbezieht[69] oder diese Fragen mit ihm abklärt.

Immer wieder spricht aus ihren Worten Enttäuschung über ihren Lebensweg nun, einige Jahre mit der theoretischen Möglichkeit lebend, ihren Vorstellungen entsprechend konsumieren, die Welt bereisen zu können und bei Einkäufen nicht mehr anstehen zu müssen. Es hat sich praktisch für sie nichts zum Besseren gewandt. Sie kommt jetzt zu dem Schluss, dass im Westen, zu dem sie sich nun, obwohl geographisch im Osten dieser Republik wohnend, als Bewohnerin zählt, auch nicht alles Gold ist, was glänzt. Offenbar subsumiert sie unter dem Wort „Westen" nicht eine geographische Richtung, sondern bestimmte Verhal-

---

[69] zu derartigen nicht direkt belegbaren Annahmen, die häufig Ursache einer Trennung sind. vgl.: Wilbertz, Norbert; 1966: 202; 203; 204.

tensweisen der Menschen und gesellschaftliche Gegebenheiten, wie etwa die Konsummöglichkeiten und deren Inanspruchnahme. Als Arbeitslose kann sie sich keinesfalls alle Wünsche erfüllen, da sie nicht über die erforderlichen finanziellen Mittel verfügt, und ihr Partner bisher offenbar auch nicht bereit ist, ihr zusätzlich weitere zur Verfügung zu stellen. Da Petra W. nicht aufgrund politischer Motive aus der ehemaligen DDR ausreisen wollte, sondern wegen der unzureichenden Konsummöglichkeiten dort, vermag sie nun, zwar im „goldenen Westen" lebend, aber de facto nicht über ausreichende Finanzkraft verfügend, auch nicht die von ihr benannten Vorteile einer offenen Gesellschaft zu genießen. So *herrscht noch immer eine Fremdheit gegenüber den Werten einer freiheitlichen Gesellschaft... Die schnelle Einheit hat sie psychisch überfordert... Das treibt die Leute zurück in ihre warmen Kuhlen. Die Vergangenheit wird zum Mythos.*[70].

Petra W, die ihre Sozialisation in der ehemaligen DDR durchlaufen hat, vergleicht zwei gesellschaftspolitische Systeme, indem sie ihren persönlichen Wohlstand als Wertmaßstab des jeweiligen Systems gebraucht. Im Grunde hat sich für sie so gut wie nichts geändert, außer dass das Schlangestehen beim Einkaufen entfallen ist; selbst nun erhältliche Waren kann sie nur begrenzt erwerben. Der Effekt der Unerreichbarkeit vieler Dinge wird durch ihre ständige Präsentation noch verstärkt. Die Frage stellt sich auch, ob Petra W. nicht als Mensch aus den alten Bundesländern die gleichen beruflichen, aber auch partnerschaftlichen Schwierigkeiten gehabt hätte. Aus der Sicht Petra W´s muss ein Vergleich zwischen den gesellschaftspolitischen Systemen zu Lasten des Westens ausgehen, hat sie doch zu Zeiten der damaligen DDR, bis auf wenige Konsumgüter von allem soviel gehabt, wie alle anderen Menschen auch. Nun erlebt sie die harte Realität einer Konsumgesellschaft, in der neben dem – hier erkennbar nicht angestrebten freiwilligen Verzicht -, ausschließlich die individuell verfügbare Geldmenge den Umfang des Privatkonsums begrenzt. Diese Abhängigkeiten hat Petra W. schon im Marxismus-Leninismus-Unterricht vermittelt

---

[70] Joachim Gauck während eines Vortrages an der Hochschule Magdeburg-Stendal am 05.05.1999. *Stand der deutschen Einheit. Magdeburger Zeitung. 06.05.1999.*

bekommen und fühlt sich nun als Betroffene bzw. Benachteiligte dieses neuen Systems.

Ihre anschließende Erklärung, in der sie ihre Erziehung und Sozialisation in der damaligen DDR für ihre derzeitige Situation verantwortlich macht, erscheint zumindest vordergründig logisch. Einerseits misslingt der Neubeginn in der Gesellschaft, in die sie mit allen Mitteln wechseln wollte, als sie noch im alten System lebte; andererseits fühlt sie sich in der Rolle als ehemalige DDR-Bürgerin in ihrer Sicht über den „goldenen Westen" bestätigt, der nicht hält, was er verspricht, ihr vielmehr eine Phase der Arbeitslosigkeit nach der anderen beschert. Ihre Rollenambivalenz bestätigt sich im widerstreitenden Nebeneinander innerhalb eines Interaktionsmusters.

Ihre geschilderte Gemütsverfassung am Tag der Maueröffnung zeugt von ihrer tief empfundenen Leere, von Enttäuschung und Trauer, keinesfalls von aufkommender Freude über die veränderten Bedingungen, die plötzlich allen Menschen ermöglichten, so zu leben, wie es auch Petra W. nach ihrer Ausreise in die Bundesrepublik wollte. Diese Enttäuschung beruht vor allen Dingen auf ihrem zerstörten Traum des Andersseins, als andere Menschen. Als Petra W. im Rundfunk hört, dass die Sektorengrenze geöffnet ist, kann sie es nicht fassen. Nur akustisch versteht sie, was geschehen ist, ohne sich über die Tragweite im Klaren zu sein. Erst als sie eine andere Hausbewohnerin trifft, die spontan ihre unbändige Freude über diese tiefgreifende Veränderung bekundet und äußert, wie wunderbar das doch auch für Petra W. sei, wird dieser klar, dass sie nun nicht mehr ausreisen muss, um ihre Wünsche und Ziele zu realisieren. Der Anblick dieser Frau lässt Wut in Petra W. hochkommen, erinnert sie daran, dass gerade diese Mitbewohnerin immer gegen ihre Ausreise war und dass nun auch sie vom Wandel profitieren wird.

Mit der Maueröffnung zerplatzt der Traum wie eine Seifenblase, sich von der Masse der DDR-Bürger abzuheben und auszureisen. Unabhängig von Petra W´s sofortiger Teilnahme an einer ABM-Maßnahme breitet sich bei ihr wie ein schleichendes Gift die Erkenntnis aus, wieder einmal zu spät gehandelt, die Initiative zur eigenen Lebensgestaltung verloren zu haben und erneut von den gesellschaftlichen Bedingungen prozessiert worden zu sein.

Mit ihrer Kritik an der Veränderung der gesellschaftspolitischen Bedingungen bestätigt Petra W. die Vermutung, bei ihr handele es sich eher um einen verhinderten Wirtschaftsflüchtling. Sie war keine Systemgegnerin; ihr Entschluss zur Ausreise war nicht vom Widerstand gegen gesellschaftliche oder allgemeinen Lebensbedingungen, politische Vorgaben oder vom Wunsch, das Leben soweit wie möglich eigenverantwortlich gestalten zu wollen, geleitet. Stattdessen trieb sie die Vorstellung an, die wirtschaftlichen Vorteile des Westens, insbesondere den Konsum, genießen zu können.

Besonders wenn es um die eigene Konsumhaltung geht, dominiert bei Petra W. ein *erzählerischer Bewertungsprozess* von *Inskriptionen*[71]. Selbst wenn sie im direkten Anschluss an ihren zentralen Kritikpunkt der damaligen Gesellschaft der DDR hervorhebt, bis heute nicht dem Konsumterror verfallen zu sein, belegt sie diesen ihren Einwand mit einem Negativbeispiel aus eben jenem Konsumbereich, dem Anstehen müssen beim Einkauf von Bananen. Dies, so fasst sie zusammen, wollte sie nicht, diese Art zu Leben lehnte sie ab, dazu fehlte ihr die Kraft. Letzteres war auch der ihren Freunden und Verwandten mitgeteilte Grund für den Antrag auf Entlassung aus der Staatsbürgerschaft. Außerdem sah sie nur im damaligen Westen die Möglichkeit, ihr Persönlichkeitspotential erfolgreich einsetzen und entfalten zu können.

Um dieses Potential der Person Petra W. wirkungsvoll zum Einsatz kommen zu lassen aber auch, um die bisher anscheinend nur in der Vorstellung der Interviewten existierenden herausragenden Persönlichkeitsmerkmale für alle sichtbar zur Wirkung kommen zu lassen, werden erst sich selber, anschließend dem Partner gegenüber Ansprüche geltend gemacht, die von beiden nicht eingelöst werden können und/oder nicht eingehalten werden wollen. Mit der Zeit transformieren diese zur Lebensfiktion, die Petra W's Entscheidungen im Leben wesentlich zu beeinflussen scheinen. Gleichzeitig entsteht der Eindruck, dass hier einem Phantom nachgejagt wird.

---

[71] Inskriptionen definiert nach Rehbein sind *Mitteilungen von fertigen Bewertungsresultaten*. Rehbein, Jochen; 1982: 56.

Die Person der Interviewten

Vor allem die Bewertung der eigenen Arbeit vermittelt einen Einblick vom Selbstbild der Interviewten. Nachdem sie in der ehemaligen DDR mehr als zehn Jahre im pädagogischen Bereich gearbeitet hat, beschließt sie aufgrund der gemachten schlechten Erfahrungen - zu dogmatisch, mit zu wenig individuellem Freiraum versehen -, nie wieder auf diesem Gebiet tätig sein zu wollen. Über ihre Intention zur Aufnahme einer Tätigkeit gerade im pädagogischen Bereich, lässt sich nur spekulieren; so wird etwa die Theorie vertreten, dass Frauen im Gegensatz zu Männern, die verdeckte Herrschaft über Personen, der offensichtlichen Macht über Menschen vorziehen *(Roggendorf, Giesela; 1992: 186)*. Nach eigenen Aussagen kann sich Petra W. nur ein einziges Mal während ihres Arbeitslebens verwirklichen, ihr Können einbringen, Kreativität entfalten, sich sogar Arbeitsgebiete auswählen, was in ihrer Darstellung so wirkt, als habe sie die Firma XYZ im Rahmen ihrer vierten ABM-Tätigkeit aufgebaut. Mit ihr innerhalb der Unternehmenshierarchie auf gleicher Stufe eingesetzte Kolleginnen kommen im Interview erst ins Bild, als es um den Abbau von Personal geht, von dem – trotz der herausragenden Leistung –, Petra W. alleine betroffen ist und aufgrund von Mittelkürzungen entlassen wird. Nun konzentrieren sich ihre Überlegungen auf die Frage, was bringt Engagement ein, bzw., welche Höhe extrinsischer Motivatoren vermag einen positiven Arbeitsanreiz auszulösen. Die vorrangige Grundidee bei Schaffung von ABM-Stellen, nämlich Arbeitslose vor der drohenden gesellschaftlichen Ausgliederung aus der Gruppe der Berufstätigen zu bewahren bzw. ihnen den Wiedereintritt ins Berufsleben zu ermöglichen, vermag für Petra W. die Teilnahme an einer ABM-Maßnahme nicht zu begründen.

Außerdem hat sie erlebt, wie trotz persönlichen Einsatzes ihre Fähigkeiten nicht adäquat genutzt wurden. Dies lässt die Konklusion zu, als einzige Möglichkeit einer Berufstätigkeit bliebe die Selbständigkeit. Dass sich diese bisher noch nicht realisieren ließ, begründet Petra W. nicht mit eigener Unzulänglichkeit, sondern mit fehlendem Eigenkapital, das ihr die gesellschaftlichen Umstände verwehrten und weiterhin verwehren anzuhäufen. Immer wieder wird die im Prinzip für den Arbeitsmarkt verfügbare eigene Leistung als etwas ganz Besonderes herausgestellt. Allerdings koppelt Petra W. diese Feststellung mit der Tatsache, daraus keinen wesentlichen Nutzen, z. B. Eigenkapital oder eine feste Arbeitsstelle ziehen zu können, weil die besonderen persönlichen Umstände oder die gesellschaftlichen Gegebenheiten deren nutzbringende Verwertung verhinderten oder gar auch weiterhin verhindern. Mit diesem *Geltungsbedürfnis vor allem, wenn auch nicht überdurchschnittlich häufig in der unteren Mittelschicht vertreten... zeigt sie eine vergleichsweise geringe Fähigkeit, sich kritisch gegenüber der Umwelt und der eignen Person zu verhalten... darüber hinaus... beansprucht sie in diesem Rahmen doch eine wesentlich souveränere Rolle als die der sich aufopfernden und sich unterordnenden Frau (Prokop, Ulrike; 1977: 115).*

Eine weitere, staatlich finanzierte Fortbildungsmaßnahme, die gleichzeitig auch ihren und ihrer Tochter Lebensunterhalt sichert, soll sie in der unmittelbaren Zeit nach dem Interview nicht nur vor einer ganztägigen Beschäftigung mit festen Bürozeiten und Abhängigkeiten von Vorgesetzten bewahren, sondern auch auf eine eventuell später geplante Selbstständigkeit vorbereiten. Deutlich wird, um wie viel lieber ihr weitere Besuche von zeitlich befristeten Maßnahmen des Arbeitsamtes sind, als in den normalen Arbeitsalltag integriert zu werden. Keinesfalls möchte sie sich den Zwängen einer festen Berufstätigkeit unterziehen, ohne jedoch bereit zu sein, völlig auf finanzielle staatliche Absicherung zu verzichten und gleichzeitig ihren eigenen Weg einzuschlagen. Auch den Gedanken, an der von ihr gewünschten Fortbildungsmaßnahme berufsbegleitend teilzunehmen, verwirft sie mit der Begründung, dies sei ein zu hoher persönlicher Aufwand. Ihre zur Zeit des Interviews größten Probleme sieht sie in der Überbrückung der Gegenwart bis zum Beginn einer von ihr gewählten Maßnahme und in der noch ausstehenden Zusage des Arbeitsamtes für diese Fortbildung. Damit bleibt vorläufig alles beim alten, denn wie schon zu DDR-Zeiten überlässt sie die endgültige Festlegung, welche berufliche Zukunft sie erwartet, den Entscheidungsträgern staatlicher Institutionen. Unter der Bedingung finanzieller Grundabsicherung überlässt Petra W. erneut Außenstehenden bewusst die Prozessierung der eigenen Berufsbiographie. Ähnlich wie bei der Entscheidung für eine Ausreise aus der damaligen DDR unternimmt sie nun bei der Wiedereingliederung in den Arbeitsprozess alles, um den letzten Schritt einer Ent-

Teil II
4. Partnerschaftliche Interaktionsprozesse

scheidungskette nicht vollziehen zu müssen. Dabei wird offensichtlich sowohl der physische wie psychische Aufwand bis zu diesem Punkt registriert, jedoch die eigenverantwortliche Entscheidung, selbst die Möglichkeit, den letzten Schritt der Prozessierung durch Fremde zu verweigern, aber gescheut. Im Nachhinein, wenn die Fremdentscheidungen der Verwirklichung der eigenen Wünsche entgegenstehen sollten, können diese fremdinitiierten Gegebenheiten dann wiederum mit der Begründung verurteilt werden, sie durchkreuzen die konsequente Durchsetzung ihrer Pläne.

Als nunmehr fast 40-jährige wird sich Petra W. die folgenden zwei Jahre vorrangig nicht um ihre Partnerschaft, sondern ausschließlich um den eigenen „Berufsweg" kümmern. Zwar war sie in der zurückliegenden Zeit mit den Entscheidungen der für sie zuständigen Behörden vielfach nicht einverstanden, fügte sich aber letztendlich immer wieder in die Gegebenheiten, ohne diese als wesentliche Einschnitte in ihren persönlichen Bereich wahrzunehmen oder als solche zu kritisieren und dagegen zu opponieren. So zählte selbst in der Kette ihrer Beweggründe für eine Ausreise aus der früheren DDR die berufliche Prozessierung nicht zu den Kritikpunkten am gesellschaftlichen System. Auf diesem Gebiet scheint ein geschlossener Internalisierungsprozess vorzuliegen, sodass selbst heute, wo die gesellschaftlichen und rechtlichen Rahmenbedingungen durchaus ein Auflehnen in den Bereich der Handlungsaktionata ermöglichen würden, keine Protestreaktion gegen ihre berufliche - und damit auch lebensgeschichtliche - Prozessierung erfolgt. Vielmehr schließt sich unter der Voraussetzung, der finanziellen Versorgung ein Kreis selbstverständlicher Akzeptanz beruflicher Fremdbestimmung.

Die buchhalterische Soll- und Haben-Rechnung oder Haben und Sein-Kategorisierung *(Fromm, Erich; 1976/ 1981: 107-117)* gipfelnd in der Überlegung, worin beruflich und in der Partnerschaft der äußerlich erkennbare, zählbare Nutzen bestehe, scheint dominant. Auf keinen Fall möchte Petra W. – wie sie während des Interviews mehrfach betont, und wie sie es anscheinend in ihrer Kindheit und Adoleszenzphase im Elternhaus erlebt hat -, als Frau ohne ausreichende finanzielle Mittel dastehen. Dieser *Versagens- und Konfliktsituation, Anlass für die Entwicklung innerer Konflikte,* bei deren *Entstehung von innerer und äußerer Realität... es sich um ein kompliziertes Feedback-System...*

handelt (Mitscherlich, Margarete; 1978: 91), versucht Petra W. aus dem Wege zu gehen, indem sie dezidierte Forderungen an den Partner, aber auch an ihre Lebensumstände stellt.

Dies könnte die Erklärung für ihre ausschließlich extrinsisch motivierte Einstellung in allen Bereichen des Lebens sein, beginnend mit der Entlohnung beruflicher Tätigkeit, endend mit der Bilanzierung der Partnerschaft. Hier zeigt sich besonders frappant, *dass sich die gesellschaftlichen Kräfte jedenfalls auch im Seelenleben bemerkbar machen* und *dass die Unterdrückung...* <und ihre Erscheinungsformen im partnerschaftlichen Miteinander> *im Prinzip immer aus der sozialen Umwelt (Parin, Paul; 1981: 10)* resultieren. Einer Tätigkeit nachzugehen oder eine Aufgabe aus „Spaß an der Sache" zu übernehmen, quasi als flow-Erlebnis *(Csikszentmihaly, Mihaly; 1975/ 1996: 12-13, 16, 21)* den Kick immer wieder und wieder aufzurufen und damit eine individuell steuerbare Selbstbelohnung vorzunehmen, lässt sich als Ergebnis vollzogener Handlungskompetenz bei Petra W. nicht ausmachen.

Gendertypische Objektbedeutungen

So wie Petra W. sich auf der berufsbiographischen Seite weitgehend fremdverorten lässt, versucht sie ihrerseits, die an ihrem Privatleben Teilnehmenden zu manipulieren. Quasi als Teilausschnitt mit einem winzigen Einblick dieser Einflussnahme erzählen Einrichtungsgegenstände Geschichten – verlangen andererseits als Gegenleistung lediglich ungeteilte Aufmerksamkeit. Das zu dem vorliegenden wie jedem Interview gefertigte Beobachtungsprotokoll liefert hierbei die Informationen:

Auf den ersten Blick vermittelt die Wohnung von Petra W. einen gemütlichen Eindruck, hervorgerufen durch geschmackvoll aufgearbeitete, gut platzierte, alte Möbel aus schwer zu datierender Zeit, die farblich kontrastierend mit Fußbodenbelägen aus naturfarbenem Hanf oder einem beigen Teppichboden und weißen Wänden eine gelungene Symbiose eingehen. Hier bestätigt sich die These, dass Frauen eher den Geschmack der Generation ihrer Großmütter aufnehmen.

Doch in der Zeit der Großmütter sammelten sich auf den Regalen und Schränkchen persönliche Kleinode, häufig als Nippes bezeichnet. In dieser Wohnung, wenigsten soweit es das Wohn- und Schlafzimmer, aber auch den Flur betrifft, fehlen diese oft sorgsam gehüteten Erinnerungsstücke, die schon aufgrund ihrer Beschaffenheit aussagekräftig den Geschmack ihrer Eigentümer preisgeben. Hier sind alle Regale, Schrank- und Tischoberflächen, mit Ausnahme eines Kaffeegeschirrs auf einem Mitteltischchen und einer Tischlampe, schmucklos und staubfrei. Die auf dem französischen Bett akkurat aufgelegte indische Tagesdecke und die Knicke in den Sofakissen vermitteln die Idee, dass nicht nur die Kissen genauen Vorgaben zu folgen haben. Jedes Teil der Wohnungseinrichtung scheint sorgfältig ausgewählt, vor allem aber platziert zu sein. Weder Kinderspielzeug, der noch nicht schulpflichtigen Tochter, noch sonst irgendein Gegenstand weist auf ein reges Familienleben der drei Bewohner dieser Wohnung hin. Dies führt zu dem Effekt, dass das Wohn-/ Schlafzimmer trotz der hereinflutenden Sommersonne kalt und unbewohnt wirkt.

Die Zuständigkeit für die Anordnung der Gegenstände in dieser Wohnung liegt selbst für Außenstehende deutlich erkennbar in einer Hand, was zumindest die Vermutung nahe legt, dass Petra W. nicht grundlos häufiger auf ihre alleinige Verfügungsgewalt über diese Wohnung hingewiesen hat, sondern dies auch praktiziert, und weder ihrem Partner noch ihrer Tochter ein Recht auf Mitgestaltung eingeräumt wird.

Im gleichen Kontext lässt sich die erkennbare Vorbereitung auf das Interview werten: gekochter Kaffee und Gebäck. Auch dies kann als Ausdruck einer gendertypischen Verhaltensweise, mit dem Ziel, Harmonie herzustellen, gelten. Mit dieser Geste könnte es nicht nur gelingen, die ersten spannungsgeladenen Momente einer persönlichen Begegnung zweier sich unbekannter Personen zu überbrücken, sondern darüber hinaus eine weitgehend angenehme Atmosphäre zu schaffen. Doch hier entscheidet nicht die Wahl des Gastes über das Getränk; vielmehr besteht eine Wahl lediglich zwischen Annahme des angebotenen Kaffees oder Verzicht auf ein Getränk[72]. Somit entscheidet vor diesem Interview mehr oder weniger die Akzeptanz des Gastes, ob sich durch die Annahme des Angebotes der Gastgeberin eine angenehme Atmosphäre einstellt oder durch deren Brüskierung gegenseitige Aversionen hervorgerufen werden. Andere Alternativen werden seitens Petra W. offensichtlich nicht in Betracht gezogen.

Auch die starre Festlegung des Interviewablaufs, die geäußerte Vorgabe, den Kaffee vor dem Interview trinken zu wollen und währenddessen rein formale Fragen der Interviewten abzuhandeln, weisen auf Gesprächs- und Situationsabläufe hin, die die Interviewte für die Beteiligten nicht offen lassen will, sondern im Gegenteil von vornherein zu bestimmen sucht – eine erneute Bestätigung der Ausprägung personentypischer Verhaltensweisen Petra W's, wie sie besonders im Abschnitt über Kommunikationsstrukturen bereits dargestellt worden sind. Immer scheint es um alles oder nichts zu gehen, worunter sich allerdings auch das zwanghaft Aufgeräumte des Zimmers subsumieren ließe.

Fazit

Nicht gender-, wohl aber typisch für die Person Petra W's folgt am Ende des Interviews eine Gewinn- und Verlustrechnung. Expressiv verbal drückt Petra W. ihre Zufriedenheit über dessen Zustandekommen und darüber aus, dass sie schon allein durch ihre verbale Darstellung der Geschehnisse in ihren Vorüberlegungen gestärkt worden sei, zukünftig eben alles allein zu entscheiden. Damit bekräftigt sie durch *ihre handlungsschematischen Kontrollpraktiken (Schütze, Fritz; 1981: 91) Diskrepanzen zwischen Planungs- und Antizipationsvorstellungen auf der einen Seite und eingetretenen Ereignissen auf der anderen Seite.* Das Feuer der sich daraus ergebenen Wechselwirkungen hält allerdings auch die *Kettenreaktion* partnerschaftlicher Missverständnisse und Interaktionsprobleme in Gang, deren Unterbrechung nicht absehbar ist, deren weiteres Beste-

---

[72] Hiermit bestätigt sich die These, dass die Interviewsituation nicht nur vom Stimuli des Fragebogens (bzw. wie in den von mir durchgeführten Interviews) der Ausgangsfrage bestimmt wird, sondern auch die Interviewsituation als *soziale Interaktionssituation* Einfluss auf den Ablauf des Interviews nimmt. vgl. Meulemann/ Reuband; 1984: 9.

hen wohl aber den Verlauf der Geschehnisse, an deren Ende eine *Fallkurve (ibid: 74)* steht, erahnen lässt.

Es scheint, dass die ausschließlich extrinsische Motivation auch Petra W´s Kriterien für die Beurteilung gesellschaftlicher Vorgänge und das zwischenmenschliche Miteinander bestimmt, hat sie nach der Ideologie der ehemaligen DDR doch gelernt, alle Vorgänge im kapitalistischen Westen seien ausschließlich über Kapital zu initiieren. Als Beispiel dient die Emanzipation der Westfrau, die sich durch Lösung der finanziellen Abhängigkeit von ihrem Partner auch jederzeit von ihm trennen kann. Diesen Prozess, so wird mehrfach betont, müssen nach dem politischen Umbruch nun die DDR Frauen, zu denen sich Petra W. in diesem Zusammenhang im Interview explizit bekennt, mühsam nachholen.

Die Art ihrer Darstellung der Ereignisse lässt vermuten, dass es sich hierbei um die Schilderung ihrer eigenen Situation nach der Wende handelt. Verallgemeinerungen und insbesondere in diesem Zusammenhang auffällig häufige Wechsel von 'ich` zu 'man`, aber auch Überlegungen als vorweggenommene Begründung einer anstehenden Trennung vom Partner, lassen einen Plausibilisierungszusammenhang erkennen. An keiner Stelle spricht Petra W. konkret von: ich wollte das und das machen, aber es ging aus dem und dem Grunde nicht, weil ich selber Fehler begangen oder die Situation falsch eingeschätzt habe. Stattdessen spricht sie von neuen Rollen, die „man" erlernen muss und, dass einige Partnerschaften zwar die Wende überdauerten, jetzt aber immer häufiger in die Brüche gehen – eine mögliche Prognose ihrer eigenen Beziehung.

Dieses neue Rollenverständnis scheint zu implizieren, tradierte Handlungsstrukturen dann abzulegen, wenn sie dem Erreichen des Ziels eines wohlsituierten Lebensstandards zuwiderlaufen. Mit diesem Ziel vor Augen, Mitglied eines ihr adäquat erscheinenden Milieus zu werden, wird verständlich, warum der eigene Partner indirekt immer als Angehöriger einer gehobenen sozialen Schicht vorgestellt wird, der einen sehr gut dotierten Beruf im Westen ausübt und sich theoretisch den Lebensstandard leisten kann, den die Interviewte anstrebt. Ganz allmählich und erst im weiteren Verlauf des Interviews kristallisiert sich diese nur verdeckt abzeichnende Lebenseinstellung heraus, die Teruel mit dem *Auftauchen eines dominanten inneren Objektes (Teruel, Guilermo;1966: 607)* umschreibt. Dass sie und ihr Partner nur gemeinsam das Ziel des neuen Milieus erreichen, soll offenbar die einende Gemeinsamkeit darstellen und die häufige Erwähnung ihrer stimmigen großen Lebenslinie unterstreichen. Allerdings verhindern ungeklärte Machtverhältnisse zwischen den Partnern, die nur indirekt auf Nebenschauplätzen und in Form versteckter Erpressung ausgefochten werden, die kritische Betrachtung ihrer Interaktionsprozesse.

Als Beispiel eines Nebenschauplatzes dient in diesem Zusammenhang die Herkunftsfamilie des Partners in der, die dort gelebte Scheinharmonie nach Ansicht von Petra W. verhinderte, dass ihm die notwendige Lebenstüchtigkeit vermittelt wurde, worunter sie vorrangig die freiwillige hälftige Übernahme aller häuslichen Pflichten, aber auch alle sonstigen, von ihr als wesentlich erachteten Verantwortlichkeiten versteht; Ansprüche, die sich auffällig mit den beanstandeten der eigenen autoritär-patriarchalischen Herkunftsfamilie decken. Damit schließt sich das letzte offene Glied des Kreises, der zum Ausgangspunkt des Interviews zurückführt.

Der zu Beginn des Interviews zunächst nur vermutete Verlust persönlicher Identität *in einer frühen Phase familialer Sozialisation (Steinkamp/ Stief; 1978: 9)* im Elternhaus bestätigt sich aufgrund der Darstellungen der Lebensstationen und den damit einhergehenden Schuldzuweisungen an ihre eigenen Erzieher. Ein Kreislauf nicht wahrgenommener Chancen wird mit der Folge abnehmend empfundener Lebensqualität ebenso erkennbar wie das Fehlen adäquater individueller Reaktion, die psychische Unmöglichkeit auf weitgehend vorstrukturierte Ereignisse eigeninitiativ einzugehen. Auf allen drei Ebenen, die der *sozialstrukturellen Bedingungen,...* die des *Sozialisationsprozess(es) in der Familie...* und die der damit einhergehenden *negative(n) Konsequenzen* hinsichtlich der kindlichen Entwicklung und Persönlichkeit *(ibid: 291),* erscheint die Person Petra W´s negativ vorprogrammiert. Es *beginnt ein Sozialprozess zu wirken, der sich in unkontrollierbaren Verkettungen von Ereignisschüben niederschlägt (Schütze, Fritz; 1981: 74)* und der mit dem Begriff der *Fallkurve (ibid: 74)* eines Lebensverlaufes am treffendsten beschrieben wird.

Ein Neuanfang mit oder ohne Partner kann bei Petra W. zur Zeit des Interviews noch in keiner Weise festgestellt werden, weil die Basis für eine *kritisch-distanzierte Selbstreflexion,* ein *totaler Orientierungszusammenbruch (vgl. ibid:*

109), bislang fehlt. Ganz allmählich konditionieren die *Ereignisverkettungen* Petra W. zum *Trudeln,* d. h. ihr *Orientierungs- und Bewältigungssystem (vgl. ibid: 99)* scheint in der Fallkurve gefangen.

Der Partner und die verschiedenen Phasen der Arbeitslosigkeit spielen im Leben von Petra W. nur scheinbar eine untergeordnete Rolle, obwohl sie bemüht ist, beide ganz nach Belieben zum Erreichen gesteckter Ziele einzusetzen. Mit der Erkenntnis, dass der Partner auf Dauer nicht bereit ist, seine ihm zugedachte Rolle zu spielen, verlieren Interaktionen in der Beziehungsarbeit mit ihm ihre Relevanz. Es drängt sich der Verdacht auf, Petra W. betrachte die partnerschaftliche Beziehung hierarchisch, einer Rangordnung entsprechend, woraus sich ihr Streben nach Dominanz über den Partner, aber auch ihr Auflehnen gegen die kleinste Möglichkeit gleichberechtigter Positionen innerhalb der Beziehung erklärt *(vgl. Tannen, Deborah; 1990/ 1991: 325) - es gibt eine symmetrische, nicht asymmetrische Unabhängigkeit (ibid).* Den Phasen der Arbeitslosigkeit fällt hierbei die Funktion des Zeitraffers zu, der die Probleme komprimiert und sie der Interviewten nicht zuletzt durch vermehrte Zeitkontingente bewusst werden lässt.

Letztlich bleibt die Frage der Beziehung von bildungsmilieukonkordantem Verhalten und Verhalten aufgrund sozialer Klassenzugehörigkeit, wobei in diesem Zusammenhang *soziale Klasse ... Schichten sind, die darauf verzichten müssen, Interaktionen zu regulieren (Luhmann, Niklas; 1985: 131).* Insbesondere die *Erfahrungsaufschichtungen* in der Kindheits- und Adoleszenzphase, aber auch erste Handlungen im Berufsleben, vor allem aber partnerschaftliche Interaktionen deuten auf eine unbewusste internalisierte Übernahme milieutypischen Verhaltens, unter *weitgehendem Verzicht auf Beeinflussung von Interaktion (ibid: 132)* hin. An ihre Stelle tritt - immer wieder deutlich von Petra W. im Interview hervorgehoben -, *der Bereich der konkreten Erfahrung, die Lebenswelt,* die bestimmt ist *durch Bekanntschaften, Freundschaften, häusliche Beziehungen und Rangverhältnisse (ibid).* Irgendwann im Verlauf ihrer Partnerschaft verwischen sich die Grenzen zwischen den Mitteln zum gesteckten Ziel zu kommen und ihrem Zweck, verwandeln sich zu *Chiffren für eine Wiederholung der gleichen Art von Relation,... zum Reflexivwerden der rationalen Handlungsplanung (Luhmann, Niklas; 1970/ 1974: 108).*

Teil II
4. Partnerschaftliche Interaktionsprozesse

4.3 Florence Hauser

4.3.1 Biographie

Florence H. ist zwischen 1960 und 1965 geboren. Ihre ersten elf Lebensjahre verbringt sie mit ihrer Schwester und beiden Elternteilen gemeinsam in A-Stadt, einer Großstadt auf dem Gebiet der heutigen neuen Bundesländer. Ihrer Erinnerung nach durchlebt sie eine *normale Kindheit... in einem Haus mit Garten und allem Drum und Dran.* Als sie etwa elf Jahre alt ist, lassen sich ihre Eltern scheiden. Das Haus wird verkauft und sie zieht mit Mutter und Schwester in einem anderen Stadtteil von A-Stadt, in eine kleine Wohnung. Dort lebt sie, bis sie ihren späteren Mann kennenlernt, besucht die Grund- und Hauptschule, beendet anschließend mit dem Gesellenbrief erfolgreich eine Ausbildung zur Dekorateurin.

In den fünf folgenden Jahren arbeitet sie in ihrem erlernten Beruf. Während dieser Zeit, etwa mit 20 Jahren, lernt sie ihren Mann, der ebenfalls Dekorateur ist kennen. Bis zu dem Tag, als sie den Wunsch nach einem Kind äußert, verläuft die Ehe so, wie Florence H. sie sich vorgestellt hat. Dann kommt es zum ersten richtigen Ehekrach.

Ihr Mann, geschieden mit einer Tochter aus erster Ehe, um die er sich wenig bis gar nicht kümmert, möchte auf keinen Fall noch ein Kind. Stattdessen will er nun, nach seiner ersten Ehe, endlich das Leben genießen, denkt aus diesem Grund selbst an eine Übersiedlung/Ausreise in den Westen. Der Ehestreit endet erst, als Florence H´s Partner nachgibt. Dieses Nachgeben hat seinen Preis, denn nun stellt der Partner seinen Forderungskatalog auf, knüpft an die Realisierung des Kinderwunsches die Auflage, sich in keiner Weise an der Hausarbeit und Kinderbetreuung beteiligen zu müssen. Darüber hinaus stimmt er einem Kind nur unter der Maßgabe zu, dass Florence H. selbstverständlich weiterhin berufstätig ist.

So wird etwa ein Jahr vor der Wiedervereinigung beider deutscher Staaten Peter geboren und Florence H. bleibt für ein Jahr, ihrem Babyjahr, zu Hause. Entsprechend der Absprache der Partner, kümmert sie sich im Mutterjahr so gut wie allein um den Sohn und um den Haushalt, obwohl sie eigentlich gerne sofort weitergearbeitet hätte.

Der Wiedereinstieg in den Beruf bedingt nicht nur einen Arbeitgeberwechsel, sondern auch eine Veränderung der Tätigkeit, weg von der Arbeit als Dekorateurin in den Einkauf. *„Wir haben ein gutes Team, das hat Spaß gemacht"*, beschreibt Florence H. diese Zeit. Als sich nach der Wiedervereinigung beider deutscher Staaten die Eigentumsverhältnisse in ihrem Unternehmen ändern wird sie gezwungen ihr Tätigkeitsfeld erneut zu wechseln. Zu ihrem Verdruss muss sie direkt in den Verkauf. Eineinhalb Jahre hält sie diesen Job aus, dann kündigt sie und wird für zwei Monate arbeitslos.

Ihr Ehemann hatte direkt nach der politischen Wende eine Arbeit im Westen aufgenommen. Es bleiben die Wochenenden, an denen beide ihre Ehe fortsetzen, zumindest bis die Interviewte arbeitslos wird. Da sie als Arbeitslose in den Augen ihres Mannes nicht genug Geld *reinbringt*, kommt es zum zweiten ernsthaften Ehekrach. Erneut versucht Florence H. die Ehe zu retten, indem sie ihrem Ehemann vorrechnet, was sie erst *einbringen kann*, wenn sie ihre inzwischen begonnene Umschulung zur kaufmännisch ausgebildeten Fachkraft erfolgreich beendet.

Weitere eineinhalb Jahre vergehen, in denen sie mit ihrer finanziellen Unterstützung vom Arbeitsamt die wesentlichen Unkosten des täglichen Lebens bestreitet, die Hausarbeit erledigt, erfolgreich ihre Umschulung absolviert und ihr Kind versorgt. Ihr Mann kümmert sich in dieser Zeit wenig bis gar nicht um das Kind, meist nur, um Florence H. auf Erziehungsfehler hinzuweisen. Hin und wieder kommt es zum Krach, in dessen Verlauf sie auf die Pflichten einer Ehefrau hingewiesen wird, womit peinlichste Ordnung und Sauberkeit der Wohnung, die regelmäßige Pflege der Möbel, Sparsamkeit in der Haushaltsführung und der eheliche Verkehr gemeint sind. Die Umschulung interessiert allenfalls als Ausgangsbasis erhöhter Einkünfte.

Als sich die erhofften höheren Einnahmen nach ihrer Umschulung nicht sofort realisieren lassen, Florence H. stattdessen erneut für Monate arbeitslos wird, flammt der Streit ums Geld wieder auf. Schließlich verlässt der Partner nach 11 Jahren Ehe seine Frau und zieht zu seiner ehemaligen Verlobten in den Westteil von A-Stadt.

Einen Monat nach der Trennung fliegen beide noch einmal gemeinsam in den schon vorher gebuchten und gemeinsam finanzierten Urlaub, Florence H., weil sie *die Insel um alles in der Welt* sehen wollte, ihr Ex-Mann, um die schon gezahlten Reisekosten nicht verfallen zu lassen.

Indem sie kritische Themen vermeiden, überstehen beide die erste Woche noch ganz gut. In der zweiten Woche beendet der Diebstahl der Geldbörse des Mannes den mehr oder weniger friedlichen Urlaub. Sie kehren – jeder für sich – in ihre Welt zurück.

Zum Zeitpunkt des Interviews lebt Florence Hauser rund zwei Monate getrennt von ihrem (Ex-)Mann.

4.3.2 Biographische Gesamtformung (Protagonistin im weiteren Text mit 'Florence H.` abgekürzt)

Schon in der Eingangspassage des Interviews bestätigt Florence H. die Eindrücke aus dem Beobachtungsprotokoll, ihr Interview frei und offen gestalten zu wollen. Anscheinend fühlt sie sich von Anfang an in ihrer Annahme bestätigt, nun endlich einem Menschen ungezwungen, ohne ihren Status sicherstellen zu müssen, die Wertigkeit ihrer Person in Frage gestellt zu sehen, erzählen zu können, was sie bewegt. Nur zu Beginn des Interviews erkundigt sie sich, ob ihre Personenstandsdaten, u. a. ihr genaues Geburtsdatum genannt werden soll. Dann geht sie zur Beantwortung der Eingangsfrage über, greift Teile daraus auf und beginnt die Erzählung mit der *Lebensphase*[73] ihrer Kinder- und Jugendzeit.

Florence Hauser: Familienthema

Wie Hannah K. und Petra W., die beiden anderen Interviewpartnerinnen, ist Florence H. auf dem Gebiet der ehemaligen DDR geboren und aufgewachsen. Besonders an die gemeinsam mit beiden Elternteilen in A-Stadt verbrachten ersten elf Lebensjahre erinnert sie sich gerne – eine beinahe zeitgleiche Parallele zur Kindheit von Petra W.. In der Erinnerung schmilzt diese Zeit auf ein paar Jahre zusammen, in denen sie eine glückliche Kindheit „mit allem Drum und Dran" verlebt. Mit der Scheidung ihrer Eltern zerbricht diese Idylle und setzt einen negativ besetzten Prozess der *Wahrnehmung und Aneignung der Binnenstruktur der elterlichen Wohnwirklichkeit (Matthes, Joachim; 1978: 158)* in Gang. Das Haus und der Garten werden gegen eine kleine Wohnung in einem anderen Stadtteil von A-Stadt eingetauscht, in der von nun an Florence H., ihre Schwester und ihre Mutter leben. Dort verbringt sie eine in ihren Augen ganz normale, bisweilen ein bisschen ausgeflippte Zeit, reist herum und legt mit ihrer erfolgreichen Berufsausbildung zur Dekorateurin, die sie mit dem Gesellenbrief abschließt, den Grundstein für einen Einstieg ins Berufsleben.

An keiner Stelle im Interview werden innerhäusliche Auseinandersetzungen zwischen den Eltern oder mit der Schwester problematisiert oder die Rollen der Akteure in Frage gestellt. Dies kann sowohl auf die Kongruenz von Rollenverständnis und Rollenerwartung schließen lassen, aber ebenso auf Verdrängung des im Elternhaus Erlebten hinweisen. Abweichend vom ersten und zweiten Interview, in dem ein stark dominanter Vater permanent vorhanden, bzw. nicht bekannt ist, scheint sich der Vater von Florence H. mit der Scheidung der Eltern aus ihrem Leben zu verabschieden, während die Mutter weiterhin die Randbedingungen für eine behütete, aber nicht bevormundete Kindheit und Adoleszenzphase schafft. Erst viel später treten im Leben von Florence H. nicht verarbeitete Spuren dieser Zeit zu Tage. Besonders ihr sehr ausgeprägter Charakterzug, Harmonie herzustellen oder zu bewahren, verdient in diesem Zusammenhang im weiteren Verlauf der biographischen Gesamtformung Beachtung.

Selbstbestimmung versus interpersonelle Interaktionsmuster

Nach außen hin zeichnet sich ein wohl eher durchschnittlicher Entwicklungsverlauf ab: an die Schulausbildung der Grund- und Hauptschule schließt sich wie

---

[73] Zwischen den einzelnen Ereignissen durchlebt jede Person einen Zeitabschnitt von bestimmter, aber je Individuum und in Abhängigkeit von den Ereignissen variabler Dauer, den wir als Lebensphase bezeichnen. Def. s.: *Friedrichs/ Kamp 1978: 175.*

selbstverständlich die Berufsausbildung an. Zwar nicht explizit, aber aus positiven Randbemerkungen lässt sich ableiten, dass ihre berufliche Erstausbildung zur Facharbeiterin dem eigenen Wunsch eines Berufes entspricht, in dem sie vielleicht deshalb nach der Ausbildung fünf Jahre gerne und mit Erfolg – bis sie ihren Sohn bekommt – tätig ist.

Ohne äußerlich erkennbare Schwierigkeiten, ohne den Alltagsablauf oder gar das gesellschaftliche System, in dem sie lebt, in Frage zu stellen, passt sich Florence H., auch noch als Heranwachsende und selbst als sie bereits erwachsen bis zu ihrer Heirat bei der Mutter wohnt, an die Erfordernisse ihrer unmittelbaren Umgebung an. Erst als Ehefrau muss sie Entscheidungen fällen und deren Konsequenzen tragen – nun jedoch in Abstimmung mit ihrem Partner.

In enger Verknüpfung mit ihrer Existenz fällt im Verlauf des Interviews immer wieder das Stichwort „Harmonie", vielleicht gleichzeitig als interpersonelles Substitut für Selbstbestimmung. Zum einen scheinen damit Ereignisse und deren Verläufe verbunden zu werden, ohne offensichtlich und für alle erkennbar, positive oder negative Resultate zeigen zu müssen; zum anderen reicht als Kriterium eine mögliche subjektive Identifikation. Florence H´s Wahrnehmungspräferenz beschränkt sich damit auf die ´harmonische Wahrnehmung und ihre Initiatoren` an sich, denen sich alles Weitere im Leben unterzuordnen hat. Ihre Kommunikation bewegt sich auf der *Beziehungsebene* - und hier mehr auf der *Meta-* als auf der *Mitteilungsebene (Tannen, Deborah; 1990/ 1991: 153).* Ob dieser eher männlicher Kommunikationsstil eine gendertypische Abweichung ist oder auf ein Unvermögen im Beziehungsgeflecht interaktiv zu kommunizieren hinweist, wird erst mit weiteren Untersuchungen zu beantworten sein.

Bereits an dieser Stelle kann aber festgehalten werden, dass die Scheidung ihrer Eltern, vor allem der nach der Trennung der Eltern nicht mehr erwähnte Vater, bei Florence H den Grundstock für ein unbewusstes aber deutlich ausgeprägtes Handlungsraster programmiert zu haben scheint, ähnlich strukturierte Situationen wie sie während und nach der Scheidung erlebt worden sind im eigenen Leben zu vermeiden. Die These, dass *typisch kindliche Konflikte.. für die Charakterentwicklung.. nicht nur vom Verhalten der Eltern.. sondern auch von den Phantasien, Wünschen und Ängsten des Kindes abhängig sind (Mitscherlich, Margarete; 1978: 126)* bestätigt die Vermutung, das Florence H.

als Erwachsene alles vermeidet, um die Ereignisse ihrer Kindheit nicht erneut erleben zu müssen. Im Zusammenleben mit anderen Menschen äußert sich dieses Bestreben als Harmoniebedürfnis.

Mit Hilfe des bereits vorgestellten Beobachtungsprotokolls lässt sich eines dieser Kennzeichen zur Herstellung von Harmonie ausmachen: ihre Art der Informations- und Kommunikationsverarbeitung, ihre Reaktion auf *situative Merkmale der persuativen Kommunikation (Abele/ Rank; 1993: 118)*, bei denen sich der *periphere Weg* abzeichnet. Hierbei hängt die harmonische positive Stimmung nicht von der *Stichhaltigkeit der Botschaft*, sondern davon ab, wie positiv sich die Situation darstellt bzw. wie positiv sie vermittelt wird *(ibid)*.

In ihrer Jugend, Adoleszenzphase und als junge Erwachsene, aber auch noch in den ersten Ehejahren, als die Menschen ihrer Umgebung in Harmonie mit ihr lebten, sieht Florence H. keine Veranlassung, explizit Harmonie her- und damit eigene Ansprüche zurückzustellen. Erst als es in der Ehe zu Konflikten kommt, sie den Wünschen des Partners nach Berufstätigkeit und alleiniger Übernahme aller Hausarbeiten nicht bereit ist nachzukommen, verzichtet sie bisweilen auf eigene Grundsätze, um keine Disharmonie in der Familie aufkommen zu lassen. Nach der Geburt eines Sohnes kann sie dann endgültig den Forderungen des Partners nicht mehr entsprechen. Den Sohn und den Haushalt allein zu versorgen und gleichzeitig mit einem vollen Gehalt zum Unterhalt der Familie beizutragen, wie vor der Geburt des Kindes, übersteigt ihre Kräfte. Das Ergebnis ist drei Jahre Ehe, in der nur noch sehr selten Harmonie zwischen den Partnern herrscht, die Ehe stattdessen von Disharmonie, Streit und Vorwürfen bestimmt wird. Florence H., die unter diesen Lebensumständen sehr leidet, insbesondere unter dem Vorwurf sich vom Partner aushalten zu lassen, bemüht sich im Anschluss an eine Arbeitslosigkeit, durch eine in Angriff genommene Umschulung, die Vorwürfe des Partners zu entkräften. Hierbei lässt sie sich nicht von individuellen Plänen leiten, sondern eher davon, dass *sozial angebotene Muster übernommen werden (Kohli, Martin; 1981: 160)*, womit quasi das *Konzept des wahrscheinlichsten Pfades*[74] praktiziert wird. Insoweit lässt sich durch

---

[74] hierunter wird die *handlungsschematische Bearbeitung* der *Situation* verstanden, d. h. die Betroffene widersetzt sich nicht vorgegebenen Rahmen, sondern institutionalisiert sich in ihnen. *vgl. Kohli, Martin; 1981: 167*.

Aufzeigen von Handlungsverläufen im Leben der Interviewten ein eingrenzbarer Verzicht auf Selbstbestimmung feststellen, der vordergründig zur Schaffung von Harmonie dient, deren Auslöser aller Wahrscheinlichkeit nach, in den Ereignissen der Herkunftsfamilie, in der gescheiterten Ehe von Vater und Mutter gesucht werden muss.

Matrophobie

`Nicht so sein wollen wie die Mutter´ scheint für Florence H. ein niemals aufgetauchter Gedanke zu sein. Ganz im Gegenteil lebt sie aus internalisierten Tradierungen, aus denen heraus sie ihre Umwelt wahrnimmt und bewertet. Dies wird im Umgang und Vergleich mit ihrer Schwiegermutter, d. h. mit der Herkunftsfamilie des Partners, deutlich:

Während es für sie offensichtlich bisher selbstverständlich war, zu besonderen Gelegenheiten kleine, sorgfältig „mit Herz und Liebe" ausgesuchte Aufmerksamkeiten, Geschenke persönlicher Natur, für andere Menschen auszuwählen, stoßen die regelmäßig zu Geburtstagen übergebenen gebrauchten, keinesfalls benötigten Geschenke der Schwiegermutter auf völliges Unverständnis. Florence H. empfindet derartigen „Müll" eher als Degradierung ihrer Person, denn als Anerkennung oder Geste der Zuneigung.

Diese Zuneigung wird ihr allem Anschein nach nur von der eigenen Mutter entgegengebracht. Worauf das bis heute bestehende und von Florence H. immer wieder angesprochene gute Verhältnis zur Mutter im Einzelnen beruht, kann durch die Darstellung der Mutter im Interview nicht eindeutig herausgearbeitet werden. Auch bleibt unklar, ob sich die Mutter nach der eigenen Scheidung ausschließlich ihren Kindern gewidmet hat, ob sie berufstätig war und auch, ob es einen neuen Partner im Leben der Mutter gibt, der evtl. die Vaterrolle übernommen hat. Da an keiner Stelle im Interview vorgenannte Fragen positiv beantwortet oder auch nur vage angeschnitten werden, kann von keiner Existenz ausgegangen werden. Vielleicht war es die Vorbildfunktion der Mutter, aufgrund derer sich Florence H. zum Zeitpunkt, als sich die Krisen in ihrer Ehe häufen, die Mutter als Verbündete auf ihre Seite zu ziehen versucht. Einzig deren neutrale Haltung gegenüber beiden Ehepartnern kann Florence H. als unmittelbar

Betroffene nicht teilen, wohl aber akzeptieren. Übereinstimmungen mit den Erfahrungen der Mutter als Geschiedene mit kleineren Kindern werden nicht thematisiert. Auch geht die Neutralität der Mutter gegenüber ihrer Tochter nicht so weit, nicht als Trösterin auf neutralem Terrain zu dienen, zu der Florence H. jederzeit mit ihren Nöten kommen kann. Sehr überzeugend spricht die Interviewte von einem *Auffangmechanismus*, den die Mutter praktiziert, dessen sie sich gewiss sein kann, der ihr häufig eine tiefe innere Sicherheit gibt und dabei immer wieder das Gefühl vermittelt, bei der Bewältigung globaler oder alltäglicher Schwierigkeiten nicht allein zu sein.

Strainger-Stigma

Nach den Schilderungen Florence H's war sie bis zu ihrem zwanzigsten Lebensjahr mehr oder weniger mit ihrem Leben zufrieden. Dann lernt sie auf ihrer Arbeitsstelle ihren späteren Mann kennen, der den gleichen Beruf ausübt wie sie. Die äußeren Gegebenheiten, d. h., ihre Teilnahme am selben Zeitabschnitt des *kollektiven Geschehen* oder einem ähnlichen *Phänomen der Erlebnisaufschichtung*[75] bieten gute Voraussetzungen für eine Ehe. Ihre erste Ehezeit verläuft bis zu dem Tag, als sie den Wunsch nach einem Kind äußert, ihren Idealvorstellungen entsprechend und ihrem bis zu diesem Zeitpunkt erworbenen *Alltagswissens*[76], eben genauso, wie sie sagt, dass eine 24-Jährige sich eine Ehe vorstellt. Florence H. verbindet damit einerseits Harmonie zwischen den Partnern, andererseits einen reibungslosen Ablauf des Alltags– Abläufe, an die sie sich aus der Zeit ihrer frühen Kindheit in ihrer Herkunftsfamilie erinnert, und die sie - wie darum vermutet werden kann - als positiv in Erinnerung behalten hat.
Während der Partner schon ein Kind aus erster Ehe hat und nun kein weiteres mehr möchte, macht Florence H. den Fortbestand ihrer Partnerschaft von ei-

---

[75] Nach K. Mannheim „konstituiert.. nicht das Faktum der in derselben chronologischen Zeit erfolgten Geburt, des zur selben Zeit Jung-, Erwachsen-, Altgewordenseins .. die gemeinsame Lagerung im sozialen Raume, sondern erst die daraus entstehende Möglichkeit an denselben Ereignissen, Lebensgehalten usw. zu partizipieren und noch mehr, von derselben Art der Bewusstseinsschichtung aus dies zu tun". *Mannheim, Karl; 1928/ 1978: 46.*

[76] *Alltagswissen* in der von Matthes und Schütze (und auch bei Mead) definierten Form „besteht weniger aus reflektierten Wissensbeständen als aus verschiedenen Schichten unbewussten und unreflektierten Routinewissens". *Matthes/ Schütze; 1973/ 1976: 22.*

Teil II
4. Partnerschaftliche Interaktionsprozesse

nem Kind abhängig. Dem Außenstehenden drängt sich dabei der Verdacht auf, diesem Kind könne die Funktion zugedacht sein, die sich langsam davonschleichende Harmonie in der Ehe zu ersetzen *(vgl. Hagemann-White, Carol;1984: 94)*, allerdings thematisiert Florence H. selbst diese Überlegung an keiner Stelle. Der Partner gibt schließlich nach, verlangt jedoch bereits im Vorfeld der Geburt, danach so weiterleben zu können, wie zuvor. Bezogen auf die häusliche Arbeitsverteilung und die Berufstätigkeit, besonders aber hinsichtlich des von Florence H. einzubringenden Einkommens besteht er auf dem Status quo.

Florence H. möchte sich nach der Geburt zum einen voll auf ihr Wunschkind konzentrieren, zum anderen selber aber auch gleich wieder arbeiten gehen. Angesichts insbesondere der häuslichen Erwartungen des Partners muss sie jedoch erst einmal ein Babyjahr einlegen, denn Kind, die volle Berufstätigkeit und den gesamten Haushalt miteinander zu verbinden, scheint nicht realisierbar. In dieser Zeit fühlt sie sich erstmals den Anforderungen des Partners nicht gewachsen, versteht nicht seine Unzufriedenheit und seine aufkommenden Unmutsäußerungen, die sich insbesondere auf ihren geringen finanziellen Beitrag während des Babyjahres, aber auch auf Undurchführbarkeit beziehen, den geringeren Beitrag durch gänzliche Übernahme aller häuslichen Arbeiten zu kompensieren. Darüber ob und inwieweit vor der Zustimmung zum Kind Versprechungen von seiten Florence H´s gegenüber dem Mann vorlagen, alle seine Forderungen zu erfüllen, wird im Interview ebenso wenig erkennbar, wie sich auch nicht Interaktionsprozesse darüber abzeichnen.

Wenn sie sich an den Beginn der Krise und die Umstellung, nun ein Kind versorgen und mit allen Problemen allein fertig werden zu müssen, erinnert, verflacht ihre Darstellung; sie verallgemeinert, wenn sie erzählt, vor der Geburt keine Ahnung vom Ausmaß der Veränderungen, die ein neues Familienmitglied mit sich bringt, gehabt zu haben, verwendet statt „ich" „man". Ihr individuelles Problem wandelt sich in das aller Frauen, die in ähnlicher Situation gleiche Erfahrungen machen. Diese Generalisierung erleichtert ihr offenbar den Umgang mit der Situation selbst noch in der Retrospektive und unterstreicht ihre bis heute andauernde Situationsverwobenheit, Ansprüchen nicht zu genügen.

Am Ende ihrer einjährigen Familienpause kehrt Florence H. in ihr altes Unternehmen zurück und arbeitet nun in einem anderen früher von ihr gewünschten

Berufsfeld als Grafikerin. Doch dieser Wiedereinstieg ist mit einer ca. 50-%igen Lohneinbusse verbunden, die erneut zum Streit zwischen den Partnern führt. Die Auseinandersetzungen aus Anlass ihres vermeintlich ungenügenden finanziellen Beitrages zur Versorgung der Familie verschärfen sich weiter, als die Handelskette, bei der Florence H. zur Zeit der Wiedervereinigung beider deutscher Staaten beschäftigt ist, umstrukturiert wird und sie, nun als berufsfremd, vor die Wahl gestellt wird, arbeitslos zu werden, oder in den Verkauf über zu wechseln. Ungefähr 1 ½ Jahre hält sie den Belastungen in diesem ungeliebten Jobs stand, dann - am Ende ihrer Kräfte - kündigt sie gegen den ausdrücklichen Willen des Partners und wird für drei Monate arbeitslos. Für den Partner stellen sich damit die Verläufe der zurückliegenden Jahre endgültig diametral seinen Vorstellungen entgegen dar. Nicht nur die zu Beginn der Ehe selbstverständliche Berufstätigkeit seiner Ehefrau ist aufgrund einer von ihm nicht mitgetragenen Entscheidung entfallen, darüber hinaus ist seine Ehefrau auch immer weniger in der Lage und bereit, im Ausgleich für ihren nicht geleisteten vollen finanziellen Beitrag sämtliche anfallende Arbeit zu erledigen. Das die Verläufe nur teilweise beeinflussbar gewesen wären, wie das Babyjahr, bleibt in ehelichen Auseinandersetzungen unberücksichtigt.

Stattdessen eskalieren die partnerschaftlichen Auseinandersetzungen, immer häufiger zum ernsthaften Ehekrach. Florence H. fühlt sich mit denen vom Partner für sie aufgestellten Pflichten einer Ehefrau überfordert und weigert sich, nach seiner These, *der Hut befiehlt der Haube (vgl. Shorter, E.; 1983),* zu leben. Dass sie zum gemeinsamen Lebensunterhalt durch Ausüben einer Berufstätigkeit finanziell beizutragen hat, wird von ihr zu keinem Zeitpunkt in frage gestellt. Allerdings gehört für sie zum Leben auch ihre individuelle positive Befindlichkeit, die sie in ihrem letzten Job vermisste und ihn darum aufkündigte. Der Forderung des Partners nach permanentem Putzen von Wohnung und Wohnungseinrichtung widersetzt sie sich, da sie nicht einzusehen vermag, warum ausschließlich sie dafür zuständig sein soll.

Als die Differenzen zwischen den Partnern weiter an Heftigkeit zunehmen, sie seine Erniedrigungen und Beschimpfungen aber auch Unterstellungen kaum noch erträgt, verweigert sie ihrem Ehemann für ca. ein Jahr jeglichen sexuellen Kontakt. Die Spannungen bleiben, nehmen durch ihre Verweigerung aber auch nicht wesentlich zu. Allmählich erhalten die Forderungen des Partners den Charakter von Postulaten, durch deren klischeehaften Charakter Florence H. immer mehr verunsichert wird. Danach ist die Frau für den Haushalt und die dort anfallenden Putzarbeiten, aber auch anteilig für den finanziellen Unterhalt der Familie, die Erziehung des Kindes und die sexuelle Befriedigung des Mannes zuständig. Der Mann hingegen fungiert als Oberhaupt der Familie, und in dieser Funktion fällt er finanzielle Entscheidungen, überwacht die ordnungsgemäße Erziehung des Sohnes. In dem Maße wie sie den Forderungen des Mannes nicht uneingeschränkt nachkommt, beherrschen die Streitgespräche zwischen den Partnern immer mehr die ihnen gemeinsam zur Verfügung stehende Zeit. In diesen verbalen Auseinandersetzungen formiert sich die Argumentation verstärkt zu einer Prozedur, die gerade nicht darauf angelegt ist, *triftige, aufgrund intrinsischer Eigenschaften überzeugende Argumente, mit denen Geltungsansprüche eingelöst oder zurückgewiesen werden können, zu produzieren (Habermas, Jürgen; 1981: 48)*, sondern erst einmal nicht real vorhandene intrinsische Eigenschaften dem anderen zuzuweisen, um dann entsprechend zu verfahren. Selbst von ihr angeregte Gespräche enden immer wieder im Streit. Mit der Zeit stellt sich als Resultat dieser Versuche zur Beilegung des partnerschaftlichen Konfliktes nicht etwa eine positive Grundeinstellung bei Florence H. ein, aus der heraus sie sich freudig dem Arbeitsmarkt zuwenden kann. Vielmehr empfindet sie das Ansinnen des Partners als Prostitution, hat das Gefühl nur für ihn arbeiten gehen und Geld anschaffen zu müssen.

Ein tiefes, ihre Person verletzendes Gefühl der Verlassenheit macht sich breit. Im krassen Gegensatz dazu, dass der Mensch in der Familie *nicht bloß als Funktion, sondern als Mensch.. wirken,.. seine Entfaltung und das Glück des anderen.. in dieser Einheit gewollt (Horkheimer, Max; 1936: 64)* sein soll, muss sie in der Position der Partnerin erkennen, ihren Wert für den Partner eingebüßt zu haben.

Um diesen Wert wiederherzustellen, vor allem aber um die vom Partner so vehement verlangte finanzielle Beteiligung leisten zu können, nimmt sie an einer Umschulung zur kaufmännischen Fachkraft teil. Als sie dem Partner ein zu erzielendes höheres Einkommen nach Abschluss der Ausbildung in Aussicht stellt, glätten sich wie erwartet die häuslichen Wogen. Probleme, die während der Umschulung in dem von ihr abzuleistenden Praktikum auftreten, rät ihr der Partner, nicht so ernst zu nehmen ihre Person nicht immer ins Zentrum ihres Interesses zu stellen, zumal sie bislang nicht in der Lage sei, ausreichend zur Deckung des Familienunterhalts beizutragen.

Als sie die Umschulung schließlich zwar mit Erfolg abschließt, aber in eine erneute Arbeitslosigkeit gerät, verlässt sie der Partner und ihren gemeinsamen Sohn.

Florence H. erläutert immer wieder, dass beide Partner zwar versucht hätten, auf ihre Weise miteinander ins Gespräch zu kommen, die Weltbilder und Wertzumessungen in ihren Leben jedoch so differierten, dass es schlichtweg unmöglich gewesen sei, auf einen Nenner zu kommen. Als sich die ersten Differenzen zeigten, sei sie noch bereit gewesen, ihre eigenen Interessen, zwecks Erhalt des häuslichen Friedens, zurückzustellen. Statt selber aber auch einmal von seinen Positionen abzurücken, hätte der Partner ihr Nachgeben als Schwäche interpretiert und mit weiteren Forderungen pariert. Auf diese Weise haben sich die anfänglichen Gemeinsamkeiten allmählich in Fremdheit verwandelt. Nicht einmal die Zustimmung des Partners zum gemeinsamen Kind vermag Florence H. heute noch als Vertrauensbeweis in eine gemeinsame Zukunft *(vgl. Luhmann, Niklas; 1968)* interpretiert wissen.

Wertorientierung im Erwachsenenalter

Zurückblickend wandelt sich grundlegend die Beziehung zum Partner erst mit der Geburt ihres Sohnes. Der Mann weiß offensichtlich noch aus seiner ersten Ehe, dass ein Kind das Zusammenleben von Mann und Frau grundlegend verändern kann. Da er alles beim Alten lassen möchte, verknüpft er mit seiner Zustimmung zum Kind die Bedingung, keiner Veränderungen in der bisherigen Aufgabenverteilung zustimmen zu müssen. Florence H., für die der Bestand einer Ehe untrennbar mit einem gemeinsamen Kind verbunden ist, stimmt allem scheinbar in der Hoffnung zu, später ließe sich alles regeln.

Grundsätzlich eigene Vorstellungen, die eine Ehe und Partnerschaft nach Meinung von Florence H. zu erfüllen hat, werden immer nur ausschnittweise und dann im Kontrast zur gegensätzlichen des Partners dargestellt. Dies betrifft sowohl die traditionelle häusliche Aufgabenverteilung, die ihr zu *konfus* und wenig realitätsnah erscheint und an dessen Stelle sie für eine freie Partnerschaft in dem Sinne plädiert, dass sich die Partner nicht gegenseitig in ihrer Entwicklung behindern. Die betrifft aber auch den partnerschaftlichen Umgang, von dem sie zu Beginn ihrer Ehe erwartete, er erstrecke sich nicht nur auf die Teilung aller Kosten und Aufgaben, sondern vor allem auf die Akzeptanz der Person, die gegenseitige uneingeschränkte Hilfe und auf die emotionale Verbundenheit.

Im Grund genommen begegnen sich die Partner in dem Moment als Fremde, wo in ihrer Beziehung Geld zur Anschaffung von Statussymbolen oberste Priorität erhält. Es ist die materialistische Einstellung des Partners, die Florence H. fehlt und der sie die Pflege und den Ausbau zwischenmenschlicher Beziehungen entgegensetzt.

Für ihn sind zwischenmenschliche Beziehungen nicht *Interaktionen der Lebenswelt (vgl. Luhmann, Niklas; 1985: 132),* sondern ausschließlich kostenverursachende Positionen, für die unnötig Geld vergeudet wird, die keinen finanziellen Gegenwert bieten. Auch Florence H. weiß, dass zwischenmenschliche Beziehungen nicht zum Null-Tarif zu haben sind, z. B. Einladungen Geld erfordern. Doch für sie, so stellt sie klar, ist ein Leben in Harmonie wichtig, ist eine Leistung zu erbringen für Menschen, die sie mag, selbstverständlich, ohne sofort an die Möglichkeit einer Gegenleistung zu denken. Diese Haltung, betont sie immer wieder, steht im krassen Gegensatz zu der des Partners.

Hiermit bestätigt sich - ungeachtet ihrer Milieukonkordanz - die schon zu Beginn und des Interviews und in dessen Verlauf wiederholt geäußerte Vermutung, der grundsätzlich differierenden Lebenseinstellung der Partner. Selbst die sich abzeichnende weitgehende Akzeptanz der Rollen einer Ehefrau und eines Ehemannes ermöglicht beiden nicht eine verbale Kommunikation über gemeinsame Schwierigkeiten. Je stringenter der Partner seinen Forderungen Nachdruck verleiht, je weniger fühlt sich Florence H. in der Lage, diesen zu entsprechen. Heute, nachdem die Ehe gescheitert ist, möchte Florence H. erst einmal ihren inneren Frieden finden, aber auch ihr in der Ehe malträtiertes Selbstbewusstsein wiederherstellen.

Teil II
4. Partnerschaftliche Interaktionsprozesse

Interkulturelle Kommunikation – gendertypisches Kommunikationsverhalten

Bezogen auf die partnerschaftlichen Differenzen glaubt Florence H. noch heute, dass ihr Partner weder über ihre, noch über gemeinsame Probleme reden wollte, sich selbst weigerte, diese als solche wahrzunehmen. Ihre Versuche mit ihm über Schwierigkeiten, z. B. über ihre eigene psychische Befindlichkeit in dem von ihr gehassten Job, über ihre Situation als Arbeitslose zu sprechen, blockte er ab. Dabei verkannte er einerseits ihren Gesprächsbedarf, andererseits erachtete er die Themen nicht als wichtig. Auf diese Weise unterband der Partner nicht nur das Aufkommen einer intimen, vertrauensvollen Partnerbeziehung und erhöhte damit interaktiv das Risiko von Depressionen, sondern transformierte in seiner Person, neben der bestehenden Arbeitslosigkeit, zum weiteren sozialen Risiko seiner Ehefrau *(vgl. Brown/ Harris; 1978)*. Deren existentiellem Bedürfnis nach Verstandenwerden und einfühlsamer Resonanz begegnete er mit einem stereotypen Erwartungsschema und fehlenden Verhaltensnuancen, durch die er eine Bedürfnisbefriedigung verhinderte.

Ihr Verhalten von Florence H. während des Interviews unterstreicht die aktuelle Verwobenheit mit der damaligen Situation: nicht nur dass sie mehrmals den Satzanfang auswechselt, zu stottern beginnt, unternimmt sie auch beinahe hilflos mehrere Anläufe einer Erklärung „ich.. ich", ringt nach Worten. Die doppelte Verbindung von Sätzen, die zweimalige direkt hintereinander geschaltete Verwendung von „und und" können der Versuch sein, die ihr vom Partner vorgeworfene Passivität zu erklären. Sätze werden abgebrochen und gedanklich mit der Konklusion abgeschlossen, die Ergebnisse ihrer Arbeiten seien doch nie in Ordnung gewesen; ein Ausdruck ihres niedrigen Selbstwertgefühls.

Mehrere Schilderungen verdeutlichen, wie sich der Partner unangenehmen Situationen entzieht oder diese zu beherrschen versucht, Situationen, in denen seine Ehefrau erwartet hätte, dass er sich eher in der Funktion eines Partners und Freundes einbringt. Statt *kommunikativem Handeln*, finden *Diskurse* statt, in denen der Versuch unternommen wird, *Geltungsansprüche, die im kommunikativen Handeln zum Problem geworden sind, durch systematische Begrün-*

dung wiederherzustellen (Habermas, Jürgen; 1971a: 117; vgl. auch: Habermas, Jürgen; 1971b: 115). Während der Partner anstelle eines positiven Feedbacks ein ausgeprägtes Desinteresse an den Schwierigkeiten Florence H´s zeigt und damit statt ihre Person zu stärken nur Korrekturen vornimmt, also auf diesem Wege ein negatives Feedback übermittelt *(vgl. Piaget, Jean; 1975/ 1976: 27)*, reagiert sie anscheinend nun ihrerseits im Rahmen ihrer sich zunehmend verringernden Möglichkeiten. Viele alltäglich anfallenden Kleinigkeiten, die bisher selbstverständlich von ihr erledigt wurden, werden liegengelassen. Sie lässt „sich hängen" oder betrachtet aus der Position einer unbeteiligten Beobachterin die Erledigung einer Aufgabe durch den Partner, verweigert - durch seine permanente Kritik seelisch tief verletzt - ihren Beitrag zur Haushaltsführung. Mit der Zeit verketten sich beide Beteiligten immer mehr in einen aktiven *Response-Set (vgl. Nolen-Hoeksema, S.; 1987: 259-282)*. Während er sich nach Auseinandersetzungen in körperliche Aktivität stürzt, zieht sie sich zurück, verfällt in Depression. Die Asymmetrie der Beziehung schreitet in dem Maße fort, indem sie sich seinen Bestrebungen entzieht, den eigenen Status mit kritischen Hinweisen zu ihrer Arbeit und Person zu festigen.

Als Ehefrau fühlt sich Florence H. vom Partner unverstanden und ausgenutzt. Auf ihre Versuche, mit dem Partner ins Gespräch zu kommen, um so die *fundamentale Grundlage von Intimität (vgl. Tannen, Deborah; 1990/ 1991: 321)* verbunden mit einem Gefühl der Sicherheit und Nähe zurück zu gewinnen, reagiert er, indem er ihre Persönlichkeit in Frage stellt, ihr den Respekt verweigert und sie auf diese Weise diskriminiert. Sie handelt instinktiv wie ein verletztes Tier, zieht sich zurück, wird unsicher[77] und verfällt in Passivität. Parallelen zum Interview mit Hannah K. tauchen auf. Auch bei ihr lässt sich von einem deckungsgleichen Herkunftsmilieu der Partner sprechen; hier wie dort begegnen sich die Beteiligten zumindest in ihrem Kommunikationsverhalten als Fremde – allerdings kann dies bei beiden Interviewten ebenso auf gendertypischen Missverständnissen in der Kommunikation der Partner deuten.

---

[77] Nach Kaufmann definiert als „Zustand der Außenwelt oder eine subjektive Befindlichkeit oder eine Unsicherheit der Beziehung des erkennenden Subjekt zur Außenwelt". *Kaufmann, Franz-Xaver; 1970: 151.*

Überlegungen, dass es sich bei konträr verlaufenden Ansprüchen und Erwartungen um gendertyische Ausprägungen handelt, erhärten sich bei der formalen Betrachtung der Kommunikationsabläufe zwischen Partner und seinem vom ihm unerwünschten Sohn. Dass Florence H. im Verlauf der Auseinandersetzungen mit dem Partner für ihren geringen Verdienst die alleinige Erziehung des gemeinsamen Sohnes durch sie als Grund anführt, d. h. dem Partner vorwirft, sich so zu verhalten, wie er es vor der Geburt des Kindes angekündigt hat, verbreitert den Graben zwischen Vater und Sohn weiter. Weniger anklagend als traurig wird der Umgang zwischen Vater und Sohn erwähnt, der eher von Dressur als von Zuneigung bestimmt scheint. Deutlich werden Parallelitäten in den Beziehungsstrukturen zwischen Partner - Partnerin und Vater - Sohn, nur das bei letzterem die Erwartung, Geld zum Haushalt beizusteuern, durch unbedingten Gehorsam ersetzt wird. Beide Beziehungen werden seitens des Mannes nicht von Zuneigung, sondern eher durch die Vorstellung geprägt, wie profitiere ich von der Beziehung, wobei dem Sohn die von vornherein zugedachte Position des ungeliebten Eindringlings zufällt, dessen Existenz seine Mutter davon abhält, den Forderungen des Partners zu entsprechen. So scheint es logisch und folgerichtig, dass der Partner sich schon während der Ehezeit nur insoweit um den Sohn kümmert, als er diesem den Stempel der eigenen *subjektiven, internen Potentiale.. tatsächlich situativ verhaltensrelevante Erziehungswerte (Hoff, Ernst-Hartmut; 1982: 61)* aufzudrücken versucht, um ihn dadurch zu einem Abziehbild väterlicher Vorstellung zu formen.

Mit der Zeit stellt Florence H. insgesamt nur Divergenzen statt Kongruenzen in den Wertorientierungen beider Erwachsener fest. Von ihrer Seite gibt es für die Handlungsweise des Ex-Ehemannes zwei Begründungen: zum einen erinnert sie sich an die Aussage des Partners zu Beginn der Ehe, er wolle kein Kind mehr haben, zum anderen glaubt sie, er komme mit Kindern einfach nicht zurecht.

Der Sohn, als der vorrangig eigentlich Leidtragende reagiert nach dem Weggang des Vaters bezeichnend: er zeigt im Anschluss an die Trennung der Eltern eine positive Entwicklung, fallen für ihn doch die väterlichen Sanktionen, mit denen eine vermutlich *konformistische Erziehungskonzeption* durchgesetzt werden sollte, weg. Florence H. kann und möchte diese Entwicklung selbst dann nicht sehen, als sie von Lehrern des Kindes darauf hingewiesen wird. Sie greift auf altbewährte Thesen zurück, unterstreicht wie wichtig die Rolle des Vaters für ein Kind ist – denkt vielleicht an sich selbst und daran, wie es ihr nach der Scheidung ihrer Eltern erging, berichtet wohl zur eigenen Bestätigung ihrer Äußerungen, dass der Sohn sich, seit sie mit ihm alleine lebt, immer zu den männlichen Freunden hingezogen fühlt, die doch eigentlich vorrangig sie besuchen. Daraus schließt sie, ihrem Sohn fehle der Vater. Freude oder Erleichterung, die der Sohn über den Weggang des Vaters für Außenstehende erkennbar empfindet, kann sie nicht nachvollziehen, obwohl jetzt Mutter und Sohn den restriktiven Konformitätsanforderungen des Mannes entgehen. Offensichtlich hat ihr eigener Vater indifferente Gefühle bei ihr ausgelöst, wofür sein Totschweigen spricht, nachdem er lediglich ein Mal zur Handlungsherstellung in der Eingangspassage des Interviews erwähnt worden ist. Mit ihrer Überzeugung, ein Kind brauche seinen Vater, bewegt sie sich im durch das Herkunftsmilieu geprägten Raster, in dem zu einer intakten Familie die Triade aus Vater, Mutter und Kind gehört.

Die offensichtliche Diskrepanz zwischen eigenem und fremdem Erleben der gleichen Situation – Entwicklung des Sohnes aus der Perspektive seiner Lehrer, eigene Überzeugung – wird nicht zum Anlass genommen, den vermeintlich fehlenden Vater zum Gegenstand einer Erörterung mit dem Sohn zu machen. Für sie ist der achtjährige Junge viel zu klein Konflikte auszutragen. Ihre Beziehung stelle sich eher als Mutter-Kind-Verhältnis dar, in dem man sich spürt, statt über alles zu reden. Direkt auf die Beziehung angesprochen vermag Florence H. erst nach einer längeren Pause und dann sehr zögerlich auf die Beschreibung dieses Verhältnisses einzugehen. Dabei wird deutlich, wie gegenseitiges gefühlsmäßiges Verstehen kombiniert mit Beweisen körperlicher Nähe jede Notwendigkeit von Kommunikation zu ersetzen vermag und anscheinend von beiden Seiten als Zeichen der Verbundenheit akzeptiert werden kann. Die positive Entwicklung des Sohnes seit dem Weggang des Vaters spricht auch dafür, dass eine fehlende verbale Problematisierung nichts Neues für ihn darstellt, er im Gegenteil den Wegfall der unterschwelligen Spannungen positiv erlebt und mit der Art der Beziehung zwischen sich und der Mutter zurechtkommt. Zwischen den Erwachsenen scheint diese Art der schweigenden Kommunikation nur am Anfang der Beziehung als ausreichend empfunden worden zu sein. Der im Raum stehenden Erwartungshaltung von Florence H., der Partner möge in irgendeiner positiven Ausdrucksform auf ihre Schwierigkeiten eingehen, setzt der Mann ständige Kritik und Herunterspielen der Ereignisse bis zur Banalität entgegen, ein Ausdruck *tragischen Versagen(s) der Intimität (Tannen, Deborah; 1986/ 1992: 208)*. Die Interviewte ihrerseits vermag nicht ihm ihre Probleme nicht konkret zu benennen oder ihn zum bloßen Zuhören, statt zur Stellungnahme aufzufordern. Die Erfahrung hat ihr gezeigt, dass ihre beiderseits konträren Sprachstile eher weitere potentielle Missverständnisse hervorrufen, die die Distanz zwischen den Beteiligten eher vergrößern und ihr das Gefühl vermitteln, endgültig vom Partner bestimmt zu werden. So plätschert ihre Unterhaltung dahin; gegenseitige Verletzungen, akkumulierende Missverständnisse wechseln sich, unterbrochen durch eine von beiden Seiten praktizierte abwartende Haltung ab, bis die Gespräche versiegen oder durch Kritik ersetzt werden und damit ein neuer Kreislauf in Gang gesetzt, ein neuer Rahmen[78] gefüllt wird.

Es liegt die Vermutung nahe, dass die Partnerschaft von Florence H. nicht nur an der materialistischen Grundhaltung des Partners gescheitert ist, sondern am gegenseitigen Kommunikationsverhalten bzw. der fehlenden Kenntnis von Interaktions- und Kommunikationsstrategien. Rede und Gegenrede definieren in ihrer Partnerschaft eher die Beziehung an sich, statt *Inhaltsaspekte* zu verhandeln, 'denen die Funktion der Datenübermittlung zufallen sollte, wohingegen das Verständnis um die Daten, ihre Übermittlung, eher vom Beziehungsaspekt wahrgenommen wird` *(vgl. Watzlawick/ Beavin/ Jackson; 1967/ 1993: 55). Dies macht ihre Interaktion zu einer Ja-nein-ja-nein-ja-nein-Oszillation, die theoretisch ad infinitum andauern kann, praktisch aber fast unweigerlich zu den typischen gegenseitigen Vorwürfen... führt (ibid: 59)*, alles insgesamt Kennzeichen einer gestörten Beziehung. Dass die Ehe scheitert, ist so gesehen nicht ver-

---

[78] Erstmals verwendete Bateson (1972) die Begriffe 'Metakommunikation` und 'Rahmen`; zwei Jahre später griff Goffmann (1974) diese Kombination auf.

wunderlich, scheint es über die gestörten Beziehungszeichen hinaus auch eine Folge gegenseitiger Missverständnisse und nicht rechtzeitig verdeutlichter gegenseitiger Erwartungshaltungen zu geben, die eventuell auf einem nicht ernst nehmen des Anderen beruhen. So verharren die Beteiligten nicht nur in einer ungeklärten Beziehung an sich, sondern sind sich auch auf der Inhaltsstufe ihrer stattfindenden Auseinandersetzungen uneins, beides Komponenten, die *die Tragfähigkeit der Beziehung ernsthaft gefährde(t)n (ibid: 81).*

In der Herkunftsfamilie des Mannes haben vermutlich ähnliche Handlungsmuster des Vaters Rückzug und Genießen des übrig gebliebenen Freiraums zur Folge gehabt; hierauf deutet die freiwillige Unterordnung des Vaters unter die Mutter, aber vor allem der in dem Zusammenhang mit dieser Abhängigkeit gekoppelte und sich widersprechende Freiraum des Familienvaters hin. In der Familie von Florence H. - soweit lässt sich zumindest aus dem heutigen Verhalten der Mutter schließen -, wird der Beziehungsaspekt zwischen Mutter und Tochter nicht permanent wieder in Frage gestellt, sondern in einem für beide akzeptablen Rahmen Inhalte verhandelt. Die Handlungsstruktur der Mutter bestätigt diese These: sie unterstützt ihre Tochter emotional uneingeschränkt, solange es nicht um Eheprobleme geht, bei denen offensichtlich die Erinnerung an die eigene Betroffenheit zu sehr in den Vordergrund rückt.

Ein weiteres sowohl gendertypisches wie milieugeprägtes Ablaufmuster der Kommunikation zeigt sich darin, dass während der gesamten Ehezeit zwar ganz tief im Verborgenen der Wunsch bestanden hat, mit einem Menschen über ihre Eheprobleme zu reden, die sehr introvertierte Interviewte jedoch niemandem verbal diesen Wunsch nahegebracht hat. Das Motto ihrer gesamten Lebenseinstellung scheint von der Vorstellung getragen, die Abläufe des Lebens ergäben sich quasi von selbst, so wie sich ihr Beruf an ihre Schulzeit angeschlossen, sie sich scheinbar ins gesellschaftliche System integriert und mit diesem arrangiert hat. Lediglich mit einer nicht näher beschriebenen, engen Freundin hat sie am Rande hin und wieder ihre partnerschaftlichen Probleme erörtert. Ihre psychische Befindlichkeit als Arbeitslose war niemals Gesprächsgegenstand selbstinitiierter Erörterungen – zumindest legt das die prompte Verneinung auf die direkt darauf bezogene Frage nahe. Stockend, mit Füllwörtern arbeitend und auch hier immer wieder neue Satzanfänge konstruierend scheint sie nach einer Ausflucht zu suchen, bis sie sich endlich entschließt, diesen Komplex kurz und knapp zusammenzufassen: auftretende intrapersonelle „Probleme verdrängen und in sich reinfressen", gleichzeitig unter allen Umständen eine äußere Harmonie für die Mitbeteiligten herstellen oder wahren. Nachdem ihr dies genauso misslungen ist, wie den Partner zu Gesprächen über Differenzen zu animieren, erklärt sich ihre Gespaltenheit gegenüber ihrer heutigen Situation: obgleich die Ehe scheiterte, ist es Florence H. nun, nach rund drei Monaten der endgültigen Trennung der Partner teilweise möglich, ihre eigenen Erfahrungen gedanklich zu kanalisieren, ihnen eigenständig Sachverhalte zuzuordnen, denen sie bewusst Aufmerksamkeit zuweist. Darüber hinaus kann sie verhindern, dass die jahrelang aufgeschichtete Erfahrung, in denen den Geschehnissen und Dingen keine selektive Aufmerksamkeiten zugewiesen wurden und im Chaos endeten zu sehr in den Vordergrund ihres Daseins rücken. Denn *jeder intentionale Akt erfordert Aufmerksamkeit..., und daher ist es angemessen, sich Aufmerksamkeit als psychische Energie vorzustellen die Handlungsstrukturen erzeugt (Csikszentmihalyi/ Rochberg-Halton; 1981/ 1989: 24-25). Ein dyadisches System beruht auf der Kongruenz des Bewusstseins zweier Personen. Je ähnlicher die Aufmerksamkeitsstrukturen der beiden sind, desto stärker die Dyade (ibid: 26)*. In der Vergangenheit hat Florence H. in partnerschaftlichen Interaktionen Items mit ihrem Ex-Ehemann erlebt, die sich nicht nur der *Aufmerksamkeitsstruktur* des jeweiligen Gegenübers entziehen, sondern darüber hinaus vom anderen eher als fremde Außenwelt-Ordnungsitems wahrgenommen werden, da sie keinerlei positives Feedback hervorbringen und dadurch eher Florence H´s Entwicklungspotential hemmen, statt es zu fördern. Der Weggang des Ehemannes hat auf diese Weise die Beseitigung der die Persönlichkeit hemmenden Potentiale bzw. die Aufhebung der *aktuellen Performanz*[79] zur Folge. Florence H. selber kann zwar nicht ganz nachvollziehen, warum sie sich nun freier fühlt, ahnt jedoch wohl, dass mit der Aufhebung dieses psychischen Konfliktes gleichzeitig auch der Kontrollverlust über ihr Lebenspotential endet. Selbst die Einflüsse der Umwelt werden wieder bewusst

---

[79] Cicourel versteht darunter „die Transformation von verbalen und nichtverbalen Materialien in Instruktionen, durch die sich die Mitglieder einer sozialen Gruppierung gegenseitig auf die zu leistenden Handlungen programmieren". *Cicourel, Aaron; 1973/ 1975: 65.*

Teil II
4. Partnerschaftliche Interaktionsprozesse

aufgenommen und über den wiedergefundenen Zustand der inneren Harmonie lässt sich jetzt ihre psychische Energie zielorientiert *einsetzen (vgl. Csikszentmihalyi/ Rochberg-Halton; 1981/ 1989: 26-9)*. Die Erfahrung einer missglückten interkulturellen Kommunikation mit dem Partner ist beendet und wird ersetzt durch den Wunsch, diese Jahre aufzuarbeiten.

Die Mütter und die Väter

Dieses Bedürfnis nach Aufarbeitung der letzten Jahre, ihre Suche nach Erklärungen für das Scheitern ihrer Ehe lässt sich durch das gesamte Interview verfolgen. Hierbei begnügt sich die Interviewte nicht mit der Aufzählung von durch sie wahrgenommenen partnerschaftlichen Interaktionen, sondern sie verbindet das Geschehene mit darauf folgenden Reaktionen, wobei die eigene Betroffenheit bisweilen nur indirekt durchscheint wie etwa bei der dargestellten Position von Vätern.

Über ihren eigenen Vater berichtet sie außer der Tatsache der Ehescheidung der Eltern nichts weiteres. Es gibt keine Bruchstücke von Erinnerungen, keine Erlebnisse oder Verbindungen irgendwelcher Art, die ihre im Verlauf des Interviews einer Erwähnung wert erscheinen.

Mit der Mutter hat sie nach eigenen Schilderungen immer noch einen guten Kontakt. Diese – so darf anhand der heute noch regelmäßig gepflegten Beziehung zur Mutter vermutet werden - hat schon bei der eigenen Scheidung als *Flexibilitätsressource (vgl. Herlth, Alois; 1989: 533-554)* ihrer Kinder fungiert und das Ausmaß familialer Kohäsion bestimmt. Wenn es um die Bewältigung globaler oder alltäglicher Schwierigkeiten geht, vermittelt die Mutter die tiefe innere Sicherheit, von ihr aufgefangen zu werden: Dieser Auffangmechanismus scheint allerdings zu versagen, sobald die Probleme den Charakter der *Allgemeingültigkeit* verlassen – vor allem dann, wenn es um partnerschaftliche Auseinandersetzungen zwischen Tochter und Schwiegersohn geht. In eine derartigen Konflikt wünscht die Mutter nicht erneut hineingezogen werden, vielleicht weil sie noch mit den belastenden Nachwirkungen der eigenen Scheidung zu kämpfen hat *(vgl. Amato/ Keith; 1991: 43-58)*. Da weder etwas Konkretes über die eventuelle Dramatik der elterlichen Scheidung, noch etwas über die damalige Persönlichkeitsstruktur der Mutter bekannt ist, kann über die Auswirkung der elterlichen Scheidung nur spekuliert werden. Während Florence H´s Mut zum Neuanfang nach der Trennung der Partner gegen die These von einer beschädigten Persönlichkeit spricht, unterstützt das Totschweigen des Vaters, aber auch ihre immer wieder unternommenen Versuche die eigene Ehe doch noch zu retten, erstere Vermutung[80].

Eindeutiger als in der eigenen Familie sind die Beziehungsgeflechte der Partnerfamilie. Seine Eltern werden als sehr streng vorgestellt, wobei die ehemalige Schwiegermutter mit ihrem Einfluss auf die übrigen Familienmitglieder dominiert. Sehr früh war Florence H. bewusst, dass bei Differenzen zwischen Mutter und Schwiegertochter, der Partner auf seiten seiner Mutter stand. Insgesamt scheint das Verhältnis Schwiegertochter/ Schwiegermutter äußerst angespannt gewesen zu sein, denn noch nach der Trennung der Partner, z. Zt. des Interviews, stöhnt Florence H. bei dem Gedanken an ihre ehemalige Schwiegermutter auf. Schließlich war sie es, der als Vermittlerin von Werten innerhalb der Familie die Einstellung des Partners von Geben und Nehmen zuzuschreiben ist. Während der Partner die Behauptung der Mutter internalisiert zu haben scheint, sie gäbe immer so sehr viel her, betrachtet Florence H. die Realität aus einem anderen Blickwinkel. Sie glaubt danach eher, dass ein Mensch, der dauernd vom Geben redet, dies in Wirklichkeit vermeidet. Als Beispiel dient ihr der vorgestreckte Betrag für den Kauf eines Trabbis, der den Schwiegereltern auf „Heller und Pfennig zurückgezahlt" werden musste. Eigentlich findet Florence H., müssen Eltern Kindern nicht alles schenken, doch in der damaligen Situation hätte sie sich selbst über einen kleinen Zahlungsnachlass gefreut.

Wenn sie dann einmal ein Geschenk erhalten hat, waren dies ausschließlich nützliche Dinge für den Haushalt, niemals persönliche Geschenke, einmal eine gebrauchte Pfanne; insgesamt gesehen „altes Zeug, Müll", den sie zu Hause dann entsorgt hätte. Die fast verständnislose Reaktion von Florence H. auf diese Art der Geschenkauswahl lässt darauf schließen, dass in ihrem Elternhaus anders mit Geschenken umgegangen wurde und wird, und dass die Vorgehensweise der Schwiegereltern für sie nicht nachvollziehbare fremde Handlun-

---

[80] vgl. im Zusammenhang mit Krisenbewältigung auch: *Herlth; 1994.*

gen sind. Eine derart rigide ausgeprägte materielle Sicherheitsorientierung deutet auf eine Verortung des Partners in den partikularistischen Wirkungsbereich einer Bevölkerungsschicht hin, die entweder längere Zeit über wenig finanzielle Ressourcen verfügte, oder bei der der *Haben-Faktor* exzessiv ausgeprägt ist. Der Partner, mit derartiger Auswahl von niemals persönlichen Geschenken vertraut, freute sich über alles und jedes, wohl aber kaum über die anschließend zu Hause stattfindenden Vernichtungsaktionen. *Status und Position*[81] oder treffender seine *soziale Rolle* ermöglichen ihm kein Hinterfragen, denn seine Individualität hat sich in der Herkunftsfamilie aus dem Wechselspiel zwischen *Ich und Anderem* gebildet[82] und verhindert so das Wahrnehmen der Betroffenheit seiner Ehefrau von dieser Praxis. Er ist vielmehr verletzt über die geringe Wertschätzung, die seine Frau Geschenken der von ihm bewunderten Mutter entgegen bringt, Florence H. dagegen ist empört und betroffen über die Art der Geschenke an sich. Da offensichtlich jeglicher kommunikative Austausch der Gefühle über diese Abläufe fehlt, initiieren sie immer wieder neue, eigene kleine Kreisläufe gegenseitiger Verletzungen. Zurück bleibt die Vermutung, dass der Partner durch seine Erziehung ausschließlich materiell orientiert ist, dies seine ausgeprägteste Charaktereigenschaft darstellt, und er allem Materiellen erst einmal positiv gegenübersteht, ohne die psychischen Verletzungen anderer, die durch diese materielle Überbetonung eventuell entstehen zu bemerken.

Seine Forderung gegenüber der Ehefrau auch während eines Babyjahres und in der Arbeitslosigkeit genügend Geld nach Hause zu bringen und den Fortbestand der Ehe von der Erfüllung dieses Anspruches abhängig zu machen, unterstreicht seine außerordentliche materielle Ausrichtung.

Mit dem Hintergrund abweichender Sozialisation reagieren die Partner völlig konträr, bemerken Differenzen, finden aber keine Möglichkeit, dem anderen die eigene Sicht der gegenseitigen Verletzungen darzulegen.

---

[81] Ute Gerhardt führt in ihrer Rollenanalyse an, dass „Status und Position .. synonyme Begriffe für die strukturelle Platzierung von Rollen" sind und dass Gross, et. al., Dahrendorf und Popitz auf den Statusbegriff in diesem Zusammenhang gänzlich verzichten. Gerhardt, Uta; 1971: 175.

[82] u. a. mit dieser Überlegung begründete George H. Mead ein Thema, welches als Symbolischer Interaktionismus in die phänomenologisch orientierte Soziologie einging und die durch `Study of man` von Ralph Linton 1936 Verbreitung fand.

Einen weiteren Charakterzug des Partners, deren Grundstein Florence H. von ihrer Schwiegermutter gelegt sieht, ist sein Sauberkeitsdrang, unter dem sie besonders in Zeiten ihrer Arbeitslosigkeit leidet und wozu tägliches Reinigen der gesamten Wohnung, aber auch regelmäßiges Polieren aller Möbel gehört. Gerade diese herkunftsbedingten Charaktereigenschaften, aber auch der permanente Vergleich des Partners von Mutter und Ehefrau mit dem Ziel, letztere nach dem Bild der eigenen Mutter zu formen sind es, die Florence H. als Problem ihrer gescheiterten Beziehung ausmacht.

Der Partner hat in seiner Kindheit offenbar eine sehr dominante, von ihm bewunderte Mutter und einen Vater erlebt, der nichts zu sagen hatte, der „schweigen muss, wenn die Mutter redet". Kommunikation als Ausdruck von Rede und Schweigen, statt Berücksichtigung der persönlichen Rechte des anderen, der Verletzlichkeit aller Beteiligten am kommunikativen Prozess *(vgl. Heilmann, Christa, M.; 1993: 73)*. Für die Rolle der Mutter dokumentiert dies die Unwissenheit darüber, dass für den Fortgang des kommunikativen Prozesses nicht nur Sprache entscheidend ist, sondern ebenso ein Einfühlungsvermögen, mit dem das Maß der Verletzungen aller Beteiligten begrenzt und ihre persönlichen Rechte gewahrt werden.

Der Vater gilt in der Familie des Mannes als ein Mensch, der so mitläuft, dem aber dadurch scheinbar als Ausgleich ein relativ großer Freiraum für seine Freizeit zugestanden wird. Diesen in seiner Herkunftsfamilie erlebten Freiraum beansprucht der Partner nun auch für sich. Dies verbindet er mit der Erwartung an seine Frau, dass sie sich um alle Arbeiten, die im Alltag anfallen, kümmert. Da er schon zu Beginn der Ehe kein weiteres Kind wollte, fällt Florence H. daher auch grundsätzlich jegliche Arbeit im Zusammenhang mit der Versorgung und Erziehung des Sohnes zu. Er stattdessen übernimmt, allerdings ohne Absprache, - und wie noch darzustellen sein wird, stark zu seinem Vorteil – die Aufgabe der finanziellen Absicherung der Familie, auf deren Eigennutz im kommenden Kapitel eingegangen werden soll.

Das Konträre der Charaktere beider Partner lässt sich zusammenfassen mit - er `Haben´, sie `Sein´ *(vgl. Fromm; 1976/ 1981: 35)*. Während bei ihr die Lebenssicherheit bisher auf dem Motto <*ich bin der ich bin (ibid: 109)*> beruhte, definiert sich der Partner über die *Besitzstruktur*.

Der Partner

Diese beim Partner sehr prägnante Ausbildung des Faktors 'Haben' wird im Interview am ehesten in den Situationsbeschreibungen von Florence H. deutlich. Die Partnerschaft nimmt ihren Anfang in dem Ausbildungsunternehmen und gleichzeitig der ersten Arbeitsstätte der Interviewten, zu einem Zeitpunkt, als beide denselben Beruf ausüben. Während – wie schon beschrieben – Florence H. trotz Scheidung ihrer Eltern umsorgt von der Mutter aufwächst und sich wie selbstverständlich mit den Gegebenheiten der ehemaligen DDR zu arrangiert, leidet der Partner anscheinend sowohl unter dem aufoktruierten Konsumverzicht des politischen Systems, wie auch unter dem ebenso ausgeprägten Verzicht in seinem Elternhaus. Hier entwickelt sich seine Identität.. im Bezug zu den Identitäten anderer Mitglieder seiner gesellschaftlichen Gruppe *(Mead, George, Herbert; 1934/ 1995: 206)*. Mit den grundsätzlichen gesellschaftspolitischen Leitlinien scheint er sich nur aufgrund seiner realistischen Einschätzung der Unmöglichkeit einer Veränderung zu arrangieren; wobei als das Fügen in einen allgemeinen Konsumverzicht noch nicht so schwer wiegt wie der Verzicht auf Statussymbole, die ihm durch das Westfernsehen vorgeführt werden. Diese Abstinenz kann und will der Partner nicht üben und erwägt daher aus der Gesellschaft, in die er hineingeboren wurde, auszuscheren und baldmöglichst in den Westen überzusiedeln.

Die These, das Verhältnis des einzelnen Organismus zum gesellschaftlichen Ganzen, dessen Teil er ist, ist der Beziehung der einzelnen Zelle zum vielzelligen Organismus analog *(ibid: 207, Am. 9)*, kommt hier insoweit zum Tragen, als sich der Partner von einem System ab- und einem anderen erst einmal gedanklich zuwendet. Bis zur Umsetzung seiner Ziele gilt es, sich zu arrangieren, sowohl mit seiner Ehefrau, als auch mit den sonstigen Lebensumständen, denn bei dem Gemeinschaftssubjektkreis in uns handelt es sich darum, dass ein bestimmter Kreis unserer Lebenserfahrungen nicht unseren allerpersönlichsten Konjunktionen mit Dingen und Menschen entspricht – also nicht auf.. momentan bedingten Erfahrungsraum bezogen ist,.. sondern dass gewisse, in unserem Bewusstsein aktualisierte Erfahrungen ihren Sinn aus ihrer Bezogenheit auf einen bestimmten von einer Gemeinschaft getragenen Erfahrungszusammen-

Teil II
4. Partnerschaftliche Interaktionsprozesse

hang erhalten. Diesen Typus von Erfahrungen schöpfen wir nicht aus uns selbst, sondern aus der Gemeinschaft, in der wir leben *(Mannheim, Karl; 1980: 241)*. Für den einmal geweckten Wunsch des Partners nach Besitz von Statussymbolen und nach einem insgesamt besseren Leben im Westen bedeutet dies die permanente Präsenz bis hin zum Anankasmus derselben. Später, als sich mit der Wiedervereinigung beider deutscher Staaten der physische Vollzug realisieren lässt, wird parallel mit der Hinwendung zum bisher real nur unvollkommen kennengelernten neuen gesellschaftlichen System auch eine neue persönliche Bindung an einen Menschen vollzogen. Zu welchem Zeitpunkt die gesamte Veränderung dieses strukturellen Prozesses geplant war, bleibt im Ungewissen, da lediglich Vermutungen über die Hintergründe, in den Raum gestellt durch seine interviewte Ex-Ehefrau, vorliegen.

In der chronologischen Rekapitulation der Geschehnisse helfen die vorgenannten Überlegungen das Verhalten des Partners in der Ehe zu erklären. Nach der Heirat mit Florence H. kommt ihm die politische Forderung des Staates nach der Berufstätigkeit beider Partner gerade recht, denn nur ein doppeltes Einkommen bringt ihn seinen Zielen näher. Konsequenter Weise fordert er von seiner Frau schon zu Beginn der Partnerschaft, ihrerseits einen paritätischen Beitrag zum Lebensunterhalt der Familie zu leisten. Dies bereitet in den ersten Jahren der Ehe aufgrund der damals noch bestehenden Übereinstimmung der Partnerberufe keine Schwierigkeit. Die festzustellende Differenz im Auszahlungsbetrag der Gehälter stellt der Partner erst nach der Wiedervereinigung - unter Ausnutzung seiner steuerlichen Kenntnisse -, durch die Wahl der Steuerklassen her. Angesichts der vom Ehemann bestimmten Wertigkeiten, die er anhand der finanziellen Erträge, die der einzelne in der Lage ist einzubringen, festlegt, eine nicht ganz unwichtige Komponente, besonders im Hinblick auf die Anerkennung seiner Ehefrau als gleichberechtigten Part in der Ehe. Florence H. erhält grundsätzlich Steuerklasse V, der Ehemann immer die Steuerklasse III, wobei der Differenzbetrag theoretisch durch einen gemeinsam veranlagten Lohnsteuerjahresausgleich ausgeglichen werden könnte. Florence H., der einerseits die monetäre Verteilung unwichtig ist, die andererseits außerdem ihrem Mann vertraut, erfährt von der Möglichkeit freier Wahl der Steuerklassen und einem Ausgleich der steuerlich gemeinsam veranlagenden Eheleute über einen

Lohnsteuerjahresausgleich erst, als sie an einer Umschulung zur kaufmännischen Fachkraft teilnimmt. Offenbar hat der Ehemann es über Jahre hin verstanden, ihr diese gesetzlich durchaus nicht vorgeschriebene Festlegung der Steuerklassen als vorgegeben zu vermitteln. Für sich wählt er die Steuerklasse mit geringeren Abzügen, sieht jedoch anscheinend nicht den dadurch gewonnenen finanziellen Vorteil als ihm nur hälftig zustehend an, sondern beansprucht sein Gehalt für seine Ausgaben, sodass die Ehe allein unter dem finanziellen Gesichtspunkt betrachtet, zu einem für ihn lohnenden Geschäft wird. Florence H. muss ihrerseits sehen, wie sie ausschließlich mit ihrem Gehalt die Kosten der Haushaltsführung, die der Ehemann festlegt; bestreitet. Erst mit der Zeit wird ihr dieses „Materielle" des Mannes suspekt.

Als sich im Zuge der Wiedervereinigung beider deutscher Staaten die Grenzen öffnen, realisiert der Partner seine Vorstellungen und arbeitet die Woche über im Westteil von A-Stadt. Aus dem dadurch erzielten höheren Einkommen hat Florence H. keinen Vorteil. Sie wohnt mit ihrem inzwischen einjährigen Sohn weiterhin in der gemeinsamen Wohnung im Ostteil von A-Stadt, sodass sie sich am Ende des Babyjahres nicht nur auf die Veränderungen am Arbeitsplatz einstellen, sondern sich darüber hinaus auch allein um die Versorgung des Kindes und um die Erledigung des Haushaltes kümmern muss, da der Partner nur an den Wochenenden nach Hause zurückkehrt.

Auch im Kontext mit Florence H´s Umschulung zur Großhandelskauffrau wird die außergewöhnlich starke materielle Orientierung des Ehemannes deutlich. Während sie im Interview sehr stolz über den erfolgreichen Abschluss berichtet, beschreibt sie die Reaktion des Mannes auf diese Leistung als äußerst gleichgültig. Ihm gilt zu dieser Zeit als einziges Bewertungskriterium die positive Beantwortung der Frage, ob die Ehefrau zukünftig endlich wieder mehr Geld in Haus bringt.

Mit der Zeit ist es nicht mehr alleine die diesbezügliche Erwartungshaltung des Ehemannes, die bei Florence H. das Gefühl hervorruft ihr Wert als Person steige und falle mit dem Betrag, den sie als Lohn oder Gehalt nach Hause bringt. Deutlich nachhaltiger scheint sich bei ihr als Folge dessen ein nicht kompensierbares Minderwertigkeitsgefühl festzusetzen, das sie in ihren Aktivitäten lähmt und genau das Gegenteil von dem bewirkt, was der Partner bezweckt.

Florence H. fühlt sich wertlos und von der Wohltat des finanziellen Unterhalts durch den Partner abhängig, wenngleich sich sein Entgegenkommen einzig auf seine Zustimmung zur Umschulung beschränkt. Gleichzeitig glaubt sich Florence H. ihm verpflichtet, glaubt beweisen zu müssen, den zweijährigen monetären „Verzicht" verdient zu haben. Rat und Hilfe des Partners, deren sie während dieser Zeit bedurft hätte, erfährt sie nicht. Stattdessen erteilt er Anweisungen oder äußert sich allenfalls in Allgemeinplätzen wie dem, dass jeder seine Probleme habe und nur was daraus machen müsse. Vor allem in der Zeit der Umschulung, als sie Aushandlungs- und Kommunikationsprozessen mit Gleichgestellten unterliegt, nimmt sie die negative Beeinflussung durch den Partner wahr. Manchmal glaubt sie, auch den Ursprung ihrer Gedanken über die eigene Minderwertigkeit zu erkennen, die hauptsächlich durch das respektlose Verhalten des Partners hervorgerufen werden und etwa dann entstehen, wenn sie im Beisein von Fremden „runtergemacht" wird.

Sehr scharf konkludiert sie, sich nach Jahren der Demütigung manchmal auch entsprechend zu verhalten, nämlich als Mensch, dem nichts zuzutrauen ist, der den Alltag nicht in der Lage ist zu bewältigen. Sie wechselt im Bericht über auf das allgemeine „man", scheint vom Automatismus - hervorgerufen durch den Partner – betroffen zu sein und fühlt sich als Mensch zweiter Klasse. Selbst die nicht zustande gekommenen Gemeinsamkeiten schreibt sie sich selbst zu, indem sie immer wieder einen Bezug herstellt zwischen der Weigerung zum Geschlechtsverkehr, zwischen Intimitäten und Gemeinsamkeiten.

Der wohl häufigste Stein des Anstoßes liegt jedoch in der Erledigung anfallender Hausarbeiten. Allmählich beginnt der Partner mit Nachbesserungen, putzt hinter Florence H. her, bis er schließlich alle Putzarbeiten im Hause übernimmt, nicht ohne in regelmäßigen Abständen klarzustellen, dass dies eigentlich ein originäres Arbeitsgebiet der Frau im Haus sei, sie, Florence H., aber anscheinend nicht in der Lage wäre, dies ordentlich zu erledigen. Sie ihrerseits sieht als Ursache seiner Aktivitäten seinem an Fanatismus grenzenden Sauberkeitsdrang und die Ansicht, dass die Erledigung durch sie doch niemals recht gewesen sei. Ihre Reaktion beschränkt sich auf gewähren lassen. In der Zeit seiner häuslichen Aktivitäten flieht sie aus der Wohnung, da es dann dort für sie nicht auszuhalten ist.

Im Grunde genommen gibt es keine klaren Absprachen über die Erledigung häuslicher Arbeiten. Agiert wird stattdessen mit Stimmungsbildern, die mittels Schimpfkanonaden und demonstrativ übler Laune ein schlechtes Gewissen erzeugen. Wahrscheinlich fühlen sich beide Beteiligte bei dieser Art der stillen Kommunikation schlecht, als Person unverstanden und in ihrer Wertschätzung durch den anderen herabgesetzt - eine denkbar schlechte Ausgangslage zur Konfliktbeseitigung. Auf diese Weise haben sich die letzten Jahre der Beziehung dahingeschleppt, hat eine Krise die nächste abgelöst.

Ungeachtet dieser Krisen hat sich während der langen Ehezeit das Negativbild des Partners von seiner Frau auch bei ihr verfestigt und in einer Weise etabliert, dass sie sich für ihre Arbeitslosigkeit und deren negative Auswirkungen nicht schuldlos hält. Dieser verhaltenseinschränkende Einfluss verstärkt den Druck auf sie, löst ähnlich wie in Gruppenprozessen Handlungshemmungen aus *(vgl. McGrath; 1964)*. Irgendwann erreicht sie den Zustand, tief im Innern von ihrer eigenen Unfähigkeit überzeugt zu sein, so dass es ihr auch zum Zeitpunkt des Interviews noch nicht wieder gelingt, die durch die Trennung der Partner eröffnete Chance zur eigenen Lebensgestaltung zu nutzen.

Auch der Partner, glaubt sie, hat die Trennung nicht als Möglichkeit zum Neuanfang wahrgenommen, kann gar nicht alleine leben und hat darum lediglich die Frau ausgewechselt. Sein Selbstbewusstsein scheint ebenso wie ihres nicht voll entwickelt und muss sich darum in einer neuen Beziehung beweisen. Vielleicht, so vermutet Florence H., hat er sich nur zu einer anderen Frau geflüchtet, klammert sich an dieser fest, um von ihr loszukommen. Sie selber jedenfalls stellt fest, den Prozess der Loslösung ungeachtet der inzwischen verflossenen drei Monate seit der Trennung noch nicht vollständig verarbeitet zu haben. Immerhin kann sie inzwischen über ihren Ex-Ehemann reden, sich über seine ausgeprägte Einstellung zum Geld, über seinen Egoismus, alles für sich allein haben und ansonsten in Ruhe gelassen werden zu wollen äußern - und sie bezeichnet dies als ersten Schritt der Aufarbeitung.

Florence H. schildert, wie das Leben ihres Ex-Ehemannes aus *Erleben* (Mead) und *Handeln auf das Erleben* (Luhmann) mit der ihr zugedachten Rolle als Statistin abläuft. Parallelitäten mit der dargestellten Lebensgestaltung seines Vaters drängen sich auf und erhärten die Vermutung von Florence H., der Partner habe sie nach dem Vorbild seiner Mutter formen wollen, um dann innerhalb der Beziehung eine ähnliche Stellung wie der Vater, aber auch den dominanten Part der Mutter einnehmen zu können – eine Haltung, die schon vor der Geburt des gemeinsamen Kindes zu ersten Spannungen unter den Eheleuten geführt hatte.

Bilanzierungskonzept der Partnerschaft

Eigentlich, so rekapituliert Florence H., wisse sie nicht recht, warum die Ehe in eine Krise geriet, meint allerdings unmittelbar anschließend, dass beide Partner zu gleichen Teilen als Auslöser dazu beigetragen haben. Durch *sekundäre Legitimationen* versucht sie, beiden Betroffenen gerecht zu werden, zählt auf, was der Beitrag jedes der Partner gewesen sein könnte und verdeutlicht ungewollt das sinnimmanente *Defizit primärer Legitimationspotentiale (vgl. Schütze, Fritz; 1977: 54)* für eine Vor-Herrschaft.

Vor allem sind es die Auseinandersetzungen zwischen den Eheleuten nach der Geburt des Kindes, die einen tiefen Graben in das Zusammenleben geschlagen haben. Statt diese Tatsache von sich wegzuschieben oder den Schuldigen für Art und Umfang der Krise in ihrem Ex-Ehemann auszumachen, versucht sie die Beweggründe beider Partner zu schildern und berichtet davon, wie sie sich etwa ein Jahr nach der Geburt des Sohnes total überfordert fühlte und außerstande sah, mit ihrem Mann sexuellen Verkehr zu haben.

Nur ganz nebenbei erwähnt Petra W., dass die Partner schon vor der politischen Wende, kurz nach ihrer Eheschließung, von der Möglichkeit einer Eheberatung Gebrauch gemacht haben – wenngleich ohne Erfolg, weil der Mann aus dem Beratungsprozess ausscherte und damit die Chance einer Veränderung der Partnerbeziehung zunichte wurde. Die denkbare Konklusion, deshalb den Mann für das spätere Scheitern der Ehe verantwortlich zu machen, unterbleibt. Stattdessen benennt Florence H. andere Krisenauslöser: es sind die Umstände, in erster Linie der gesellschaftlich vorgesehene Verzicht auf Statussymbole und Konsumartikel, der zur Westorientierung des Partners und seiner Vorstellung, im Westen ein leichteres Leben haben zu können, führt.

Wie sehr Florence H. diese Wertvorstellung verletzt, wird durch ihre stark sinkende Intonation im Interview deutlich, muss sie doch erkennen, dass der Wunsch nach Konsumartikeln einen wesentlich höheren Stellenwert auf der Werteskala des Partners einnimmt als das Zusammenleben mit ihr. So schmerzhaft sicher der Verlust eigener Wertigkeit auf der Skala des Partners für Florence H. ist, der damit einhergehende schleichende Prozess des Empfindens von Herabwürdigung ihrer Person greift wahrscheinlich noch tiefer in die Persönlichkeitsstruktur ein.

Die Realisierung aller Konsumwünsche stellt sich auch dann noch als utopisch dar, als der Partner eine Arbeit im Westen gefunden hat. Die unerfüllten Wünsche lösen andererseits in immer kürzeren Abständen häusliche Krisen aus. In dieser Situation trifft der Partner seine frühere Verlobte wieder, die inzwischen im Westen lebt und erneuert ihr Verhältnis. Florence H. schweigt über diese Zeit, sodass Auseinandersetzungen unter den Eheleuten nur vermutet werden können. Andererseits kann auch hier ihre Devise ´abwarten und durchhalten` in dem Sinne einer bedingungslosen Permissivität gewesen sein, schließlich kam der Partner, nach Arbeitseinsätzen oder Besuchen im Westen, bisher auch immer wieder zu ihr zurück. Dies wäre in solcher Form auch als eine normenregulierenden Handlung[83] anzusehen, die Auftrieb durch das Fehlen einer nachträglichen Schuldzuweisung an die Adresse der ehemaligen Verlobten erhält. Immer wieder weist Florence H. nur sich selber und ihrem Ex-Mann gemeinsam die Schuld für das Scheitern ihrer Ehe zu, allerdings mit Schilderungen unterschiedlicher Auslöser der Zwistigkeiten.

Manchmal gibt es lediglich zwei Streitpunkte: zum einen das Geld, zum anderen ihre Methoden der Erziehung des Sohnes. Dann wieder erweitert Florence H. die Palette der Reibungspunkte, ohne differenzierter darauf einzugehen. Auffällig sind ihre bereits erwähnten, immer wieder aufgegriffenen anonymen Schuldzuweisungen, bezeichnet als „gesellschaftliche Umstände". Vor allem wird die Konjunkturentwicklung im Westen genannt, die darüber hinaus ein

---

[83] „Auch normenregulierende Handlungen und expressiver Selbstdarstellungen haben, ähnlich wie konstative Sprechhandlungen, den Charakter sinnvoller, in ihrem Kontext verständlicher Äußerungen, die mit einem kritisierbaren Geltungsanspruch verbunden sind". Habermas, Jürgen; 1981: 35.

Scheitern der Ehe zu einem noch früheren Zeitpunkt verhinderte. Es waren gesamtgesellschaftliche Krisen, entschuldigt Florence H. den Partner, die diesen noch zu DDR Zeiten zwei Mal davon abhalten, nach einem Aufenthalt im Westen dort zu bleiben. Diese eher an die Adresse des westlichen Wirtschaftssystems verweisende Schuld, greift Florence H. später unter dem Aspekt der Konsumprägung des Ehemannes erneut auf. Jedes Mal hat sie nicht mit seiner Rückkehr gerechnet. Florence H. unterstreicht diesen Zusammenhang immer wieder, obwohl die Umstände eher den Gegenbeweis für die Argumentationskette von Florence H. liefern. Für sie liefert die jeweilige Rückkehr den schlüssigen Beweis der Schuld der äußeren Umstände, durch die er sich gezwungen sieht, nach Hause zurückzukehren. Jedes Mal nicht nur mit den Bedingungen, denen er sich unterwerfen zu müssen glaubt uneins, sondern unzufrieden mit sich selbst, als demjenigen, der den Absprung nicht wagt und in gesicherte, aber unbefriedigende Verhältnisse zurückkehrt. Bezogen auf Florence H. deuten diese Quasi-Entschuldigungen für das Verhalten des Partners auf eine aktuell sehr starke Desorientierung ihrer Persönlichkeit hin, vielleicht auch – in Ermangelung eines real vorhandenen Vaters in ihrer Jugend und Adoleszenzphase.

Als sich dann die Grenze öffnet, fühlen sich beide frei. Dieses neue Lebensgefühl gestattet für sehr kurze Zeit auch einen Neuanfang in der Ehe und eine Neubewertung des westlichen Systems. Noch im Rückblick wird die politische Wende als äußerst positives Ereignis dargestellt, das zumindest kurzfristig alle partnerschaftlichen Schwierigkeiten zu überdecken in der Lage ist. Die Partner merken, dass sie sich doch noch etwas zu sagen haben, sich noch „brauchen", kommen wieder zusammen, obwohl sie sich erst einmal für ca. ein halbes Jahr nur einmal in der Woche und ansonsten nur an den Wochenenden sehen, denn unmittelbar nach der Grenzöffnung realisiert der Partner seinen Wunsch und arbeitet im Westen. Beide haben nun die Woche über Zeit, Abstand voneinander und Muße zu finden.

Im Interview erfährt dieser Zeitraum unter verschiedenen Gesichtspunkten sehr konträre Wertzuordnungen. Einerseits erinnert sich Florence H. an diese Zeit als „wunderschön und toll". Zum ersten Mal kann sie als Erwachsene ohne Einflussnahme durch Eltern oder Partner über ihre Zeit verfügen. Sie genießt dies, fühlt sich frei und nun auch in der Lage, an den Wochenenden auf den Partner einzugehen. Das Gefühl der räumlichen und personalen Enge verschwindet, macht einem kreativen Freiraum Platz. An anderer Stelle rügt Florence H. demgegenüber, in dieser Zeit mit allem allein fertig werden zu müssen, mit dem Haushalt, der Erziehung des Sohnes und den Veränderungen am Arbeitsplatz. Dann verschlechtern sich die konjunkturellen Verhältnisse im Westen wieder und zwingen den Partner, seine Unterkunft im Westteil von A-Stadt aufzugeben und erneut im Ostteil von A-Stadt einer Beschäftigung nachzugehen. Mit seiner Rückkehr in die immer noch gemeinsame Wohnung kehrt auch der Stress und Ärger zurück.

Dieser weitet sich aus, als Florence H. sich den Strapazen ihres Jobs nicht mehr gewachsen fühlt und kündigt. Nun kann sie erst recht nicht mehr der wichtigsten Forderung des Partners, Geld herbeizuschaffen, entsprechen. Um seinen Ansprüchen langfristig dennoch zu genügen, nimmt sie an einer Umschulung teil, die sie auch mit Erfolg abschließt. Die Haltung des Partners während dieser Zeit scheint abwartend, inwieweit sich seine Vorstellungen in bare Münze umsetzen lassen. Als sich aber genau diese Hoffnung zerschlägt, die Ehefrau nach der Umschulung zunächst erneut arbeitslos ist, beendet er die eheliche Beziehung und zieht unter Mitnahme einiger Gegenstände aus der ehelichen Wohnung zu seiner im Westen lebenden, früheren Verlobten.

Nach dem anfänglichen Schock des Auszuges empfindet Florence H. nun so etwas wie Erleichterung über das Ende dieser Ehe, ihre gewonnene Freiheit für sich als positiv, meint damit endlich unabhängig und autonom zu sein[84]. Auch die psychologisch-physiologische Dauerbeanspruchung, der sie ihre zeitweisen depressiven Tendenzen zuordnet, den psychischen Druck fühlt sie von sich genommen. Und schließlich ist da der *hind-sign-Effekt*, der es dem menschlichen Gehirn gestattet, das Gros negativer Erfahrungen zu löschen und nur die, die zur Plausibilitätsherstellung gewünschter Zusammenhänge dienen, und die erfreulichen Erfahrungen einer Beziehung in Erinnerung zu behalten. Vielleicht

---

[84] Hierin befindet sie sich in guter Gesellschaft mit allen Frauen, die im Rahmen einer Studie über ihre Befindlichkeit nach ihrer Scheidung interviewt wurden. *vgl. Riessman, Catherine Kohler; 1990.*

ist es diese Orientierung, die Florence H. die insgesamt positive Beurteilung der Auflösung der Partnerschaft gestattet.

Bildungsmilieutypisches Verhalten

Wenn Florence H. an die Zeit des Auszuges des Mannes zurückdenkt, werden ihre Bewegungen fahrig. Für sie steht und stand der Wert einer Beziehung immer an erster Stelle; ihr gelten das Streben nach Harmonie und allgemeiner Zufriedenheit sowohl im privaten, wie im beruflichen Kontext als Voraussetzung eigenen Wohlbefindens. Das Scheitern der Ehe ist aufgrund des gleichzeitig missglückten beruflichen Wiedereinstiegs um so einschneidender, als es in der Vorgeschichte ihrer Berufsbiographie direkt nach der Wende schon einmal einen inhaltlichen Bruch gab, als ihr nach dem Erziehungsjahr der Einstieg in einen neuen Beruf zwar glückte, diese Berufsänderung sich allerdings als Bumerang auf ihre weitere berufliche Entwicklung auswirkte. Als 'Angelernte` wird sie nach der Umstrukturierung des Unternehmens vor die Wahl gestellt, dort entweder einen verhassten oder gar keinen Beruf auszuüben. Um des häuslichen Friedens willen, aber auch weil sie erkannt hat, dass die Ausformung individueller Realitätskonzepte ohne die Teilnahme an Arbeitsprozessen nur beschränkt möglich ist *(Heinemeier/ Matthes/ Pawelcik/ Robert; 1981: 172)* unterwirft sie sich, solange es ihr irgend möglich ist, den Forderungen ihres Arbeitgebers und denen des Partners nach Weiterarbeit, bis sie dem Druck nicht mehr standhält, kündigt und damit - zumindest aus der Sicht ihres Ex-Mannes – eigenverantwortlich den Bruch ihrer Berufsbiographie initiiert; einen Bruch, der oft bis zum Ende des Berufslebens nach(wirkt) *(Strehmel, Petra; 1992: 71)*. Völlig auf sich selbst gestellt muss sie sich zumindest psychisch zum zweiten Mal gezwungener Massen der Bewältigung des Alltags stellen, Enaktierungspotentiale entwickeln, Prozesse der Umsetzung der Orientierung im Alltagshandeln initiieren *(Bohnsack, Ralf; 1991/ 1993: 134)* und sich im Verlauf dessen auch mit dem bisher so ungeliebtem Thema Finanzen befassen.

Die längsten Pausen mit den kürzesten Abständen dazwischen legt Florence H. ein, als es darum geht zu schildern, wie sie sich während der Zeit ihrer Arbeitslosigkeit und parallelen Trennung vom Partner fühlt. Mehrmals betont sie explizit, dass sie mit der Arbeitslosigkeit keine Probleme hat, andererseits wählt sie Worte wie „unglücklich" und „Verdrängungsprozess". Die ungewöhnlich vielen Pausen, ihre Wiederholungen und abgebrochenen Gedankengänge verdeutlichen sehr klar die Eingebundenheit Florence H´s in die noch gar nicht so lange zurückliegende Problematik. Obwohl die Trennung der Partner schon vor mehreren Monaten erfolgte, deutet vieles auf die aktuelle Aufarbeitung der Erlebnisse hin. Die äußerlichen Gegebenheiten, die Randbedingungen, - insoweit hat sie ihren Entschluss schon gefasst -, will sie verändern, will eine Arbeit finden, finanziell unabhängig werden. Ihren tief innen sitzenden, menschlichen Verletzungen gestattet sie vorerst noch, nicht sich in den Vordergrund zu schieben oder durch Verbalisierung gar öffentlich zu werden. Erst als sie direkt auf das Problem Arbeitslosigkeit und Erörterungen ihrer Situation während dieser Zeit angesprochen wird, bezieht sie dazu dezidiert Stellung, grenzt den Umfang ein, berichtet, mit Nachbarn darüber gesprochen zu haben, schließt allerdings ihre Gefühle und ihre persönliche Befindlichkeit als *interaktive Dimensionen* aus. Nur reine Formalien behandelt sie: eventuell in Frage kommende Arbeitgeber und die Art der Bewerbungen.

Als die Nachbarn sie daraufhin mit entsprechenden Annoncen versorgen, wagt sie auch Fragen nach eventuell bestehenden Kontakten zu Arbeitgebern zu stellen; dies allerdings nur dann, wenn die innere Dynamik der Gespräche hierauf quasi von selbst zuläuft. Insgesamt gesehen bleibt die Kommunikation mit den Nachbarn an der Oberfläche der äußeren Gegebenheiten, die Florence H. selber nicht instrumentalisiert. Erst als ihr klar wird, dass sie das Schicksal, arbeitslos zu sein, mit vielen anderen Tausenden in ihrem von der Arbeitslosigkeit besonders betroffenen Stadtviertel teilt, scheint ihr die Offenlegung der eigenen Betroffenheit leichter zu fallen.

Anders verhält es sich mit ihrer psychischen Befindlichkeit während dieser Zeit. Die doppelte Betroffenheit oder die Reaktionskette von Arbeitslosigkeit und Bruch der Partnerschaft, alle sehr persönlichen Belange, thematisiert sie vor diesem Interview mit keinem Menschen. Die grundlegenden Orientierungsmuster ihres Herkunftsmilieus und die jahrelang geübte Praxis, abzuwarten bis alles wieder ins Lot kommt, gibt sie auch jetzt nicht auf.

Obwohl sie nach der Trennung Unterhalt von ihrem Ex-Ehemann erhält, weiß Florence H., dass sie mit diesem Geld allein nicht ihren und den Lebensunterhalt des bei ihr lebenden Sohnes bestreiten kann. Dieses Wissen, aber auch die Angst, wenn nicht jetzt, dann vielleicht überhaupt nicht mehr das Alltagsleben zu meistern, scheint ihr die Kraft zu geben, ihre Situation als Arbeitslose beenden zu wollen und gleichzeitig einen Neuanfang zu initiieren, um dadurch auch mit sich selber ins Reine zu kommen. Gleichzeitig gilt es, fast 11 Jahre einer meist unbefriedigend verlaufenen Partnerschaft zu bewältigen und aus eigener Kraft heraus ein Leben ohne Druck eines Partners zu beginnen. Nachdrücklich betont sie etwas leisten zu wollen. Das einzige Hemmnis scheint ihre schlechte psychische Verfassung, nachdem ihr Mann sie vor drei Monaten endgültig verlassen hat, zu sein.

Ihre primäre Orientierung ist, sich erst einmal umzustellen, sich selber wiederzufinden, aber auch Regularien zur eigenen Alltagsbewältigung zu entwickeln. Immerhin glaubt sie sich insoweit wiedergefunden zu haben, als sie sich nun, mit dem ganzen Einsatz ihrer Person um eine neue Anstellung kümmern möchte. Bis zum Tag des Interviews hat sich Florence H. eher gedanklich mit einer Bewerbung auseinandergesetzt, als diese aktiv und konkret in die Wege geleitet.

Schon einmal hat sie in ihrem Leben hautnah nachvollziehen können, wie eine Scheidung abläuft, wie das Leben mit Kind(ern) alleine gemeistert werden muss. An keiner Stelle im Interview werden diese im Raum stehenden Erinnerungen an die eigene Kindheit angesprochen oder Verbindungslinien gezogen. Diese beinah gänzliche Ausklammerung der familialen Geschichte deutet trotz aller Bemühungen der Mutter, auf den teilweisen Verlust persönlicher Identität im Elternhaus hin, in dem nicht über familiäre oder individuelle Probleme kommuniziert wurden. Selbst die Person der Mutter, der bei der eigenen Scheidung anscheinend der Zusammenhalt der Restfamilie gelungen ist, bleibt außen vor. Und doch sind es vielleicht die internalisierten Bewältigungsmuster aus ihrer Kindheit, die Florence H. die Kraft schöpfen und bei ihr den Wunsch entstehen lassen, zukünftig ihr Leben allein zu meistern. Dass sie bemüht ist, die Vergangenheit zu bewältigen, wird durch die ständig wechselnde Erzählerinnenperspektive deutlich. Während des Interviews folgen auf retrospektive Darstellungen des gegenwärtigen Zustandes – arbeitslos, in Scheidung lebend – im nahezu kontinuierlichen Anschluss Pläne für die Zukunft. Bei genauerer Betrachtung entwickelt sie auf diese Art der Rück- und Vorschau auch eine *Verlaufskurve* oder entwickeln sich *Wandlungsprozesse* der Partnerschaft, die *für das Prinzip des Getriebenwerdens durch sozialstrukturelle und äußerlichschicksalhafte Bedingungen der Existenz (Schütze, Fritz; 1983: 288)* stehen.

Verlaufskurve der Partnerschaft

Für die ersten Jahre der Partnerschaft zeichnet sich deckungsgleich an vielen Textstellen ein durchaus positives Bild ab. Florence H´s. erlebt bis zu dem Tag eine Zeit, in der sich ihre Vorstellungen von einer Ehe erfüllen, als sie den Wunsch nach einem Kind äußert. Ihr Mann ist bereits einmal geschieden, hat ein Kind aus erster Ehe, das bei der Mutter lebt, und möchte auf keinen Fall ein weiteres Kind: stattdessen stellt er sich ein leichteres Leben mit den Statussymbolen vor, die er durch das Westfernsehen und einige Westbesuche kennengelernt hat. Florence H. kann sich ein Leben ohne ein Kind nicht vorstellen und knüpft darum das weitere Bestehen der Ehe an diese Voraussetzung. Der Partner gibt schließlich ihrem Wunsch nach, aber nur unter der Bedingung, mit dem Kind nichts zu tun zu haben und so weiterleben zu können wie bisher. Erst im Verlauf der Ehe, als ihr Sohn geboren ist, stellt sich heraus, dass der Partner der Erpressung durch seine Ehefrau, seinerseits konsequent seinen Forderungskatalog entgegenstellt, ohne zum Zeitpunkt des Ultimatums an eine Auflösung der Ehe zu denken. So wenig, wie Florence H. die Geburt des Kindes rückgängig machen kann, so wenig ist der Partner bereit, von seinen Forderungen abzuweichen.

Die Geburt des Sohnes ist gleichzeitig die Geburtsstunde des Lebenszyklus(es) der Familie[85]. Florence H. registriert sehr schnell, dass sie nicht gleichzeitig auf die Erfordernisse eines Neugeborenen und auf die des Partners eingehen kann. Die in den ersten Jahren der Ehe offensichtliche Wahrnehmungskongruenz von

---

[85] Nach Glick, Paul C. (1977) kennzeichnet der Lebenszyklus der Familie die zeitliche Aufeinanderfolge kritischer Etappen, die durch Auflösung der Familie oder Tod der Ehepartner enden. *Glick, Paul C.; 1977/ 1978: 140-153.*

Selbst- und Fremdbild[86], in dessen Fokus der Partner mehr sozial erwünschte Eigenschaften seiner Frau wahrnimmt, als es diese selbst vermag, transformiert nach der Geburt des Kindes, zur extremen Wahrnehmungsdiffergenz. Eine aufgesuchte Eheberatung, die diese Differgenzen klären und beseitigen helfen soll, kann - da der Ehemann sehr schnell aus der Beratung wieder aussteigt -, die partnerschaftlichen Probleme auch nicht lösen.

Erst als ein beruflicher Einsatz im Westen den Partner nur an den Wochenenden nach Hause zurückkehren lässt, gelingt den Eheleuten die Reaktivierung ihrer Partnerschaft. Diese positive Entwicklung endet abrupt mit der Aufgabe des Zweitwohnsitzes des Mannes im Westen und dem Wiedereinzug des Mannes in die gemeinsame Wohnung. Schon zum damaligen Zeitpunkt – glaubt sich Florence H. zu erinnern -, fühlte sie sich beklommen bei dem Gedanken seiner täglichen Rückkehr in die eheliche Wohnung.

Ihr Mann, so stellt sie fest, sei ein Choleriker, der den Stress des Arbeitstages, aber auch die Mühen der Heimfahrt vom West- in den Ostteil von A-Stadt unmittelbar an seiner Partnerin auslässt, sodass diese sich in der Partnerschaft als Prellbock oder Ventil für seinen Unmut, als 'Papierkorb` missbraucht fühlt. Unabhängig von der eigenen Gemütslage, die aufgrund der beruflichen Umstellung in dieser Zeit eher instabil genannt werden kann, fühlt sie sich verpflichtet, sich die unaufhörlichen Klagen des Partners anzuhören. Seine *Eskalierungsstrategie* beantwortet sie mit der funktional darauf bezogenen *impliziten Unterwerfungsstrategie (Gripp, Helga; 1979: 162)*. Diese doppelte Belastung schwächt ihre psychophysische Struktur in Folge dessen ihre psychische Angespanntheit zunimmt. In den partnerschaftlichen Auseinandersetzungen prallen die gegenseitigen Erwartungen aufeinander, verwandeln sich unerfüllte Hoffnungen in Schuldzuweisungen, denen beide Beteiligte hilflos gegenüberzustehen scheinen.

Nicht nur sich selber sieht Florence H. als Betroffene, als Opfer dieser Zeit der Auseinandersetzungen, auch ihren gemeinsamen Sohn, zu dem der Partner „auch nicht so die richtige Beziehung" hat. Dass sich diese Beziehung nicht so

---

[86] Hentschel und Hickel beziehen sich auf eine Untersuchung von Lukey, E.A..; 1961/24: 234-250. *s. Hentschel/ Hickel; 1984: 118.*

entwickelt, wie es sich Florence H. vorgestellt hat, führt sie selber nicht auf ihr eigenes Ultimatum zur Fortsetzung der Ehe zurück, sondern auf die Charaktereigenschaften des Partners.

Durch die Verwendung des Wortes „auch.. (nicht die richtige Beziehung) unterstreicht sie, dass sie die Beziehung des Partners zu ihr bereits zum damaligen Zeitpunkt, ebenso negativ bewertet. Der Partner wird, ohne weitere direkte Schuldzuweisungen hinsichtlich des Scheiterns der Ehe vorzunehmen, als aufbrausend und ihr und dem Sohn gegenüber ungerecht beschrieben; vor allem den Sohn muss sie häufig vor Ungerechtigkeiten in Schutz nehmen. Über den Umweg kritischer Begutachtung der Verhaltensweisen des gemeinsamen Kindes und ihrer Erziehung unterzieht der Partner Florence H´s Verhalten permanenter Kritik, im Kontext des partnerschaftlichen Verhältnisses insgesamt alles kontraproduktive Aktivitäten. Selbst in bester Absicht initiierte Gespräche der beiden Partner finden keine Ansatzpunkte und eskalieren in ihren Verlauf immer wieder, bis genau das Gegenteil dessen erreicht ist, was die Initiative beabsichtigte. Mit der Zeit schlägt der Wunsch *positive Situationen* zu schaffen, in sein Gegenteil um, wie das nachfolgende immer wieder mit anderen Worten dargestellte Beispiel zeigt. Es datiert aus einer Zeit, als der Partner sich teilweise noch durch Übernahme von Arbeiten im Haushalt in die Beziehung einbringt, auf die Anfangszeit ihrer Arbeitslosigkeit und den Beginn der Umschulung. Wie nicht anders zu erwarten, geht es um die Verteilung der vorhandenen monatlichen Einkünfte, die allein vom Partner verwaltet und seiner Meinung nach auch im wesentlichen von ihm erwirtschaftet werden. Von einem ihr zugeteilten Fixbetrag muss Florence H. die Miete und zwei bis drei andere nicht näher bezeichnete Posten begleichen, wodurch erst ihr ganzes Arbeitslosen-, dann ihr Umschulungsgeld aufgebraucht wird. Wenn sie Lebensmittel einkaufen muss, erhält sie die benötigte Summe erst nach vorheriger Absprache von ihrem Mann.

Noch in anderer Art und Weise verlaufen Gespräche, wenn der Partner Geld für ihre individuellen Bedürfnisse, für Kleidung, Kosmetika und sonstige, nur sie betreffende Dinge, herausgeben soll. Hierbei vermittelt er ihr das Gefühl, er müsse sie aushalten. Seine Begründung, warum sie ohne finanzielle Beteiligung des Partners allein für die Miete und mehrere Fixkosten aufzukommen hat, bleibt unklar. Auch die Verwendung des gesamten verbleibenden Geldes als Sparrücklage des Partners kann lediglich Andeutungen entnommen werden. Wieviel Geld er für seine persönlichen Belange genau ausgibt, erfährt Florence H. nicht. Jede Mark, die sie ausgibt, schmälert somit seine möglichen Ersparnisse. Insbesondere wenn der Partner keinen direkten persönlichen Nutzen in der Ausgabe zu erkennen vermag, entfällt für ihn anscheinend der Gesamtnutzen dieser Ausgabe. Jeden Monat wiederholt sich dieses Spiel, wird Florence H. vor Augen geführt, wie wenig sie einbringt und welch geringen Wert ihr der Partner zumisst, zumal sie in seinen Augen auch nicht in der Lage ist, im Gegenzug zu ihren Ausgaben wenigstens ein konfliktfreies Familienleben zu garantieren, sodass er über die Mittelbeschaffung hinaus, auch noch emotional gefordert ist *(ibid: 173)*. Diese Art und Weise seines Handelns hält der Interviewten Monat für Monat von neuem nicht nur ihre Wertlosigkeit vor, sondern degradiert sie darüber hinaus immer wieder zum nutzlosen, aber Kosten auslösenden Individuum.

In ihrer Darstellung hört es sich vordergründig so an, als sei zu Zeiten des Bestehens der Ehe dieser Ablauf von beiden akzeptiert worden, nur die Art der Schilderung deutet auf eine Akzeptanz einzig aufgrund des Gefühls von Ohnmacht hin. Während des Interviews dient es Florence H. selber als Argument für ihr stark bis gänzlich verschwundenes Selbstwertgefühl am Ende der Ehe. Die von ihr gleichzeitig geforderten Gemeinsamkeiten, die in einer Ehe selbstverständlich auch den finanziellen Bereich betreffen sollten, könnten ein erster Hinweis auf eine kritische Nachschau der Partnerschaft sein.

Wie tief Florence H. in dieses Problem der finanziellen Aufteilung zur Verfügung stehender Ressourcen involviert ist, wird bei der Untersuchung, der von ihr gewählten Zeitform deutlich: Obgleich die Ehe längst zerbrochen ist, und die Partner sich getrennt haben, wählt sie die Gegenwartsform. Doch neben der vermutlich immer noch gegebenen Betroffenheit, die mit dieser Problematik einhergeht, steht ihre eigene Äußerung, schon zu Beginn der Ehe die Auffassung von der Teilhabe in allen Bereichen vertreten zu haben und jetzt, nach der Trennung, weiterhin an diesen Werten als Grundlage einer Beziehung festzuhalten. Diese Einstellung lässt sich zumindest erkennbar, nicht beim Partner feststellen. Eher läuft sie den Überlegungen des Ex-Mannes diametral entgegen, ja muss sie gerade in Krisenzeiten extensive Differenzen zwischen den Partnern hervorgerufen haben. Allerdings darf auch nicht vergessen werden, dass unabhängig von einer Bewertung der konträren Ansichten auch hier beide Partner an der Aufrechterhaltung der in der Partnerschaft geübten Praxis beteiligt waren, entweder aktiv bestimmend oder passiv tolerierend.

Mit der Zeit lösen die sich wiederholenden Krisen und die wechselseitige Unzufriedenheit bei Florence H. den Wunsch aus, sich von ihrem Partner zu trennen. Es war eine Kette von Ereignissen, es waren diese vielen Dinge, sagt sie, die am Scheitern der Ehe mitverantwortlich sind. Immer häufiger wünscht sie sich tief im Innern, der Partner möge sie verlassen und die für beide unbefriedigende Situation von sich aus beenden. Auf der anderen Seite möchte Florence H. jedoch auch nicht alles verlieren, womit wohl vorrangig die im Laufe der Ehe angeschafften Einrichtungsgegenstände gemeint sind, von denen der Partner letztlich doch die ihm am wertvollsten erscheinenden, die Wandbilder, mitgenommen hat. - Im Beobachtungsprotokoll wird dies dokumentiert, Florence H. selber schweigt darüber.

Etwa ein Jahr vor der durch den Partner herbeigeführten Trennung, stellt Florence H. ihn vor die Alternative, sich selber zu ändern oder die Ehe aufzulösen. Unmittelbar nach diesem Gespräch glaubt sie ein Bemühen seinerseits festzustellen, auch ihre Probleme zu berücksichtigen. Sehr schnell wird sie eines Besseren belehrt, denn der Partner hat die Aussprache wohl eher als Aufkündigung des bisherigen *Überordnungs-/ Unterordnungsverhältnisses (Parow, Eduard; 1973: 37)* verstanden. Mit seiner Reaktion verdeutlicht er seiner Noch-Ehefrau sein Desinteresse an der Veränderung bisheriger Interaktionsprozesse: er aktiviert die Beziehung zu seiner ehemaligen Verlobten, ohne sich die Zurückhaltung aufzuerlegen, seiner Ehefrau diese Aktivitäten zu verschweigen.

Florence H. weigert sich nach der aus ihrer Sicht positiv verlaufenen Aussprache zu glauben, der Partner strebe ernsthaft eine Trennung an und bittet ihn zurückzukommen, um es – in Erinnerung an die zurückliegende gemeinsame Zeit und im Hinblick auf eine vielleicht doch gemeinsame Zukunft - noch einmal miteinander zu versuchen. *Wir sehen auf Zukunft und Vergangenheit und sehnen uns nach dem, was nicht geschieht. Dieser Überbrückungsprozess läuft*

insoweit schon in der Gegenwart ab, als der Organismus seinen Bereich mit gegenwärtiger Existenz ausstattet (Mead, George Herbert; 1934/ 1995: 396).
So vergeht fast ein ganzes weiteres Jahr, eine Zeit, die eher als Waffenstillstand, denn als Neuanfang definiert werden kann. Die Beziehung ist schwebend, Florence H. verunsichert. Es reicht nicht als Auslöser oder zur Motivation für einen neuen Start, eher blockiert diese Unsicherheit einen Neubeginn. Je länger ihre Beziehungsprobleme anhalten, um so verletzter, ängstlicher gegenüber allem Neuem und depressiver werden ihre Reaktionen *(vgl. Pearlin/ Liebermann; 1979)*. Die Waffenruhe zwischen den Partnern lähmt sie, vor allem die mehr oder weniger schwebende partnerschaftliche Situation hemmt eine unmittelbare Neugestaltung ihres Lebens. Florence H. bringt gerade noch die Kraft auf, sich gegen die fortdauernden Umformungsversuche, die sie zum Abbild der Schwiegermutter werden lassen sollen, zur Wehr zu setzen. Mit Erfolg widersteht sie dem Druck des Partners, so zu sein, wie er es wünscht, verbraucht gleichzeitig aber all ihre Energie, fühlt sich ausgelaugt, verbraucht. Der Partner seinerseits verstärkt den Druck auf seine Art, kritisiert sie wann und wo immer sich eine Gelegenheit bietet. Die Auswirkungen dieses Verhaltens bleiben nicht aus: mit der Zeit gelingt es Florence H. nicht mehr, sich gefahrlos zwischen der Nähe des anderen und in Distanz zu ihm zu bewegen, die maximale Nähe des Partners endet, wenn sie überhaupt einmal zustande kommt, im Chaos der Gefühle. *Die Auflösung dieser Bewegung zwischen Nähe und Distanz zu einem der beiden Pole hin bedeutet demgegenüber entweder Aufgabe des selbst und damit Selbstentfremdung oder die Entfremdung vom anderen, also die Zerstörung der Emotionalität in der Beziehung (Gripp, Helga; 1979: 205).* Allmählich fühlt Florence H. auf diesem Wege ihr Selbstvertrauen gänzlich schwinden, sieht sie sich auch außerstande, noch irgend etwas außerhalb des häuslichen Bereichs zu realisieren. Der Waffenstillstand transformiert zur psychologischen Kriegsführung und endet nach der abschließenden Schlacht mit der Trennung.

Noch einmal raufen sich die Partner zu einer gemeinsamen Aktion zusammen. Den bereits gebuchten Urlaub treten sie zu zweit an, Florence H., um die gebuchte Urlaubsinsel um alles in der Welt zu sehen, ihr Ex-Mann, um die Reisekosten nicht umsonst aufgewendet zu haben. Trotz aller positiven Vorsätze beendet auch dabei ein finanzieller Aspekt den für kurze Zeit praktizierten Waffenstillstand. Als dem Mann die Geldbörse gestohlen wird, reisen sie ab, er zu seiner Ex-Verlobten in den Westteil von A-Stadt, sie in den Ostteil. Nachdem der anfängliche Schock der Trennung überwunden und mit der abrupten Rückreise aus dem Urlaub die letzte Chance zur Wiederbelebung der Ehe vertan ist, gerät Florence H. in einen Zustand unbelasteter Entscheidungsmöglichkeiten. Der in der Ehe auf ihr lastende Druck ist verschwunden. Im Interview spricht sie von einem Gefühl der Freiheit, von Momenten, in denen sie sich das eigene Selbstvertrauen wieder aufzubauen in der Lage fühlt. Wenn dieser Schritt getan ist, findet sie ihrer Meinung nach auch wieder eine Arbeit und dadurch Bestätigung. Doch zuerst gilt es, den Verlauf der Partnerschaft gedanklich und emotional aufzuarbeiten.

Zusammenfassend lässt sich festhalten, dass die Grundlage der Beziehung von Florence H. ausgelöst durch zwei Faktoren endete: Ein vom Partner nur mit Einschränkungen akzeptierter Sohn wird geboren, der die Ehefrau von der Realisierung des aus Sicht des Mannes anzustrebenden Lebenszieles – für eine andere Zukunft sparen - abbringt. Alle nachfolgenden Aktionen der Ehefrau, ihren 'Wert' in den Augen des Mannes wiederherzustellen, scheitern und führen stattdessen in die seiner Meinung nach selbst verursachte Arbeitslosigkeit. Die während der Ehezeit auftretenden unterschiedlichen *Deutungsmuster sozialer Realität*, basierend auf einer voneinander abweichenden *Sozialisations- und Lebenserfahrung*, verzerren trotz Deckungsgleichheit des *konjunktiven Erfahrungsraumes*, jeden Interaktionsversuch und verhindern auf diese Weise selbst kleinste Anpassungsprozesse schon in der Entstehung. Während sich der Partner eine neue *Beziehung* schafft, gerät Florence H. zunehmend in einen desolaten psychischen Zustand. Vor allem in der Schlussphase der endenden Partnerschaft, in der als *strukturierendes Interaktionsprinzip* ausschließlich Schuldzuweisungskalküle die Beziehung bestimmen, glaubt sie so wenig an sich selbst, dass sie während dieser Zeit sogar eine Arbeitsaufnahme ausschließt bzw. fürchtet, den Anforderungen einer solchen außerhäuslichen Tätigkeit nicht gewachsen zu sein. Damit zeigt sie das für sie wohl prägnanteste Problem der gescheiterten Ehe auf, nämlich dass die Partner sich gegenseitig die Anerkennung verweigern bzw. die Wünsche des anderen entweder nicht wahrnehmen können oder nicht zur Kenntnis nehmen wollen. Ihre *Orientierungsmodi* sind weder von ihrer Struktur her integriert, noch konsistent mit normativen Werten *(vgl. Parsons, Talcott; 1986: 177)* nachweisbar. *Jeder erkennt vom anderen nur so viel, und nur in der Weise, wie er in unsere gemeinsame Beziehung eingeht, in ihr existiert, in ihr sich entfaltet. ... wir können uns selbst nur soweit erkennen, als wir in existentielle Beziehungen zu anderen geraten. Die Vorbedingung der Selbsterkenntnis ist die soziale Existenz: erstens, weil wir uns nur durch diese in menschlich existentielle Beziehungen versetzen können: zweitens, weil jeder Mensch eine andere Seite unseres Selbst in Aktualität bringt: drittens, weil wir uns leichter durch die Augen und in der Perspektive eines anderen als von uns selbst her zu sehen imstande sind (Mannheim, Karl; 1980: 213). ... Diese Erkenntnis hat... keine allgemeine, sondern nur eine konjunktive Gültigkeit,* womit nicht *Objektivität,* sondern die *Verknüpfung der Dinge* eher *geschichtlich, persönlich und lebendig (v. Weizsäcker, Victor Frhr.; 1923: Bd. III. 302. Zit. n. Mannheim, Karl; 1980: 317)* gemeint ist.

Wichtigste Werte im Leben

Florence H. kennzeichnet ihre Zukunftsvorstellungen sehr genau, benennt ihre *biographisch relevante Zukunftsperspektive,* von der angenommen werden kann, dass sie eine Rückbesinnung auf bereits zu Beginn der Ehe bestandene Werte darstellt. Ihr dringlichster Wunsch gilt einem Leben in Harmonie, *inmitten des Innenraums der kollektiven sozialen Einheit (Schütze, Fritz; 1982: 585),* aber auch einer ausgefüllten Berufstätigkeit, beides verbunden mit dem Wunsch, die augenblicklich mehr oder weniger zwangsweise erfahrene Unabhängigkeit und freie Entscheidungsmöglichkeit nicht erneut der Herstellung von Harmonie opfern zu müssen.

Ungeachtet der sich in den vergangenen Jahren aneinander reihenden Krisen in der Ehe erlebt sie den Weggang des Partners als Verlust, vor allem der bisherigen Sicherheit. Erstmals in ihrem Leben muss sie sich um alle Dinge des Alltagslebens selber kümmern. Sie resümiert, bisher niemals die Gelegenheit gehabt zu haben, wirklich allein zu leben, jetzt erstmals bei der Rückkehr nach Hause die Stille einer leeren Wohnung wahrzunehmen. Gerade diese Momente der Stille sind es, die ihr bewusst machen, vollkommen alleine zu sein, von niemandem aufgefangen zu werden und keinen Menschen zu haben, der sie in ihrem Unglück tröstet. Trotz aller Widrigkeiten und Gegensätze in der Partnerschaft scheint diese soziale Interaktion zumindest teil- oder zeitweise stattgefunden, bzw. bei Florence H. das Gefühl hinterlassen zu haben, dass dem so sei. Wiederholt äußert sie, wie sehr sie diese für sie lebenswichtige Nähe seit der Trennung der Partner vermisst, auch wenn sie eher nominell und unsichtbar als real vorhanden war. Nun muss sie lernen, erst einmal ohne diese Schattenbilder im Hintergrund zurechtzukommen. Damit kennzeichnet sie – nun aus der Retrospektive - die Werte, die sie einer intakten Interaktionsbeziehung von Partnern zumisst, von denen sie erwartet, als Basis alle übrigen menschlichen Bereiche reibungslos funktionieren zu lassen.

Bezogen auf die anhaltende eigene Arbeitslosigkeit bedeutet dies, wenn auch nur mittelbar, die denkbare Herstellung eines Zusammenhanges zwischen ihren Eheproblemen, ihrer Scheidung und ihren resignativ-depressiven Tendenzen, insgesamt Positionen, die ihre Wiedereinstellungschancen schon während der ersten Arbeitslosigkeit reduzierten[87].

Während sie von ihrem Ex-Partner glaubt, seine Unzufriedenheit habe auf dem vom Westen ausgelösten „Konsum(terror)" bzw. auf fehlenden Konsummöglichkeiten im Osten beruht, nimmt sie bezogen auf ihre eigene Prägung nur ein Mal während des gesamten Interviews zum politischen und gesellschaftlichen System der ehemaligen DDR Stellung. Dann jedoch kritisiert sie auf einer allgemeinen Ebene die Einschränkung der Meinungsfreiheit mit den Worten „man konnte .. nicht bereden", in diesem „Druck und in der Beengtheit". Damit übt sie erstmals Kritik an den in der damaligen DDR als mangelhaft empfundenen Kommunikationsmöglichkeiten. Insgesamt schildert sie einen Zustand, der ihr persönlich ein Gefühl der Enge vermittelte. Gleichzeitig verlagert sich mit diesen

---

[87] Das Aufkommen von Depressivität in einer unglücklichen Ehe wird durch Forschungsergebnisse von Perlin und Johnson belegt, die feststellten, dass die Wahrscheinlichkeit, als Frau in einer solchen Situation depressiv zu werden, dreimal so hoch ist wie bei Männern und damit eine unglückliche Ehe ein erhebliches gesundheitliches Risiko für Frauen darstellt. vgl. Perlin/ Johnson; 1988: No. 42. 704-15.

Teil II
4. Partnerschaftliche Interaktionsprozesse

Anklagen das eigene Unvermögen auf eine *kollektive* Ebene *soziohistorischer* Gegebenheiten. Gespräche führen zu können, ist nicht nur ein wichtiges Kriterium eines harmonischen Lebens für Florence H., sondern bringt eher ein gendertypisches Interaktionsverhalten vieler Frauen zum Ausdruck, mit dem sie anderen Menschen Wohlbefinden und Nähe signalisieren *(Tannen, Deborah; 1990/ 1991: 99)* - als Erklärung, warum sie den Anspruch des Partners mit seinen Statussymbolen und dem ausgeprägten Wunsch nach Konsum nicht erfüllen kann, gänzlich ungeeignet.

Andererseits unterstützt ihre Aussage 'nicht einmal zu Hause reden zu können' die These, dass der *allgegenwärtige Staatsdruck* in der DDR in den häuslichen Bereich hineinverlagert, Ursache der hohen Scheidungsraten war *(vgl. zu dieser These: Krug, Manfred; 1998: 159)*. Auch Florence H. vermag der offiziellen Diktion der ehemaligen DDR nicht zu folgen, in der hohe Scheidungsraten einen Indikator für den fortgeschrittenen Emanzipationsgrad und die finanzielle Unabhängigkeit der Frau angesehen wurden. Florence H., deren übergangsloser Wechsel vom Elternhaus in die Ehe wohl als typisch für junge Frauen aus der ehemaligen DDR gelten kann, tauscht durch die Eheschließung nur die mütterliche gegen eine eheliche Abhängigkeit aus.

Es ist nicht verwunderlich, dass sie, die anscheinend mehr Sein-orientiert ist, sich bisher nicht mit der organisatorischen Seite des Alltags befasst hat und jetzt durch die Notwendigkeit eigenständiger Erledigung aller Tagesgeschäfte immer wieder an den Partner erinnert wird. Möglicherweise rücken diese Tätigkeiten durch die Erinnerung an den Ex-Partner in einen emotional aufgeladenen Bereich. Einerseits bedauert sie, sich nun auch diesen leidlichen Beschäftigungen zuwenden zu müssen, andererseits stellt sie dies den beiden Situationen gegenüber: die Verteilung des Geldes, als der Partner noch da war mit der Ist-Situation. Dieser Soll-/Ist-Vergleich fällt, wie zu erwarten ist, zugunsten der Jetztzeit aus. Insgesamt verfügt sie zwar über weniger Geld, muss sorgfältig abwägen, was wofür ausgegeben wird; dafür kann sie in diesem begrenzten Rahmen zumindest das Wofür entscheiden, ein erster Schritt von Unabhängigkeit.

Bezogen auf die häusliche Arbeits- und Machtverteilung kann sowohl bei Florence H., wie auch bei ihrem Ex-Ehemann, sowohl von persönlichkeitsgeprägten Mustern aus der Herkunftsfamilie, als auch von einer *Milieuvarianz* die Rede sein. Beide vertreten als *soziokulturelle Person* relativ konsistent die Verhaltensweisen ihres Herkunftsmilieus und begegnen sich daher in unterschiedlichen Welten von 'Sein und Haben`, bei Florence H. ausgedrückt durch ihr Streben nach Harmonie um fast jeden Preis, bei ihrem Partner durch seine Fokussierung auf Konsumgüter signalisiert.

Die Person der Interviewten

Mit der Eingruppierung der Partner in Menschen der Kategorie 'Sein' und `Haben´ wird die Person Florence H. wohl am treffendsten skizziert. Sehr deutlich wird ihre Zugehörigkeit zur Rubrik 'Sein-Mensch` bei der Trennung der Partner. Die einfachste Erklärungsmöglichkeit für das Scheitern der Ehe wäre eine Schuldzuweisung an die frühere Verlobte des Mannes, hilfsweise könnte als Schuldiger auch der Ex-Mann selber fungieren, da er das Wiederaufleben der alten Verbindung initiierte. Obwohl im Interview nicht klar wird, in welcher Phase Florence H. von der Beziehung erfuhr, steht aufgrund ihrer eigenen Aussage fest, dass sie davon wusste. Sie reagiert auch hier ähnlich wie bereits in anderen Zusammenhängen bei ehelichen Auseinandersetzungen: statt gegen die außereheliche Beziehung des Partners selbst die Initiative zu ergreifen, wartet sie erst einmal ab, möglicherweise um nicht der Auflösung ihrer Ehe Vorschub zu leisten. Zu diesem Verhaltensraster gehört nach der Trennung von ihrem Mann auch, kein Wort über die neue Partnerin ihres Ex-Mannes zu verlieren, sie nicht durch Unterstellungen zu verunglimpfen. Allerdings erhält diese Frau während des Interviews weder aufgrund von Beschreibungen, noch durch die Zuweisung von Eigenschaften, eine eigene Realität. So entsteht der Eindruck, Florence H. negiere oder verdränge deren tatsächliche Existenz, nehme ausschließlich die Tatsache zu Kenntnis, dass der Partner sie verlassen habe, insgeheim hoffend, er komme - wie bisher immer geschehen -, zu ihr zurück.
Damit wird auf ein naheliegendes und zugleich simples Schuldzuweisungsraster verzichtet. Geschildert wird zuerst immer das eigene Empfinden der Situation, am Schluss folgt mehrmals die Konklusion, ihr Partner vertrete seine Position sicher aus einem anderen Blickwinkel. Damit bleibt Florence H. auch in der

retrograden Betrachtung der Ehe ihrer Sicht der Dinge treu, indem sie erst situationsimmanente Zusammenhänge der unmittelbar Beteiligten, immer die eigenen und die, die sie für die ihres Ex-Mannes hält, schildert. Um ihre Lebensdevise von der Harmonie um jeden Preis aufrechterhalten und es nicht einmal gedanklich zum Eklat kommen zu lassen, ist sie gezwungen, neben der eigenen auch eine abweichende Sicht als möglich zuzulassen. Dass sie sich dadurch als Mensch mit im Grunde fester, stabiler Persönlichkeit auszeichnet, der bereit und fähig ist, differierende Meinungen wahrzunehmen und eigenes Fehlverhalten zuzulassen, kann hieraus angesichts ihrer mangelnden Konfliktbereitschaft und eher abwartenden Haltung in konfliktgeladenen Situationen ausgeschlossen werden.

In der Replik unterstützt Florence H. diese Vermutung, wenn sie berichtet, nun nachdem die Ehe gescheitert sei, glaube sie zu erkennen, dass der Partner nicht sie als Person, mit allen Vor- und Nachteilen geheiratet hat, sondern lediglich ein rechtlich fixiertes Verhältnis mit ihr eingegangen sei, um mit Hilfe des doppelten Verdienstes, seine Ideen für die Zukunft eher realisieren zu können; en passant habe er versucht, sie im Laufe der Zeit nach seinen Wünschen zu formen.

Ob etwa die misslungene Formung der Ehefrau auch ein auslösender Faktor bei seiner ersten Scheidung war, bleibt im Bereich der Spekulation. Die Tatsache, dass dies bereits die zweite Ehe des Partners war, wird überhaupt nur am Rande erwähnt. Florence H. gestattet sich lediglich die reine Information, unterlässt es aber, seine zweite Scheidung als wiederkehrendes menschliches Versagen hinzustellen, unabhängig davon, dass *ein Großteil der menschlichen Fähigkeiten... durch diese Methode von Versuch und Fehlschlag erworben... wird* (Mead, George Herbert; 1934/ 1995: 404). Mit der Nennung der Beweggründe, die den Partner aus ihrer jetzigen Sicht zu einer Ehe mit ihr veranlasst haben, weist Florence H. sich keinesfalls als gefestigte Persönlichkeit aus, sieht sie doch als ausschlaggebend für seine Entscheidung nicht ihre Person an sich an, sondern externe Auslöser. Ihre eigenen Beweggründe für die Eheschließung verschweigt Florence H. leider völlig und verleitet so zu der erneuten Spekulation, wieder einmal, die an sie herangetragenen Geschehnisse ohne Widerspruch akzeptiert zu haben. Gegen die These von der Permiskuität spricht,

dass die Betroffene - allerdings in der Zeit des laufenden Scheidungsverfahrens - nicht von großer Liebe und Zuneigung beim Zustandekommen der Ehe spricht.
Deutlichere Worte wählt Florence H., wenn sie ihre Gesamtumstände nach der Trennung beschreibt. Ein Aspekt, an dem sie meint arbeiten zu müssen, betrifft den Teil von ihr, den sie zwar nicht konkret benennen und beschreiben kann, der aber mit der Beziehung zerbrochen bzw. der mit dem Partner gegangen ist, und den sie nun für sich „wiedergewinnen" muss. Neben den negativen Einflüssen des Partners auf ihr Leben, geht es immerhin um elf gemeinsame Jahre, eine längere Zeitspanne hat sie nicht einmal mit ihrem Vater, nur mit ihrer Mutter verbracht. Die Einflüsse dieser Zeit will sie keineswegs ausradieren, nur differenzierter betrachten lernen.
Den ersten Wiedereinstieg in ein neues Leben hat sie mit der Aufarbeitung der Geschehnisse bereits begonnen. Wiederholt stellt sie explizit fest, in ihrem bisherigen Leben niemals allein gewesen zu sein und diesen neuen Zustand erst einmal verarbeiten zu müssen. Ebenfalls sehr weit oben in der Rangskala ihrer Bedürfnisse steht eine Arbeitsstelle zu finden, um so ihr beschädigtes Selbstbewusstsein abzulegen. Ihre Konklusion lautet, durch eine entlohnte außerhäusige Beschäftigung ihr mangelndes Selbstvertrauen zurück zu gewinnen[88].
Sichtlich schwer hingegen fällt es Florence H., über ihre eigene Befindlichkeit zu reden. Mit mehreren kurzen und einer längeren Pause, mit Stammeln und Stöhnen leitet sie ihren Wunsch ein, irgendwann einmal alles wieder ins Gleichgewicht zu bringen. Immer wieder greift sie die These auf, nur über ein hergestelltes Selbstwertgefühl die Probleme des Alltags bewältigen und ein neues Leben beginnen zu können. Korrekturen am eigenen Verhalten erwähnt sie nicht als Zielvorgabe für die Zukunft, auch nicht einen neuen Partner finden wollen. Damit weist Florence H. zwar Zeichen eines gestörten Selbstbewusstseins auf, gleichzeitig lassen sich aber auch Züge einer teilweise bereits *gelungenen Ich-Identität* erkennen, denn als Mensch beginnt sie auch in kritischen Situationen wieder *mit sich identisch (vgl. Habermas, Jürgen; 1976/ 1982: 92-126)* zu

---

[88] Ross und Morowsky stellten ein Zusammenspiel von Berufstätigkeit, emotionaler Abhängigkeit und Kinderversorgung fest. *Ross/ Morowsky; 1988/29: 127-138.*

sein. Erst einmal über eine neue Arbeitsstelle mit dem Leben zurechtkommen, ist ihr zentrales Ziel für die Zukunft.

Der Vorstellung Florence H´s, nicht ihr ganzes Leben nur dem Kind und dem Haushalt zu widmen, kann auf einer *normativen Geschlechterbestimmung (Hagemann-White, Carol; 1984: 77)* durch das politische System in der sie prägenden Gesellschaft der ehemaligen DDR zurückgeführt werden. Sehr bewusst hat sie anscheinend auch die gesellschaftliche Veränderungen seit der politischen Wende wahrgenommen. Während es zu Zeiten der ehemaligen DDR insbesondere für junge Frauen noch selbstverständlich war, Berufstätigkeit, Haushalt und Kindererziehung parallel zu managen, weiß sie nun von Frauen aus den alten Bundesländern, dass dies durchaus nicht so selbstverständlich ist, wie es ihr damals vermittelt wurde. Von den denkbaren Varianten, Jobsharing der Partner, Teilzeitarbeit, abwechselnde Berufstätigkeit der Partner - um nur einige zu nennen, die allerdings mehrheitlich auch einen Partner als Mitspieler voraussetzen -, kommt für sie momentan nur die Möglichkeit, einen Halbtagsjob anzunehmen, in Betracht. Dieser gäbe ihr den notwendigen finanziellen Rahmen und ließe gleichzeitig Raum, sich um das Kind und um die alltäglichen Routinearbeiten zu kümmern.

Gendertypische Objektbedeutungen

Bei der Aufzählung ihrer Aufgaben führt Florence H. interessanterweise immer zuerst das Kind, erst dann den Haushalt an und bleibt damit der jahrelang praktizierten Rangfolge während ihrer Ehe treu. Die Frage, ob das Kind, der Ehemann oder eine Berufstätigkeit die erste Rangstelle erhält, stellt sich während der Ehe und heute während des laufenden Scheidungsverfahrens gar nicht erst. Da der Ex-Mann vor der Geburt des Sohnes ausdrücklich sein Desinteresse an diesem Kind bekundet hat und diesen Eindruck im Verlauf der Ehe noch zu festigen wusste, erhält seine Person während des Bestehens der Partnerschaft bestenfalls Platz zwei, heute nach dem Kind und dem Wunsch nach einer Berufstätigkeit gar keine Platzierung mehr.

Florence H., deren oberstes Lebensziel offenbar Harmonie mit sich selbst und ihrer Umgebung ist, kann sich allerdings durchaus auch eine gleichrangige Bewertung von Arbeit und Kind vorstellen. Der Versuch, Partner, Kind und Berufstätigkeit in Einklang zu bringen, ist allerdings trotz ihres ganzen Einsatzes nach der Geburt ihres Sohnes und trotz der ausdrücklichen Absprache mit dem Partner misslungen. Außer Streitereien über die Verteilung der Hausarbeit und der Fokussierung des Partners auf Konsumgüter führt Florence H. keine Argumente an, die als Auslöser der Krise gelten können. Nach den Erfahrungen als arbeitslose Ehefrau, macht Berufstätigkeit nun für sie den Teil des Lebens aus, durch den sie ihre Selbstachtung und ihr Selbstvertrauen (wieder-) finden wird. Diese Überzeugung ordnet sie in die Gruppe arbeitsloser Frauen ein, die sich nicht gänzlich für eine einseitige Festlegung Haus oder Beruf gewinnen lassen.

In immer neuen Anläufen flechtet Florence H. in das Interview ein, wie schwierig sich das Leben als Alleinstehende gestaltet, und wie sie gefühlsmäßig wieder und wieder auf die eigene Person verwiesen wird. Ganz allmählich bewegt sich der Prozess der Selbstfindung in die von ihr gewünschte Richtung: sie lernt mit ihren Gefühlen zurecht zu kommen. Ihre vom Verstand vorgegebenen Ziele fliegen ihr voraus, im emotionalen Bereich hinken sie hinterher. Ihr Wille und ihre zeitweilig existierende Zuversicht, aber auch die Ehrlichkeit, sich selber einzugestehen, gerade mit der emotionalen Verarbeitung der anstehenden Ehescheidung noch nicht fertig zu werden ermöglichen ihr, einen Status quo und damit einen Neubeginn festzuschreiben.

Als Begründung für ihre noch nicht vollständig geleistete emotionale Aufarbeitung der Trennung der Partner, sucht sie nach Ursachen, umschreibt dies mit dem Verlust von *Sicherheit* und erläutert es mit der perfekten Handhabung der Finanzen, eine im Laufe von elf Jahren Ehe eher internalisierte als rationale Verknüpfung. Damit verweist sie auf ein im Nachhinein für sie anscheinend äußerst wichtiges Kriterium ihrer gescheiterten Ehe, in der der Ex-Mann selbstherrlich und ohne Diskussion diesen Bereich sich selbst vorbehält, und es darüber hinaus versteht, sie auf die von ihm vorgegebene Wertzuschreibung einzuschwören. Am Ende der Ehe angelangt, bewahrheiten sich seine Vorhersagen, denn - so empfindet Florence H. -, mit ihm schwindet für sie alle Sicherheit. Für einen Außenstehenden lässt sich die Akzeptanz dieser Regelung nur schwer als typische Charaktereigenschaft Florence H´s. werten, befindet sie sich doch damit in der großen Gemeinschaft von Frauen, die während der Ehe die Regelung der Finanzen gern dem Mann überlassen oder zumindest diese Aufteilung tolerieren, nach einer Scheidung jedoch gerade mit diesem Bereich große Probleme haben. Gleichwohl kann die von Florence H. praktizierte Akzeptanz als weiteres Indiz für ihr Bestreben nach Harmonie um jeden Preis gelten.

Weitere Indizien für das immer wieder als typische Charaktereigenschaft bestätigte Harmoniebedürfnis, lassen sich in der Einrichtung ihrer Wohnung ausmachen. Ihre gepflegten, teilweise älteren Möbel und ihre offensichtliche Liebe zu alten Glaswaren verweisen auf eine Orientierung am Geschmack ihrer Großeltern. Csikszentmihalyi ordnet diese Datenkonfiguration eher Frauen als Männern zu, die sich mehr am aktuellen Geschmack ihrer Kindheit orientieren *(Csikszentmihalyi/ Rochberg-Halton; 1981/ 1989: 121)*. Regelrecht gendertypische Objekte sind ihre zahlreichen Blumen und Pflanzen. Ihr Grün *„wirkt stabil und konstant... repräsentiert damit die festen, also geltenden Werte" (Lüscher, Max; 1991: 260)*- die Florence H. gerade in der Zeit der Selbstfindung in der ersten Zeit nach der Trennung *„spannungsvolle Energie"* geben. Zu Beginn des Interviews trägt Florence H. auf ihre Weise zu einer harmonischen Atmosphäre auch für ihren Gast bei, indem sie an diesem glutheißen Tag als erstes eine Erfrischung anbietet.

In krassem Gegensatz zu den von Florence H. wahrscheinlich mit in die Ehe gebrachten Glaswaren und älteren Möbelstücke[89], starke Disharmonie erzeugend, wirken die beiden zurückgebliebenen Bilderhaken mit den schattenhaften Umrissen der ehemals von ihnen getragenen Objekte. Hier hat unübersehbar die Hausratsteilung ihre Spur hinterlassen. Das Prinzip der Unverletzlichkeit der Wohnung, Inbegriff der Intimität der Familie, ist aufgehoben. Theoretisch wäre dieser Makel sicher auch für Florence H. schnell zu beseitigen gewesen, die Tatsache des Unterlassens verstärkt jedoch ihre Aussage über die psychisch noch nicht verarbeitete Trennung. Vielleicht spricht sie im Interview darum von

---

[89] Nach Untersuchungen von Silbermann nutzen nur rd. 20 Prozent der Deutschen ererbte Möbel im Wohnzimmerbereich, was die <durch Mihaly Csikszentmihalyi und Eugene Halton-Rochberg aufgestellte> These von der gendertypischen Begründung ihrer Verwendung unterstützt. vgl. *Silbermann, Alphons; 1963: 35.*

„Erinnerungen, die mit den Gegenständen gegangen sind" und die sie noch nicht „zurückgeholt" hat.

Fazit

Florence H. erlebt als junge Erwachsene die letzten Jahre der zu Ende gehenden DDR. Gerade nach Abschluss der Grundschule erfährt sie – nun als Scheidungskind –, wie ihre Mutter die Restfamilie alleine unterhalten muss. Einflüsse auf ihr weiteres Leben, die auf der Scheidung der Eltern basieren, kristallisieren sich erst im Laufe ihres Lebens, konkret im Eheleben, heraus. Auf Schulabschluss folgt Azubi-Zeit, an deren Ende sie ihren ersten Job zugeteilt erhält. Ihre Berufsbiographie kann als typisch und durchschnittlich gelten: Mit ihrer Heirat lernt sie kennen, dass *Selbsterhaltung... nur noch durch selbstverordnete Regression... den Individuen... glückt (Adorno, Theodor W.; 1955: Bd. 1. 32)*, d. h. unter teilweisem Verzicht auf individuelle Lebensvorstellungen. Trotz gescheiterter Ehe nimmt Florence H. während des gesamten Interviews ausdrücklich keine Schuldzuweisungen gegenüber den beteiligten Akteuren vor, verknüpft allerdings das Scheitern der Ehe auch nicht mit der Frage nach der Unfähigkeit der beteiligten Personen zu gleichgestellter, partnerschaftlicher Kommunikation. Die Versuche Florence H´s und ihres Mannes, die eigenen Bedürfnisse dem anderen über verbale Klärungsprozesse näher zu bringen, scheitern sowohl an den Gesprächssignalen, als auch an ihren Mustern. Weder die Kommunikationsstrukturen innerhalb ihrer eigenen Dyade, noch die der Herkunftsfamilien werden kritisch betrachtet. Stattdessen greift Florence H. auf durch die Handelnden ausgelöste Ereignisse oder auf von ihnen nicht zu beeinflussendes Zeitgeschehen zurück, um auf diesem Wege nicht die Akteure für ihr Verhalten zur Rechenschaft ziehen zu müssen. So bleibt sie mit ihrer Problemlösung an der Oberfläche, grübelt im vorgegebenen Rahmen der abgelaufenen Ereignisse über Ursachen – und glaubt schließlich äußere gesellschaftliche Gegebenheiten, aber auch den Erziehungsstil ihrer Schwiegermutter, für den Gang der Dinge verantwortlich machen zu können. Im Verlauf des Interviews zeigt sich, dass die Veränderungen in ihrer Ehe nicht interaktionell statisch, sondern prozessual sind.

Während Florence H. äußerlich ein normales Leben führt, scheint sie intrapersonell die Scheidung der Eltern nur dadurch kompensieren zu können, dass sie in ihrem eigenen Leben unter allen Umständen Harmonie herstellt bzw. erhält und dies auch noch mit dem Einsatz individueller Freiheit und Unabhängigkeit tut. Häufig lässt sich nicht stringent nachvollziehen, ob das Harmoniebedürfnis oder das zwischenzeitlich herausgebildete Gewährenlassen, ihre Permiskuität, die Initiatoren ihrer Handlungen sind.

So gesehen war die Arbeitslosigkeit von Florence H. nicht Ursache partnerschaftlicher Interaktionsschwierigkeiten, sondern diente eher als Verstärker für das Auslösen von Krisen in der Partnerschaft, bis hin zu deren Auflösung. Die schwerpunktmäßig finanzielle Orientierung des Mannes, seine Sozialisation und der zu vermutende Verlust der Milieugebundenheit durch die Wiedervereinigung können dabei ebenso als reelle Initiatoren der Krise angesehen werden, wie wechselseitig nicht verstandene – vor der Arbeitslosigkeit der Interviewten bereits bestandene –, gestörte Interaktionsprozesse.

Bezüglich der gegenseitigen partnerschaftlichen Erwartungshaltung darf davon ausgegangen werden, dass Florence H´s Interpretation von Partnerschaft und die ihres Mannes schon zu Beginn der Ehe nicht deckungsgleich waren, dass aber die strenge Milieugebundenheit, die strickte Einbindung in das politische und soziale System der ehemaligen DDR und nicht zuletzt auch das Wissen um das relativ aussichtslose Abkehren von diesem System, die Diskrepanz der beiderseitigen Vorstellungen für einige Zeit in der Lage war zu überdecken.

Der Forderung ihres Ex-Mannes nach einer „besseren Zukunft" ohne ein gemeinsames Kind ist Florence H. nicht bereit nachzukommen. Seine Metamitteilung, die letztendliche Zustimmung zum Kind, scheint von der Ehefrau als Verbundenheit mit ihr fehlinterpretiert zu werden *(vgl. Tannen, Deborah; 1992: 162)*. Als der Sohn, mit dem sich der Partner nur unter Druck einverstanden erklärt, weder die weitere Berufstätigkeit von Florence H., noch die gänzliche Übernahme aller häuslichen Arbeiten durch sie zulässt, kommt es zwischen den Eheleuten zu immer heftigeren verbalen Auseinandersetzungen.

Während der Ehemann nach einem Streit konkrete Handlungen erwartet, konkretisieren sich ihre Bedürfnisse auf den Gefühlsbereich. Den gendertypischen, völlig kontraproduktiven Annahmen, eine Beziehung funktioniere nur, solange

über alles und jedes gesprochen wird, bzw. die eher Männern zugeschriebene Hypothese, eine Beziehung funktioniere dann eben nicht mehr, wenn über alles gesprochen wird *(ibid: 171)*, scheinen sowohl Florence H. als auch ihr Ehemann jeweils gefolgt zu sein. Wären diese Annahmen als Messinstrument eingesetzt worden um festzustellen, ob die zwischenmenschlichen Beziehungen zwischen den Partnern funktionieren, hätten sie wahrscheinlich schon zu einem relativ frühen Zeitpunkt der Ehe starke Differenzen in Interaktionsverläufen ermittelt. Auch die Eheleute scheinen, wenn vielleicht auch nur vage, Diskrepanzen in ihren Auffassungen von Ehe verspürt zu haben, wofür u. a. die Inanspruchnahme einer Eheberatung spricht. Mit der Zeit enden beinahe alle Interaktionsprozesse mit Vorwürfen, Schuldzuweisungen und Schweigen. Der Partner scheint bis auf die Form der Entschuldigung alle Arten von Gesprächsmustern zu verwenden, von Fragestellung und Klage bis hin zur ausdrucksstarken Reaktion. Seine Ehefrau steht dieser strukturell und substantiell veränderten Gesprächsführung, der *Neurahmung* von Gesprächen[90] hilflos gegenüber und empfindet sie eher als Angriff auf ihre Person und als Herabsetzung. Vielleicht waren es ihre Erfahrungen als Scheidungskind, die zu diesem Zeitpunkt eine eigeninitiierte *Neurahmung* oder eine *Rahmenverweigerung* verhinderten; möglicherweise wollte Florence H. auch die ohnehin gestörte familiale Harmonie nicht weiter gefährden. Während sie sich tief verletzt vom Partner zurückzieht und sich ganz auf den gemeinsamen Sohn konzentriert, reaktiviert der Partner - vorerst latent - die Beziehung zu seiner ehemaligen Verlobten. Als ungeachtet ihrer tiefen Depressionen und ihres stets abnehmenden Selbstvertrauens Florence H. doch noch den Versuch unternimmt, den Forderungen des Partners nach Wiedereinstieg in einen Beruf durch eine Umschulung nachzukommen, sie im Anschluss an diese aber erneut arbeitslos wird, verlässt sie der Partner.
Mit der Trennung der Eheleute an der Schwelle zur Gegenwart erfährt Florence H´s Leben eine neue Akzentuierung. Es geht darum, ihr Selbstbewusstsein wieder zu entdecken.

---

[90] Tannen spricht in diesem Zusammenhang davon, das „dieser Aspekt der Rahmengebung... sich unter dem Begriffspaar Macht und Solidarität fassen... lässt". *Tannen, Deborah; 1992: 118-9.*

Teil II
4. Partnerschaftliche Interaktionsprozesse

Erst mit der fallübergreifenden Kontrastierung im nachfolgenden und letzten Teil der Untersuchung wird im Vergleich mit anderen Fällen deutlich werden, inwieweit das Prozessgeschehen als typisch[91] bezeichnet werden kann. *The comparison of differences and similarities among groups not only generates categories, but also rather speedily generates generalized relations among them (Glaser/ Strauss; 1969: 39).*

4.4 Kontrastierung der Interviews

Auf der Basis der herausgearbeiteten fallinternen Kontrastierungen der vorgestellten drei Interviews soll in diesem Abschnitt die Gesamtkontrastierung erfolgen, d. h. typische Gemeinsamkeiten der Einzelfälle sollen analysiert und - soweit vorhanden - maximale Gegensätze herausgearbeitet werden. Um in diesem Sinne einer Gesamtkontrastierung besser gerecht werden zu können, sollen die bei der Bearbeitung der Interviews aufgegriffenen Typisierungsskalen nicht pauschal übernommen, sondern sinnhaft zusammengefasst werden. Darüber hinaus bleibt die direkte Bezogenheit auf Personen nur insoweit aufrecht erhalten, als es zwingend notwendig erscheint.

Drei Frauen aus dem gleichen *konjunktiven Erfahrungsraum (Mannheim, Karl; 1980: 271-279),* mit geringfügigen Abweichungen in der Alterskonfiguration, alle arbeitslos, Mutter eines kleinen Kindes und während ihrer Arbeitslosigkeit in einer Partnerschaft lebend - so lassen sich, in brief, die interviewten Probandinnen charakterisieren. Ihre Prägungen mit den personenbezogenen *Bedeutsamkeiten* sind zwar individuell erlebt, können aber mit ihren Erlebnissen in der Kindheit und Adoleszenzphase stellvertretend für viele Frauen in ähnlicher Lebenskonstellation gelten.

Während eine von ihnen behütet von der nicht extern berufstätigen Mutter im Elternhaus des oberen Bildungsmilieus aufwächst, erlebt sie tagtäglich, wie ihr intellektueller Vater seine hervorgehobene Stellung in der Familie mittels De-

---

[91] 'Typus' „mittels Verstehen sich und anderen die Wirklichkeit seinen eigenen oder einer anderen Gesellschaft oder Vergesellschaftung zugänglich machen können. Dieses Gemeinsame ist Typus". *Soeffner, Hans Georg; 1986: 49.*

gradierung der Mutter, in deren Funktion als Hausfrau behauptet. Als Folge davon fasst sie den festen Vorsatz, im eigenen Leben die jeweils als positiv empfundenen Teile der elterlichen Rollen aufzugreifen, was einerseits bedeutet, Kinder haben zu wollen, andererseits in jedem Fall eine Koppelung der Rollen Mutter und Hausfrau durch rechtzeitige Weichenstellung einer späteren intellektuellen Berufstätigkeit auszuschließen. Mit diesem Vorsatz erscheint das Studium und der Auslandsaufenthalt, die sich an die schulische Ausbildung anschließen, stringent. Als sie dann aufgrund veränderter gesellschaftspolitischer Bedingungen nach ihrem Studium zunächst arbeitslos wird, reagiert sie entsprechend den in der Herkunftsfamilie kennengelernten Mustern. Nach einer längeren Anlaufphase, in der sie sich weigert, ihre Arbeitslosigkeit überhaupt zur Kenntnis zu nehmen, *erleidet* sie diesen Zustand als einen fremdbestimmten, *einschneidenden biographischen Prozess*. So vergehen Monate, in denen sie tief deprimiert alle Stufen eines Orientierungszusammenbruchs durchlebt, bis sie vor allem psychisch durch ihren Ehemann unterstützt die Initiative ergreift, diese als misslich empfundene Situation zu beenden. Ähnlich dem Verhaltensmuster ihres Vaters, der sich aufgrund seiner Weigerung, in die SED einzutreten, gegen Angriffe aus seinem Kollegenkreis wehren musste, nimmt sie den Kampf gegen konditionale äußerliche Verkettungen auf. Indem sie ihre berufliche Positionierung verändert, wird Raum geschaffen für eine neue Entfaltung ihrer Identität. Dadurch verändert sich die bisherige *negative Verlaufskurve*, die *Fallkurve*, in eine *positive*, eine *Steigkurve*. Um sich selber in der Rolle einer Intellektuellen zu bestätigen, aber auch, um gegenüber dem Ehemann vehement die Hausfrauenrolle ablehnen zu können, beginnt sie in ihrer Arbeitslosigkeit zuerst ein Aufbaustudium und nimmt im Anschluss daran gezwungener Maßen für kurze Zeit an einer ABM teil, bis es ihr schließlich aufgrund eigeninitiierter Bewerbungen gelingt, über eine zeitlich befristete, nun aber ihrer Vorbildung entsprechende Beschäftigung, den Einstieg ins Berufsleben zu finden. Trotz Phasen tiefer Depression setzt sie ihre bereits in der Kindheit gefassten Vorsätze durch: sie umsorgt weitestgehend alleine das in ihrer Arbeitslosigkeit geborene Kind; den Haushalt erledigen beide gemeinsam oder der Partner alleine. Ihr Lebensinhalt, einen der Ausbildung adäquaten Beruf auszuüben und Kind(er) zu haben, lässt sich zwar erst nach längeren inneren und äußeren

Teil II
4. Partnerschaftliche Interaktionsprozesse

Kämpfen realisieren, bei denen – nach eigenen Aussagen – der Partner der Leidtragende ist, doch die Frage, ob sie selber an der Realisation ihrer Vorstellungen arbeiten muss, stellt sich nicht. Auch in der Zeit ihrer Arbeitslosigkeit verortet sie sich als Intellektuelle im Bildungsmilieu der Oberschicht.

Stark abweichend stellen sich im Verhältnis zur ersten Probandin schon die Kindheit und die Adoleszenzphase der beiden anderen Interviewten dar. Beginnend mit Kindheitserlebnissen, als beide etwa gleichaltrig mit rund zehn Jahren erfahren, wie ihre Mütter sich aufgrund von Tod bzw. Scheidung veranlasst sehen, die gewohnte Umgebung und Wohnung zu verlassen, scheint dies zu *einem* nachhaltigen *Strukturverlust im Raumgefühl des Kindes* (beider Probandinnen) geführt zu haben; *...darüber hinaus bewirken die gespaltenen Gefühle* die mit Trennung und Umzug einhergehen, *eine Destrukturierung im affektiven Bereich (Dolte, Francoise; 1988/ 1993: 21)*. Neben dem *Kontinuum der Umwelt* schwindet mit dem Verlust der männlichen Bezugsperson auch das auf ihn entfallende *körperliche* und *affektive Kontinuum (ibid)*. Die Auswirkungen lassen sich dezidiert insbesondere in den späteren Beziehungen zum Lebenspartner aufzeigen. Trotz differenzierter Verarbeitung durch die betroffenen Probandinnen strahlen diese, vor allem im emotionalen Bereich liegenden Verluste, auch auf die jeweilige Beziehung zur mit am Geschehen beteiligten Mutter aus und bestätigen damit Forschungsergebnisse über Scheidungskinder dieser Altersstufe *(vgl. Gaier, Otto, R.; 1988: 27)*.

Die gravierendsten Auswirkungen sind offenbar dort anzutreffen, wo neben dem Verlust des *affektiven Kontinuums* in der Herkunftsfamilie ein bleibender sozialer Abstieg erlebt wird, d. h. die Verortung der Familie über die Position der Mutter ins Arbeitermilieu sinkt, und diese darüber hinaus lebenslang finanziell von den jeweiligen Partnern in Abhängigkeit lebt. In der heutigen Partnerschaft der Probandin (Interview 2) deutet ihre ausgeprägte Emotionalität, die abhängig von der Bedeutung nicht befriedigter Bedürfnisse jeweils mehr oder minder intensiv auftritt, aber auch ihr permanenter ausgeprägter Drang nach Selbstbestätigung, mit dem sie sich immer wieder dem Partner gegenüber glaubt beweisen zu müssen, auf den Verlust ihrer Identität im Elternhaus hin. Beginnend mit der Jugendzeit verläuft ihr Leben von professionellen Prozessoren fremdbestimmt, was vor allem deshalb nicht unterbunden worden zu sein scheint, um keine individuellen Nachteile zu erleiden, aber auch um nicht weitere Abhängigkeiten gegenüber Personen zu zementieren, die heute insbesondere in der Kritik am Leben der Mutter eine wichtige Rolle spielen. Während die Schulabschlüsse noch als durchschnittlich gelten können und die weitgehend vom Staat bestimmte Ausbildung erfolgreich abgeschlossen wurde, bewegt sich die Berufsbiographie auch dann noch auf einem vorgegebenen, institutionalisierten Weg, als dieser allerdings unter Einbüßung finanzieller Absicherung, verlassen werden könnte. Stattdessen entsteht der Eindruck, die Biographie der Mutter dupliziere sich, ungeachtet des in der Zwischenzeit erfolgten politischen Umbruchs, unabhängig vom gesellschaftlichen System: am Rande ihrer finanziellen und zeitlichen Möglichkeiten übernimmt die Probandin – ohne explizite Forderung des neuen Partners – für ihn ebenso wie für sich und ihre Tochter die gesamte Lebensführung, in der bloßen Erwartung, sich als Gegenleistung zu einem späteren Zeitpunkt ein ihren eigenen Vorstellungen entsprechendes Leben gestalten zu können. Auf diese Weise verlässt sie den bisherigen sozialstrukturellen und damit äußerlichen Prozess des *Getriebenwerdens*, um sich gleichzeitig sowohl in familiäre als auch neuerliche berufliche Abhängigkeiten zu begeben. Da es keine wechselseitige, rechtliche Absicherung der Partner im Hinblick auf Leistung und Gegenleistung gibt, verhindert auch die Existenz der inzwischen fünfjährigen Tochter der Probandin keine unerwünschten ABM-Einsätze, womit die berufliche Fremdbestimmung Kontinuität gewinnt. Weiterhin auf die Prozessoren ihres Lebenslaufes und ihrer Berufsbiographie vertrauend, wechseln sich ABM-Einsätze und Arbeitslosigkeit ab, konstituieren diese schließlich ein Abgleiten in den Bereich der Sozialhilfeempfänger, wie dies zeitweise bereits eingetreten ist. Somit wird das Milieu bzw. die Bildungsschicht der Facharbeiter verlassen und durch das der Sozialhilfe empfangenden Unterschicht ersetzt. Der Partner, mit dem es gegenüber Dritten keine Verbindlichkeiten gibt, geht in dieser Zeit seiner engagierten und gut dotierten Berufstätigkeit nach.

Wie im ersten Interview leiten, begleiten und bestimmen auch hier die Erfahrungen aus der Herkunftsfamilie die handlungsorientierten, individuellen Bewältigungsmuster, nur dass im Gegensatz zum dortigen intellektuellen Milieu der Oberschicht, das Aktivität stimuliert und das Reaktionen zumindest langfristig herausfordert, das Arbeitermilieu der Unterschicht fremdinitiierten Prozessierungen insoweit unterliegt, als Veränderungen nicht durch stringente Verhaltensweisen herbeigeführt werden können, da zum einen die finanziellen Voraussetzungen, zum anderen auch die konditionellen Ereignisstrukturen in der Herkunftsfamilie fehlen. Vielleicht gerade weil es bisher so frappante Ähnlichkeiten mit dem Lebensverlauf der Mutter gibt, entwickelt sich die Lebensdevise <niemals so zu werden wie die Mutter>, mit aller Konsequenz, die sich für die zwischenmenschliche Beziehung dieser beiden Personen ergibt.

Sowohl in ersten, als auch im zweiten und dritten Interview lässt sich der Schluss ziehen, dass *angesichts dramatischer Höhepunkte gesamtgesellschaftlicher Verlaufskurvenprozesse,... die narrativen Bezüge auf kollektive soziohistorische Vorgänge auch im narrativen Interview in den Vordergrund der Erzählorientierung... treten, d. h. sie werden zu Gliedern der kognitiven Figur der narrativen Hauptereigniskette (Schütze, Fritz; (1982: 589).* Wenngleich diese Feststellung auf alle drei Interviews zutrifft, vernachlässigt sie die Betrachtung der Ursache-Wirkung- Ebene, insbesondere den Einfluss und die Tragweite der Handlungsstrukturen der Herkunftsfamilien, wie an dargestellten Einzelgeschehnissen der Interviewten immer wieder deutlich wird.

Die dritte Interviewte, deren Kontinua ebenso wie die der zweiten in der Kindheit weitgehend gestört wurden, reagiert – möglicherweise aufgrund der Erfahrungen im Herkunftsmilieu – dennoch mit abweichenden Handlungsstrukturen. Ungeachtet fehlender konkreter Angaben, aufgrund deren die Milieuzugehörigkeit der Eltern ermittelt werden könnte, dürfte ihre Herkunftsfamilie der Mittelschicht zuzuordnen sein. Diese Schichtzugehörigkeit wird sowohl durch die eigene Berufswahl bestätigt, von der anzunehmen ist, dass sie schichtspezifisch erfolgte, als auch durch die der eigenen identische Milieuzugehörigkeit des Ehemannes. Auch die dritte Interviewte wird systemimmanent beruflich fremdprozessiert, erfährt dies jedoch nicht als Nachteil, da ihre *Selbstidentität* nicht durch eine herausragende berufliche Stellung oder durch eine nachzuholende Identitätsfindung, sondern durch eine erfüllte Berufstätigkeit, vor allem aber von dem Wunsch nach einer harmonischen Familie mit Kind(ern) bestimmt wird. Als die Realisierung dieser Lebensplanung durch den Ehemann, der kein Kind möchte, in Gefahr gerät, koppelt die Probandin das Weiterbestehen der Ehe an die Existenz eines Kindes. Nach dessen Geburt stellt sie jedoch fest, die Konsequenzen dieser Entscheidung gänzlich fehleingeschätzt zu haben und die als Gegenforderungen aufgestellten Bedingungen des Partners nicht erfüllen zu können. Schon im Babyjahr führt ihr stark vermindertes Einkommen zu Auseinandersetzungen; als sich nach dieser Zeit nur zwei weitere Beschäftigungen mit verhältnismäßig geringer Entlohnung anbieten, verschärfen sich diese, werden interpersonell verletzend und die Person degradierend. Um die Ehe nicht zu gefährden, aber auch weil sich die partnerschaftlichen Interaktionen inzwischen auf eine psychische Ebene verlagert haben, die bei der Interviewten zu starken Depressionen führt, folgen als Reaktion ihrerseits Rückzug vom Partner und eine abwartende Haltung. Vielleicht zur Rettung der Ehe, vielleicht aber auch aufgrund der Erfahrungen in der Herkunftsfamilie soll mit einem letzten Versuch der vorrangigen Forderung des Partners nach paritätischer finanzieller Beteiligung entsprochen und deshalb nach einer kurzen Arbeitslosigkeit eine Umschulung absolviert werden. Die erneute Arbeitslosigkeit nach dieser Maßnahme quittiert der Partner, indem er seinerseits die Ehe beendet und gegen eine neue Beziehung zu seiner ehemaligen Verlobten eintauscht.

Im Rückblick lässt sich zwar die Berufsfindung, aber nur Teile der Berufstätigkeit der dritten Interviewten als fremdinitiiert ausmachen - insgesamt können sie nicht als Auslöser depressiver Verstimmungen oder gar eines Orientierungszusammenbruchs angesehen werden. Erst die nicht erfüllbaren Forderungen des Partners und die in den folgenden Auseinandersetzungen dadurch hervorgerufene Disharmonie in der Beziehung, die nach den ersten Meinungsverschiedenheiten zwischen den Partnern und der Geburt des Kindes für die Interviewte ausgeräumt zu sein schienen, lässt die Ehe in den Augen des Partners „unnütz" erscheinen und zum mittelbaren Auslöser für eine Entstabilisierung der Interviewten werden. Ungeachtet tiefer Verzweifelung kommt es nur darum nicht zum erwarteten Orientierungszusammenbruch, weil wahrscheinlich das miterlebte Handlungsraster der Mutter in ähnlicher Situation aufgegriffen wird. Das Vorbild der Mutter, wie sie das Leben als Geschiedene mit zwei Kindern gemeistert hat, scheint eine Wiederholung zu erfahren und der Interviewten Kraft zu einem Neuanfang zu geben. So ist hier das Verhältnis zur Mutter – wie aufgrund der Vorkonstellation nicht anders zu erwarten war, – ganz anders als die Beziehung zwischen Mutter und Tochter bei der zweiten Interviewten. Offensichtlich war es allein die Mutter, die für eine behütete Kindheit der dritten Probandin sorgte und in einer Art Vorbildfunktion in wesentlichen Dingen des Lebens, den Grundstein für deren Prioritätensetzung, dem stetigen Streben nach Harmonie, legte. Damit wiederholen sich einerseits - wie im zweiten Interview -, die in der Herkunftsfamilie erlebten Handlungsstrukturen, andererseits weist ein Vergleich der beiden Interviews darauf hin, dass milieuabhängiges handlungskonkordantes Agieren nur dann stabilisierend auf das Kontrollhandlungssystem der Betroffenen wirkt, wenn es in der Herkunftsfamilie nicht zu einem Identitätsverlust gekommen ist.

In allen drei Interviews bestätigt sich außerdem die These, dass die individuelle Brennweite, innerhalb derer die Eigenheiten anderer Menschen toleriert werden, durch eigene Erfahrungen in der Herkunftsfamilie programmiert wird *(vgl. Weinberg/ Mauksch; 1991: 233-242)*. Dies gilt für die Toleranzgrenzen sowohl der Interviewten aus dem relativ fest strukturierten Bildungsmilieu der oberen Intellektuellenschicht der ehemaligen DDR, - die das ihr anerzogene Ordnungsverständnis auf ihren Partner überträgt und immer wieder allen schreibtischfremden Utensilien einen ihrem Verständnis nach angemessenen Platz zuweist -, wie auch für die aus der Mittelschicht bzw. der mehr oder weniger angepassten Arbeiterschicht stammenden zweiten und dritten Probandin. Insbesondere die zweite Interviewte unterstreicht die These von einer ´herkunftsbedingten Toleranzgrenze`, wenn sie innerhalb ihres Freundeskreises das Prozedere des Umgangs miteinander bestimmt und festlegt, wer zu welchen Bedingungen dazugehört. Nur in dem Masse, in dem die eigene Selbstbestimmung in der Herkunftsfamilie zugelassen worden ist, werden im späteren Miteinander die Beteiligten einer Partnerschaft abweichende Handlungen des jeweiligen Partners zu tolerieren in der Lage sein. Die fremdstrukturierten Handlungsaktionata der eigenen interpersonellen Interaktionsmuster setzen sich auch im Leben mit dem Partner mit der Folge fort, dass individuelle Ausprägungen des anderen bis zur eigenen physischen Erschöpfung und unter Ausschaltung verbaler Aushandlungsprozesse unterbunden werden, wie die zuvor beschriebenen Aufräumaktionen in Interview eins oder die vom Partner geforderten Putzorgien in Interview drei verdeutlichen. Insbesondere im dritten Interview zeigt sich die Intoleranz des Partners gegenüber seiner Ehefrau. Als es aufgrund der Arbeitslosigkeit zu

Teil II
4. Partnerschaftliche Interaktionsprozesse

vermehrter Freizeit der Partnerin kommt, ist der Ehemann nicht bereit, dieses freigewordene Zeitkontingent im Handlungsraum der Betroffenen zu belassen. Auf diese Weise degradiert der Partner zum Werkzeug zur Erfüllung eigener Bedürfnisse[92]. Bezogen auf die partnerschaftlichen Interaktionen sind demzufolge zwei Darstellungsweisen denkbar:

- zum einen kann gezeigtes wohlwollendes Interesse an anderen Menschen dazu dienen, sich diesen anderen zu nähern, um sich besser in deren Gedankenwelt hineinversetzen zu können,
- zum anderen ist damit ein Eindringen in den Erfahrungsraum anderer verbunden, die sich (wie in den Interviews eins und zwei) unter Umständen vehement dagegen wehren können, als „gläserne" Menschen zunächst analysiert und dann möglicherweise verändert, statt mit allen Eigenheiten von Anfang an akzeptiert zu werden.

Im krassen Gegensatz zum Bildungsmilieu der Intellektuellenschicht - und somit im Kontext weit möglichster Kontrastierung - stehen die Erfahrungen der zweiten Interviewten aus der Arbeiterschicht. Das jähe Ende der häuslichen Harmonie nach dem Tod eines Familienmitgliedes, ein fremd gebliebener Stiefvater, die zeitlich ungünstig fallende Ausreisemöglichkeit aus dem ungeliebten Gesellschaftssystem, kurz zusammengefasst: ein nie zu realisierendes Sicherheitsbedürfnis nach Vermeidung von persönlicher und wirtschaftlicher Instabilität, aber auch das unbefriedigte Bestreben nach Zugehörigkeit und Liebe, lassen die eigene und daraus resultierend auch die Selbstbestimmung Nahestehender nicht zu. Von diesen Personen wird vorrangig die Deckung bisher als defizitär wahrgenommener Bedürfnisse erwartet.

Abgesehen von der Vorstellung, Abhängigkeiten als bindende Elemente einer Partnerschaft zu sehen – wie dies im Umkehrschluss in Interview zwei durch fehlende gemeinsame Schulden und nicht gegebenen Verpflichtungen gegen-

---

[92] vgl. Die ergische Theorie von Cattell. Cattell (1975); Delhees, (1975), aber auch Herberer (1976) stellten bei ihrer Suche nach Motivatoren und deren Hemmnissen fest, dass ein Mensch, dessen Bedürfnisse nach Zugehörigkeit, Liebe, aber auch nach Sicherheit in der Kindheit nicht ausreichend befriedigt worden sind, mit Angst vor Neuem und geringer Akzeptanz gegenüber Fremdem reagiert. Mitmenschen dienen eher als Werkzeug, um eigene Bedürfnisse zu befriedigen und können zwar als solches, aber nicht als gleichwertiger Mensch mit eigener Persönlichkeit akzeptiert werden. *Cattell, Raymond, B.; 1973. Delhees, Karlheinz; 1975. Herberer, Hans-Joerg; 1976.*

über Kindern immer wieder angedeutet wird, existiert auch die konträre Auffassung, bei der die Betroffenen etwa gemeinsamen Verbindlichkeiten keinerlei Beachtung schenken, wie in Interview eins. Hier definiert sich die Gleichrangigkeit in der Existenz häufig durch Erfolg im Beruf und dem Wunsch nach Kindern; im Kern eine um eine erfolgreiche Berufsbiographie erweiterte konservativ geprägte Lebensvariante. Der Partner als Mensch bleibt nach beiden Standpunkten ein Fremder, wird zumindest nicht als eigenständige Person mit typischen Eigenheiten akzeptiert, erfährt also aufgrund einer einmal zugewiesenen Position als Partner und/oder Ehemann lediglich insoweit Beachtung, als er ein Auffangbecken für alle intrapersonellen Probleme der Probandinnen darstellt, in Interview eins durch „dem Partner die Probleme auf den Tisch packen" beschrieben. Allenfalls handelt es sich um diejenige Person, mit dem die Probandinnen ihr Leben verbringen möchten, da es - wie eine Interviewte bezeichnender Weise explizit sagt, es ja sowieso mal irgendwer geworden wäre. Damit scheidet der Partner von vornherein als gleichberechtigte Person aus. Während die eigentlichen Probleme zuerst einmal mit einer Freundin besprochen werden, gelangt er allenfalls in die Rolle eines Fremden. Wenn Tannen in ihren Untersuchungen über Kommunikationsstrukturen davon spricht, dass *Mann-Frau-Gespräche... immer ein interkulturelles Gespräch (Tannen, Deborah; 1992: 159)* seien, kann davon ausgegangen werden, dass die Stellung des Partners im alltäglichen Miteinander nicht anders positioniert ist. Dass sich in einer gegengeschlechtlichen Beziehung die Partner als ´Fremde` gegenüberstehen, lässt sich regelmäßig auch dann feststellen, wenn es um gendertypische Objektbedeutungen geht.

Hierbei lässt sich – bezogen auf die Objektbeschreibung, auf *Dinge*, wie Wohnungseinrichtung, Gesprächssituation, Verhalten und Bedeutung aller drei Interviewten konstatieren, dass alle ... *auf einen bestimmten Erfahrungsraum bezogenen konjunktiven Erfahrungen... nur erfassbar* (sind) *und gelten... für jene, die an ihnen in Existenz teilhaben... nicht überindividuell für alle möglichen Subjekte... sondern nur gegenüber den wirklich vorhandenen Mitgliedern einer Gruppe (Mannheim, Karl; 1980: 231).* Diese Gruppe lässt sich auf die der unmittelbar Betroffenen der Situation eingrenzen, auf die Familie, vertreten durch den Partner und das Kind, gelegentlich auch auf Freunde.

Am deutlichsten zeichnet sich der Kontrast der Wohnungsgestaltung zwischen der ersten und zweiten Interviewten ab. Neben dem Statussymbol Buch, das bei der Probandin eins stapelweise auf, neben einem Schreibtisch und in unmittelbarer Umgebung von Kinderspielzeug auf dem Boden liegt, rückt eine vollkommen aufgeräumte Wohnung der Probandin zwei ohne persönliche Kleinode der Bewohner besonders ins Blickfeld, steht Anspruch auf Lebensraum für sich und das Kind neben ausschließlich egozentrischer Besitzverteidigung. Die Probandin begibt sich gar nicht erst in die Dualität, sondern führt stattdessen diese ihre Handlung auf die Typenbildung der metamoralischen Ebene hin.

Als es um die Bewirtung der Interviewenden geht, in der sich die *zwischenmenschlichen Kommunikationsabläufe* eher *symmetrisch* gestalten könnten, tritt ein ähnliches Raster des Umgangs mit Menschen zu Tage. Wieder wird deutlich, dass die Symmetrie von seiten der Probandinnen nur im ersten und dritten Interview auf *Gleichheit (vgl. Watzlawick/ Beavin/ Jackson; 1967/ 1993: 70)* der Partnerinnen beruhen. Im zweiten Interview wird der Einstieg ins Interview mit einem Getränk zweckentfremdet genutzt, um eigene Ausgangspositionen zu verdeutlichen und nur zweitrangig, um eine angenehme Atmosphäre zu schaffen, wie sich an einer vordergründig angebotenen, aber nicht real existierenden Wahlmöglichkeit des Getränks zeigt. Wahrscheinlich resultieren auch hier die Intentionen der Handlungen aus den ersten Eindrücken des Lebens während der Kindheit und der Adoleszenzphase, denn diese *haben die Tendenz, sich als natürliches Weltbild festzusetzen... mag ... jede spätere Erfahrung... als Bestätigung und Sättigung dieser ersten Erfahrungsschicht, oder aber als deren Negation und Antithese empfunden werden... auch in der Negation orientiert man sich grundlegend am Negierten und lässt sich ungewollt durch es bestimmen (Mannheim, Karl; 1928/ 1978: 47).* Selbst an unbedeutenden Vorgängen lässt sich auf diese Weise der Einfluss und die Prägung durch die Herkunftsfamilie, vor allem der Umgang mit Fremden, verdeutlichen, der selbstverständlich auch in Form der *weibliche(n) Eigenschaften ... immer das Produkt einer Interaktion zwischen dem angeeigneten kulturellen System und den Zufällen der individuellen Lebensgeschichte sind (Hagemann-White, Carol; 1984: 104)* (ist).

Der zwischenmenschliche Umgang der Partner, ihre gegenseitige Akzeptanz der Individualität, unabhängig von einer genderbestimmten Prägung, legt zu großen Teilen fest, ob die interpersonellen Konflikte zur Zufriedenheit der Betroffenen gelöst werden können. Im maximalen Kontrast zu den anderen Interviewten lässt sich so einzig für die dritte Interviewte konstatieren, sowohl materielle Güter als auch gegenseitige finanzielle Abhängigkeiten der Partner und die Verteilung der häuslichen Arbeit sind nicht von Belang. Der Wunsch nach einer ausfüllenden Berufstätigkeit besteht latent, aber allenfalls gleichrangig neben dem Wunsch nach einem Kind. Für sie heißt Leben in einer Partnerschaft: Geborgenheit, Verständnis und Harmonie, denen sie zumindest zu Beginn der Ehe bereit ist, ein erhebliches Maß an Lebensenergie zu opfern. Aber auch sie verliert sich nicht völlig selbstlos an den Partner, wiedersetzt sich beispielsweise seinem Putzwahn und zeitweise seinen sexuellen Bedürfnissen. Mit zunehmenden ehelichen Spannungen erlahmen ihre Aktivitäten bis hin zur *Reduktion ihrer Handlungskompetenz,* zu Rückzug und Resignation. Gleichzeitig wartet sie die Entwicklungen und Entscheidungen des Partners ab und gibt damit *Territorium der Selbstidentität* auf. So ist er es am Ende, der für sich Bilanz und Konsequenzen zieht – Scheidung von der Probandin.

Interessanter Weise lässt sich anhand der partnerschaftlichen Interaktionsprozesse der drei Interviewten schon in einem frühen Stadium des Interviews ablesen, welchen Verlauf die Beziehung zwischen den Partnern nimmt. Dies äußert sich vor allem in der Art der Kommunikation untereinander, aber auch in der Fähigkeit zur verbalen Problemlösung. Transaktionsstudien mit Paaren belegen derartige Feststellungen *(vgl. Hahlweg, K.; 1986).* Im Gegensatz zu glücklichen Paaren, denen es in der Regel gelingt, negative Entwicklungen während verbaler Auseinandersetzungen vorzeitig zu beenden, begründen eher unglückliche Paare entweder ihr ´Ausdiskutieren` oder ´Schweigen`, ´ihr unter den Teppich kehren`, d. h. ihre mangelnde Fähigkeit zum verbalen Lösen von Problemen, mit dem Argument, Rücksicht auf Dritte, z. B. Kinder, nehmen zu müssen, sie vor belastenden Erlebnissen bewahren zu wollen *(vgl. Klann/ Hahlweg/ Hank; 1992: No. 5. 10-12),* wie in Interview eins und drei argumentiert wird, als es um die Beantwortung der Frage geht, ob das Kind mit den Problemen der Mutter konfrontiert wird.

Nach dem Sinngehalt des Begriffs „Partnerschaften" versteht man hierunter allgemein auf Dauer angelegte Lebensgemeinschaften in Form von Liebes-,

Teil II
4. Partnerschaftliche Interaktionsprozesse

Partner-, Wohn-, und/oder finanziellen Gemeinschaften. Wenn auch nur ungenügend, gibt die neudeutsche Wortschöpfung 'Lebensabschnittsgemeinschaft' dabei in etwa die Implizierung wieder, dass in jüngerer Zeit nicht mehr zwangsläufig und in jedem Fall von einer lebenslangen Bindung ausgegangen wird. Ein deutlicher Hinweis auf die dauerhafte Qualität einer Partnerschaft lässt sich Längsschnittuntersuchungen zufolge schon relativ früh nach deren Begründung am subjektiv positiven Erleben dieser Beziehung durch die Partner festmachen *(vgl. Hahlweg; 1991: 117-152).* Im Umkehrschluss ist dann eine Beziehungsstörung zu konstatieren, wenn das subjektive Empfinden bezogen auf die Partnerschaft ausgeprägt negativ ist, - wie dies in Interview zwei mehrmals durch die Interviewte signalisiert wird - allgemein eine Unzufriedenheit vorliegt, oder die Beziehung gar in der stärksten Ausprägung als Unglück empfunden wird.

Neben der positiven allgemeinen Konfliktfähigkeit im Rahmen des Kommunikationsverhaltens orientiert sich der Verlauf einer Partnerschaft auch am Einzelverhalten der Partner, an ihrer Bereitschaft zu Mitteilungswerten. Wechseln sich Standortbestimmungen und korrigierende Definitionen der Partnerschaft ab, in denen das jeweilige Gegenüber die gerade vorgenommene Festlegung zu widerlegen sucht, resultiert daraus nicht nur eine permanente Neudefinition der Beziehung, sondern bei anhaltender Praxis ebenso ein Interaktionschaos *(vgl. Watzlawick/ Beavin/ Jackson; 1967/ 1993: 127)* innerhalb der Partnerschaft. Insgesamt negativ eingestellte Beziehungen lassen den Partner nur begrenzt die eigene Welt miterleben, bieten weniger Raum für eigene Gefühle, Gedanken und Wünsche. Im Gegenzug gestatten sie dem Gegenpart gleichfalls weniger Mitteilungen, d. h. Äußerungen über die Befindlichkeit werden überhört, dem Partner wird selten Zustimmung erteilt, stattdessen eher der Konflikt herausgefordert. So äußert die Probandin in Interview eins verbal ihr Unverständnis darüber, dass ihr Partner nicht mit ihr über seine Probleme spricht, in Interview zwei legt die Interviewte dar, wie sie den Partner explizit auffordert, seine Probleme zu benennen, dies jedoch mit dem Hinweis auf Eskalation der vorausgegangenen Gespräche verweigert wird. Weder unterstützt oder motiviert der Partner verbal, noch findet üblicherweise ein Eingehen auf die Gedankengänge der Partner statt. Stattdessen werden deren geäußerte Wünsche, Vorstellungen und Handlungen kritisiert, die Eskalationskette der Unstimmigkeiten und Disharmonien schließt sich damit stets aufs Neue - wie in Interview drei. Gleichzeitig jonglieren die Beteiligten negativ eingestellter Beziehungen mit im Wesentlichen fünf weiteren kognitiven Variablen, durch deren Negativbesetzung zusätzlich negative Stimuli in die partnerschaftliche Auseinandersetzung getragen werden. Neben *assumptions, attributions, beliefs or standards*, sind es *expectancies* and *perceptions*[93]. Keine der vorgenannten veränderlichen Größen lässt längerfristig ein gleichberechtigtes, neutrales oder positives Bild vom Partner bestehen. Ihre Anwendungen festigen vielmehr aufgrund eigener beschränkter Sichtweise sowohl ein negativ geprägtes Partnerbild, als mit der Zeit auch eine negative Grundeinstellung zum Leben generell mit der Folge, dass die eigene Vergangenheit und Zukunft insgesamt negativ bewertet wird. Beck spricht in diesem Zusammenhang von *negativer Triade* und macht diese u. a. für Depressionen *(Beck/ Rasch/ Schorr/ Emery; 1992)* und Krankheitsbilder mit starker depressiver Prägung verantwortlich. Gleichzeitig sind die beschriebenen Stimuli Auslöser für weitere Negativa, d. h. sie engen die Möglichkeit zur objektiven Wahrnehmung ein und bestätigen vorangehende negative Annahmen im *Alles- oder Nichts-Denken*, im *absolutistischen Denken* und im *Verallgemeinern (ibid)*.

Solche Entwicklungen lassen sich durch die Probandin initiiert in Interview zwei und durch den Ehepartner ausgelöst in Interview drei festmachen. Geradezu lehrbuchhaft bestätigen sich im letztgenannten Fall die Zuschreibungen einer negativen Partnerschaft, in der der Partner immer wieder seine als (allein-)gültig vorausgesetzten Vorgaben auf seine Frau überträgt, bis am Ende der Beziehung nur noch die Frage nach dem ´Alles oder Nichts` im Raum steht: entspricht sie meinen Vorstellungen und Erwartungen? Überlegungen, ob die Ehefrau ihren Möglichkeiten entsprechend nicht alles unternimmt, um die aufgestellten Forderungen zu erfüllen, kommen gar nicht erst zum Tragen. Im Gegensatz zu den Partnern der ersten und zweiten Interviewten, von denen aufgrund ihres Verhaltens angenommen werden kann, dass sie sich im allgemeinen mehr von

---

[93] „assumptions": Vermutungen; „attributions": Zuschreibungen oder Zuweisungen; „beliefs or standards": Meinungen und Normen; „expectancies: Hoffnungen i. S. von Erwartungen; „perceptions": Empfindung, Vorstellung; *vgl. Baucom/ Epstein; 1990.*

Teil II
4. Partnerschaftliche Interaktionsprozesse

ihren Partnerinnen verstanden wissen, Bestätigung erfahren und damit eher gängige Forschungsergebnisse[94] über die (positive) Befindlichkeit von Partnern stützen, erliegt der Ehemann der dritten Interviewten seiner selbst erschaffenen Beweiskette der sich *selbsterfüllenden Prophezeiung*, seine Ehefrau sei zu nichts in der Lage *(vgl. Watzlawick/ Beavin/ Jackson; 1967/ 1993: 95)*. Indem er der Partnerin immer wieder sein Misstrauen in ihre Fähigkeiten signalisiert, verunsichert er sie so lange, bis sie seine Überzeugung internalisiert, sich zurückzieht, in Depressionen verfällt und nun auch real nicht mehr so handlungsfähig wie zu Beginn der Ehe ist.

Neben den partnerschaftlichen lassen sich bei allen Interviewten fremdinitiierte Auslöser feststellen, die als Initiatoren von Verhaltensänderungen innerhalb der Partnerschaft gelten können. Zum einen fühlt jede Probandin sich durch den gesellschaftspolitischen Wechsel der Wiedervereinigung beider deutscher Staaten beeinflusst – jeweils im Kontext ihres sozialen Umfeldes in unterschiedlichem Maße. Darüber hinaus kann mit höchster Priorität versehen als weiterer externer Initiator die Arbeitslosigkeit gelten. Diese Periode vermehrter Zeitkontingente gibt der Betroffenen einerseits Raum zum Nachdenken über die Partnerschaft generell, andererseits birgt sie die Gefahr, Verhaltensveränderungen des Partners bis hin zur subjektiven Erwartung ihres Eintretens ins gedankliche Handlungskalkül zu ziehen. Auslöser verbaler Konflikte sind dann nicht mehr anstehende Alltagsprobleme, sondern Gesten und Kleinigkeiten, die im normalen Alltagsablauf kaum wahrgenommen, umso weniger kritisiert würden, wie etwa die Aufbewahrung persönlicher Gegenstände im Schreibtisch – wie im Interview eins -, die zu Kontrollzwecken veränderte Fluchtlinie eines Flurspiegels - Interview zwei - oder die Erwartung der täglich stäubchenfreien Reinigung des Wohnzimmerteppichs – wie in Interview drei als Reaktion des Partners, nicht der Probandin -. Bliebe es bei diesen Konflikten, müsste sehr vereinfacht dargestellt nur das Band verhärteter Kommunikation durchbrochen wird. Stattdessen entsteht jedoch ein Zwangsprozess, der dazu führt, Abhängigkeiten zu verdeutlichen. Der Partner zeigt sich u. U. nämlich erst dann wieder gesprächs-

---

[94] vgl. die Theorien von Campell, Converse und Rodgers, deren Untersuchungen über das Verhalten amerikanischer Ehemänner ein eindeutiges Bild bezüglich ihrer Zufriedenheit in der Ehe zeichnen. *Campell/ Converse/ Rodgers; 1976*.

bereit, wenn der andere seine Forderungen erfüllt; im Extremfall wird Partnerschaft und körperliche Zuneigung solange aufgekündigt, bis das Verhalten des Partners den Vorgaben entspricht. - So wird der Partner im Interview zwei mehrmals für kurze Zeit aus der Wohnung verwiesen, in die er erst unter Zusicherung der eigenen Veränderung wieder einziehen darf; im dritten Interview wird für ein Jahr der Geschlechtsverkehr mit dem Partner verweigert. Zur Durchsetzung weiterer Ziele reicht ein ein- oder zweimalig statuiertes Exempel dann aus. Zukünftig genügt es, dieses Handlungsraster, z. B. die Androhung eines Rauswurfs, nur noch anzudeuten. Die Reaktion des Partners kann allerdings sowohl im vorläufigen Nachgeben – wie im Interview zwei - als auch in der Suche nach Alternativen – wie im Interview drei - liegen. Damit bestätigen sich die Erkenntnisse der sozialkognitiven Lerntheorie *(vgl. Bandura, A.; 1979)* ebenso wie die der sozialen Austauschtheorie. Nach Reziprozitätsannahmen *(vgl. Pruitt, D. G.; 1968: 143-47)* bewirken diese ´Erpressungen` zwar in jedem Fall eine Verhaltensänderung, allerdings weniger durch die Änderung des Verhaltens des Partners an sich, sondern in der Weise, das durch den vermeintlich positiven Ausgang der ´Erpressung` dieser Weg für den auslösenden Partner langfristig erfolgversprechend und deshalb gangbar erscheint. Zukünftig folgt auf Strafe – Strafe, auf Belohnung – Belohnung, auf Zuneigung – Zuneigung, bis sich der andere Teil den Auswirkungen dieser Schaukelbewegung entzieht. Partnerschaften, in denen einem Part das Ausscheren aus dieser Eskalationskette gelingt, oder in denen unbeeindruckt vom Verhalten des anderen die eigenen Aktivitäten fortgesetzt werden, initiieren auf diesem Wege einen weiteren Rückgang von Gemeinsamkeiten, bis schließlich positive Interaktionen gänzlich entfallen. Beispielhaft sei in diesem Zusammenhang auf folgende Sequenzen verwiesen: der Partner der ersten Interviewten räumt immer wieder seine ganz persönlichen Dinge in den Schreibtisch zurück; derjenige im zweiten Interview hört sich alle Verbesserungsvorschläge bezüglich der Aufteilung der Hausarbeit an und handelt weiterhin wie bisher; die Probandin im dritten Interview spielt lieber mit dem Sohn, als die vom Partner geforderte Hausarbeit zu erledigen. Die Folge für den sich attackiert fühlenden Part ist ein weiteres Absinken der Partnerschaft auf der individuellen Wertigkeitsskala bis annähernd die Null-

Grenze erreicht ist, und in letzter Konsequenz der Ehemann der Probandin drei schließlich die Beziehung ganz beendet.

Ein weiterer Indikator für eine gelungene oder missglückte Partnerschaft ist die Art und Weise, mit der der Habitus vertreten wird. So gleichen sich in der unflexiblen Aufrechterhaltung die ersten beiden Interviewten. Während eine stringent ihren Habitus als Intellektuelle beibehält, beharrt die andere auf ihrem als Mensch mit besonderen Anlagen. Die dritte Interviewte kennt – soweit es der Interviewtext erkennen lässt - keinen Habituskonflikt, sondern versucht durch den Rückzug vom Ehemann eine Schadenbegrenzung für ihre Person vorzunehmen. Aber erst als der Partner sie verlassen hat, kehrt sie zur Ausgangslage zurück – der Habitusanspruch wird ersetzt durch Wiederfinden des eigenen Selbstvertrauens, durch inneren Territoriumsgewinn.

Auffällig ist in diesem Zusammenhang bei zwei Interviewten die Verquickung von vorgefassten Annahmen und deren nachträgliche Erfüllung in der Realität *(vgl. Baucom/ Epstein/ 1990)*. Gemeint ist im ersten Fall der vorauseilende Gehorsam der Interviewten gegenüber den Eltern in der Adoleszenzphase, im anderen Fall die implizite Erwartungshaltung an den Partner, der seine ihm in der Partnerschaft stillschweigend zugedachte Funktion nicht erfüllt und so die negative Grundeinstellung der Interviewten zu der Funktion von Vätern generell erhärtet. Diese Darstellungen sind bereits wissenschaftlich katalogisiert. Zum einen hat der amerikanische Soziologe Merton *(vgl. Merton, Robert King; 1965)* den Begriff der *self-fullfilling prophecy* geprägt, worunter er die nachträgliche Bestätigung einer ursprünglich unzutreffenden Meinung über eine Person oder Sache versteht. Zum anderen beschreibt Max Frisch den gleichen Effekt in seinem Theaterstück 'Andorra` und nennt ihn deshalb *Andorra Effekt*. Auch ihm geht es darum, dass ein Mensch seine Handlungsweise an die Erwartungshaltung eines anderen Menschen dergestalt anpasst, dass dessen Fehlurteil sich langsam erhärtet und mit der Zeit sogar zutrifft. Beide Ansätze beschreiben somit zunächst irrige Verhaltensstrukturen, die sich jeweils im Nachhinein dennoch selber bestätigen.

So verwundert es nicht, dass es in allen vorgestellten Partnerbeziehungen eine 'logische Sackgasse` gibt, in die sich die Beteiligten im Rahmen der partnerschaftlichen Aushandlungsprozesse immer wieder selbst hinein zu manövrieren scheinen. Regelmäßig dann, wenn die Frauen in ein emotionales Tief gelangen, etwa weil sie mit extern entstandenen Problemen, wie denen einer erneuten Arbeitslosigkeit, die sie nicht beseitigen und/oder positiv beeinflussen können, konfrontiert werden, sinkt ihr Selbstwertgefühl mit der Folge einer verkürzten Fokussierung auf den Partner. Teilweise werden in dieser Situation dann Forderungen an den anderen gestellt, die sie selber – schon gar nicht als Vorleistungen – weder erfüllen, noch zu deren Erfüllung bereit sind. Häufig handelt es sich dabei um die spiegelbildlichen Ausprägungen der Kritikansätze des anderen. Die eigene Arbeitslosigkeit etwa wird dem beruflich erfüllten und engagierten Partner als Minuspunkt angekreidet – wie in Interview eins und zwei. Lang scheint der Katalog der Vorwürfe, der von mangelnder Offenheit im Gespräch und nicht permanent gezeigtem Verständnis über Desinteresse an der Befindlichkeit der mehr oder weniger zwangsweise nicht berufstätigen Frau, - so im Interview eins und drei - bis hin zur verfälschten Wahrnehmung reicht, wenn dieses Verständnis dennoch, wie im Interview eins, feststellbar ist.

Emotionale Ausbrüche in Verbindung mit einseitigen Gunstbezeugungen, wie im Interview zwei, wechseln sich ab. Und doch scheinen es eher unerkannte gendertypische Bezugssysteme zu sein, die nicht gleichzeitig von den Betroffenen verlassen und angewendet oder negiert werden können. Auf diesem Wege wird die wiederholt aufgetretene Verbalisierung von Kommunikationsproblemen, die Metakommunikation über die Kommunikation paradox.

Ähnliche Paradoxien treten auf, wenn dem Partner einerseits immer wieder Zuneigung signalisiert, gleichzeitig jedoch die grundsätzliche Beziehungsstruktur in Frage gestellt wird, so in Interviews zwei und drei. Watzlawik spricht in diesem Kontext von *doppelbindender Situation (Watzlawik et al; 1967/ 1993: 197)*, der jeder Mensch für mehr oder weniger kurze Zeit in seinem Leben ausgesetzt ist, die jedoch, tritt sie permanent auf, sich zu einer schleichenden, aber fest verankerten *gewohnheitsmäßigen Erwartung*, eben zur Fahrt in eine partnerschaftliche Sackgasse entwickeln kann. Bateson *(vgl. Bateson; 1972/ 1990: 24ff)* geht sogar soweit, diese sich auf verschiedenen Ebenen widersprechenden Mitteilungen bzw. Metamitteilungen als Konflikt auslösenden Prozess zu sehen, denen sich in der Regel der andere Partner nicht unmittelbar und im Entstehungsprozess - oder wenn, dann nur durch *Rahmenwechsel* oder Metakommunikation - entziehen kann. Entweder resultieren hieraus unmittelbar Überreaktionen oder erneute *Rahmenwechsel*. In jedem Fall signalisieren diese dem Gegenüber aber deutliche Diskrepanzen zum (vor-)gegebenen Rahmen (vgl. *Tannen, Deborah; 1986/ 1992: 98-107),* auch *footings (ibid: 107)* genannt. Spätestens wenn die differierenden Mitteilungen deutlich werden, wenn der Wechsel von Freund zu Feind vollzogen ist, kommt es umgekehrt leicht zu Gegenreaktionen. Der vordergründig gelobte, indirekt jedoch degradierte Partner wird zukünftig entweder ähnliche Situationen meiden, seine Probleme nicht ansprechen oder sich durch gänzliches Schweigen den Angriffen entziehen. Mit der Zeit verringern sich auf diese Weise die Interaktionsprozesse der Partner immer mehr und gefährden damit das Weiterbestehen der Partnerschaft, wie sich in Interview zwei und drei zeigt.

Während im ersten und zweiten Interview immer wieder Normen, wie eine Beziehung zu funktionieren habe, stilisiert werden, stellt die Probandin des dritten Interviews keine Absolutismen auf, sondern äußert in den Auseinandersetzungen mit dem Partner lediglich, welch hohen Stellenwert sie einer harmonischen Beziehung einräumt. Sie vergleicht ihre Vorstellungen zwar mit der Realität, stellt Anforderung und reale Beziehung gegenüber, ohne jedoch Wertigkeiten zu verteilen. Und doch existieren Unterschiede, die anscheinend im Bildungsmilieu der Betroffenen begründet liegen, denn *während das kommunikative Denken mit der gesamten Sphäre der Zivilisation prinzipiell auf alle Gemeinschaften übertragbar ist, ist das konjunktive Denken auch auf der Bildungsebene in seiner Totalität nicht übertragbar (Mannheim, Karl; 1980: 299).*

Die erste Interviewte entstammt, wie bereits dargelegt, einem Intellektuellenmilieu, zu dem sie sich zugehörig fühlt. Hieran ändert sich auch in der Zeit der Arbeitslosigkeit nichts. Vielmehr beschränkt sich ihre Problematik auf eine zunächst nicht absehbare, aber stark erwünschte berufliche Karriere. Die dritte Interviewte fühlt sich ebenfalls in der Arbeitslosigkeit weiterhin ihrem Milieu - dem des Mittelstandes - zugehörig. Doch während das Milieu der Mittelschicht offenbar immer Handlungsalternativen und Zugeständnisse an Angehörige anderer Milieus erforderte und ihre Agierenden dadurch flexiblere Handlungsstrukturen anzuwenden vermögen, verliert sich mit der Zugehörigkeit zur intellektuellen Oberschicht anscheinend die Anpassungsfähigkeit und Anpassungswilligkeit an 'tieferstehende` Bildungsmilieus – ein insgesamt recht elitärer Standpunkt, der in den Interviews insbesondere im *Ausprägungsgrad geschlechtstypischen Verhaltens (Degenhardt, Annette; 1979: 41)* zum Ausdruck kommt. Während eines ABM-Einsatzes prallt die ausgeprägt entwickelte Vorstellung der Angehörigen der intellektuellen Oberschicht auf die der Kolleginnen, die sich als Angehörige eines niedriger anzusiedelnden Bildungsmilieus anders verhalten, die sich anstelle über der Tätigkeit immanente wissenschaftliche Probleme gegenseitig über Modetrends und günstigste Einkaufsmöglichkeiten austauschen. In dieser Auseinandersetzung geht es deutlich nachvollziehbar nicht um zwischenmenschliche Probleme, um abweichende Gesprächssubjekte, sondern um Aufrechterhaltung eines Status, auf den die Betroffene deshalb besonderen Wert legt, weil sie mit diesem Status der Intellektuellen die typischen weiblichen Handlungsraster negiert. Die deutlich zum Ausdruck gebrachte Abwehrhaltung genderspezifischer Handlungen wird dann verständlich, wenn sie mit der Stellung der Mutter innerhalb der Herkunftsfamilie in einen Zusammenhang gebracht wird. Die Probandin unternimmt alles, um auch in ihrer Arbeitslosigkeit nicht in die ungeliebte Rolle der Hausfrau gedrängt zu werden.

Handlungskonkordant sind die interviewten als Angehörige der Oberschicht (Interview eins) und des Mittelstandes (Interview drei) darin, für ihre Lebensziele – beruflich und familiär - Leistung erbringen zu wollen. Sowohl bei der ersten, als auch der dritten Interviewten spielt die Aufrechterhaltung der Milieuzugehörigkeit eine höchstens untergeordnete Rolle. Da auch in der Kindheit und in der Adoleszenzphase zu keinem Zeitpunkt ihre Milieuzugehörigkeit in Frage gestellt oder gar ein Abgleiten in ein 'tiefer` anzusiedelndes miterlebt wird, kommt der Gedanke, an einen durch äußere Umstände herbeigeführten Milieuwechsel auch in Zeiten der Arbeitslosigkeit gar nicht erst auf. Dies kann sowohl ihrem anfänglich vorhandenen Selbstverständnis, als auch ihrem zu allen Zeiten beibehaltenen Milieu zugerechnet werden.

Die zweite Interviewte kann eher der unteren Mittel- bis oberen Unterschicht zugeordnet werden. Ihr soziales, aber auch ihr Bildungsmilieu ist aufgrund gesellschaftspolitischer Veränderungen und eigener Entscheidungen nach der politischen Wende ohne externe Initiatoren nicht zu halten. Im Verlauf des Interviews wird deutlich, dass ein neuer Partner offensichtlich die Funktion erhalten soll, den durch Arbeitslosigkeit und fehlende Eigeninitiative vorhersehbaren Milieuabstieg nicht nur zu verhindern, sondern die Selbstverortung in ein gehobeneres Milieu zu realisieren. In dem Moment, in dem diese Realisation in Frage gestellt ist, wird die Partnerschaft einer Überprüfung in Form einer Bestandsaufnahme unterzogen. Erst aus deren negativer Auswertung ergibt sich die neue Devise der Probandin, zukünftig über eine Berufstätigkeit ihre außergewöhnlichen Qualitäten beweisen zu wollen. Damit erhärtet sich gleichzeitig auch die These aus den Interviews eins und drei, dass eine entlohnte, außerhäusliche Beschäftigung komplexerer Natur ist und nicht nur unter einem finanziellen Aspekt betrachtet werden kann. Zu ähnlichen Ergebnissen kommen auch Morowsky und Ross in ihren Studien über die Abhängigkeit von Kinderversorgung, über emotionale Abhängigkeit und Berufstätigkeit *(vgl. Ross/ Morowsky; 1988: 127-138)* von Frauen. Da diese Abhängigkeiten nicht gendertypisch weiblich, sie vielmehr anhand zahlreicher Studien auch bei arbeitslosen Männern nachgewiesen worden sind, können aber die durch die Interviews ermittelten und durch vorausgegangene Forschungen belegten Ergebnisse als bekannt vorausgesetzt und nicht gendertypisch klassifiziert werden.

Resümee

Der Verlauf der hier vorgestellten Interviews belegt: Arbeitslosigkeit initiiert zwischen Partnern keineswegs Prozesse, die nicht bereits vor ihrem Eintritt angelegt waren; konfliktbeladene partnerschaftliche Interaktionsprozesse werden vielmehr lediglich subsumiert und zur Eskalation gebracht. Durch die Berufstätigkeit beider Partner zuvor verdrängte Streitpunkte in der Ablaufgestaltung des täglichen Miteinanders, vor allem mangelnde Kompetenzen, Probleme zu verbalisieren und über konträre Auffassungen zu kommunizieren, gelangen im Verlauf einer Arbeitslosigkeit ebenso schonungslos zur Aufdeckung wie die Anbindung zentraler Lebensorientierungen, kohärenter Wertvorstellungen und die eigene Identifikation. Die Fähigkeit zur Handhabung der Selbstverortung als Zielvorgabe für die Zukunft[95] gerät unversehens auf den Prüfstand. Dennoch wird in allen drei vorgestellten Interviews deutlich, wie schwer die Meandrierung und/oder die wenigstens ansatzweise Veränderung von verinnerlichten Handlungsstrategien der Herkunftsfamilie ist, obgleich zu Unzeiten auftretende plötzliche Ereignisse zu typischem krisenhaften, nicht antizipierbarem Verhalten führen *(Kohli, Martin; 1986: 190)*. All dies bietet ein zusätzliches, nicht zu unterschätzendes Konfliktpotential im alltäglichen Zusammenleben innerhalb einer Partnerschaft und damit auch im gesamtgesellschaftlichen Miteinander.

Im Prozessverlauf demaskieren sich die Partner nicht nur selbst, vor allem legen sie, - gezwungen durch die Umstände oder durch Erreichen ihrer physischen und psychischen Belastungsgrenze - ihre Wertschätzung und Einstellung dem anderen gegenüber schonungslos offen.

Die extrem hohe emotionale, psychische und fast immer auch finanzielle Belastung einer Arbeitslosigkeit ist ebenso unbestreitbar, wie die tiefen Spuren, die sie in der Regel schon beim erstmaligen Auftreten in der Psyche der Betroffenen hinterlässt und die selbst während eines anschließenden Berufslebens nicht mehr vollständig verwischen *(Strehmel, Petra;1992: 71)*. Gleichwohl bietet die Phase einer Arbeitslosigkeit der betroffenen Frau und ihrem Partner auch die Chance einer gemeinschaftlichen Revision der Beziehung, indem sie die Agierenden zur kritischen Bestandsaufnahme zwingt. Dies führt nahezu zwangsläufig zu einem Neubeginn innerhalb oder außerhalb der Partnerschaft und insoweit zu einer Veränderung partnerschaftlicher Interaktion.

Ob und in welchem Maß durch eine kritische Bestandsaufnahme und Selbstreflektion auch persönlichkeitsverändernde Prozesse initiiert werden, die sich möglicherweise positiv auf die bestehende oder eine folgende Partnerschaft auszuwirken vermögen, muss an dieser Stelle dahingestellt bleiben. Die Klärung dieser Frage würde nicht nur den ursprünglichen Ansatz, nämlich die Auswirkungen von Arbeitslosigkeit auf die Partnerschaft zu untersuchen, sprengen, sondern zur Ermittlung inhaltlicher Komponenten der Handlungsstrukturen

---

[95] vgl. hierzu auch die Untersuchungen von Jahoda et. al. (1978). 10ff. Hier wird auf die Marienthal-Studie aus dem Jahre 1931/32 hingewiesen, in dem es zu ähnlichen ehelichen Beziehungsgeflechten gekommen war. *Jahoda/ Lazarsfeld; 1933/ 1978.*

Teil II
4. Partnerschaftliche Interaktionsprozesse

auch Längsschnittuntersuchen – mithin einen bezogen auf die dargestellten Interviews abweichenden methodischen Ansatz bedingen. Letztlich sei zusammenfassend nochmals betont, nicht der Arbeitslosigkeit als solcher kann die Verschlechterung oder Verbesserung einer Partnerschaft angelastet werden. Vielmehr sind es die von allen Beteiligten eingebrachten Interaktionsanteile, die die Qualität einer Beziehung bestimmen. Negative Verstärker können – zusätzlich beschleunigt durch das äußere Ereignis Arbeitslosigkeit - sowohl ein generell mangelndes Kommunikationsvermögen, aber auch individuelle Schwierigkeiten in der Handhabung von Problemen sein. In jedem Fall sind es Persönlichkeitsmerkmale Erwachsener, die sich zwar auf Initiatoren in der Kindheit, der Adoleszenzphase und auf gesellschaftliche Veränderungen berufen mögen, die jedoch als 'Akteure` dennoch eigenverantwortlich ihre Partnerschaft gestalten. Arbeitslosigkeit kann innerhalb der Beziehung als externer Initiator für Veränderungen wirken, den Ausgang des dadurch ausgelösten Prozesses haben die Beteiligten als (bewusst) Handelnde erst einmal selbst zu vertreten. Eine gesamtgesellschaftliche Mitverantwortung für derartig negative Interaktionspotentiale lässt sich gleichwohl zu keiner Zeit außer Kraft setzen. Dies ist denn auch als Aufforderung an alle Mitglieder unserer Gesellschaft zu verstehen Arbeitslosigkeit entweder zu verhindern oder wo dies nicht möglich ist, die Betroffenen mit Aktionspotentialen zu versehen, d. h. sie mit ihren Problemen nicht alleine zu lassen.

5. Bibliographie

Abele, Andrea; Rank, Susanne (1993): Zur Stimmungskontingenz der Verarbeitung persuasiver Kommunikation. In: Zeitschrift für Sozialpsychologie. 117-128.

Adorno, Theodor (1955): Sociologica. Zum Verhältnis von Soziologie und Psychologie. In: Frankfurter Beiträge zur Soziologie. Bd. 1. Frankfurt/M.: Suhrkamp. 11-45.

Amato, P.R.; Keith, B. (1991): Parental divorce and adult well-being: A metaanalysis. In: Journal of marriage and the family. 53. 43-58.

Bandura, A. (1979): Sozial-kognitive Lerntheorie. Stuttgart: Klett.

Bast, Christa; Ostner, Ilona (1992): Ehe und Familie in der Sozialpolitik der DDR und BRD – ein Vergleich. In: Schmähl, Winfried (Hrsg.) (1992): Sozialpolitik im Prozess der deutschen Vereinigung. Frankfurt/Main: Campus.

Bateson, Gregory ([1972] 1990): Ökologie des Geistes. Anthropologische, psychologische, biologische und epistemologische Perspektiven. Frankfurt/M.: Suhrkamp.

Bateson, M. C. (1986): Mit den Augen einer Tochter. Reinbek bei Hamburg: Rowohlt.

Baucom, D. H.; Epstein, N. E. (1990): Cognitive-behavioural maritial therapy. New York: Brunner & Mazel.

Beck, A. T.; Rasch, A. J.; Schorr, W. F.; Emery, G. (1992): Kognitive Therapie der Depression. Weinheim: Psychologische Verlags Union.

5. Bibliographie

Belwe, K. (1989): Sozialstruktur und gesellschaftlicher Wandel in der DDR. In: Weidenfeld, Werner; Zimmermann, Hartmut (Hrsg.) (1989): Deutschland-Handbuch. Eine doppelte Bilanz 1949-1989. München: Hanser.

Bertram, Barbara (1975): Probleme der Berufsvorbereitung bei Jugendlichen. In: Lebensweise – Kultur – Persönlichkeit. Materialien vom II. Kongress der marxistisch-leninistischen Soziologie in der DDR. 15.-17.5.1974. Berlin (Ost): Dt. Verlag der Wissenschaften. 128-133.

Bertram, Hans u.a. (1989): Blickpunkt Jugend und Familie. München: Verlag Dt. Jugenddienst.

Blankenburg, Wolfgang (1971): Der Verlust der natürlichen Selbstverständlichkeit. Stuttgart: Enke.

Blumstein, Philip; Petter, Schwartz (1984): American Couples: Money, work, sex. New York: William Morrow.

Bodenmann, Guy (1995): Bewältigung von Stress in Partnerschaften: Der Einfluß von Belastungen auf die Qualität und Stabilität von Paarbeziehungen. Freiburg (Schweiz): Universitätsverlag. Bern: Universitätsverlag. Bern: Huber.

Bohnsack, Ralf ([1991] 1993): Rekonstruktive Sozialforschung – Einführung in Methodologie und Praxis qualitativer empirischer Forschung. Opladen: Leske +Budrich. 2. Aufl. 1994.

Bourdieu, Pierre (1982): Die feinen Unterschiede. Kritik der gesellschaftlichen Urteilskraft. Frankfurt/M.: Suhrkamp.

Bowen, Murray (1960): A family concept of schizophrenia. Chap. 12. In: The etiology of schizophrenia. New York: Basic.

Bradbury, T. N.; Fincham, F. D. (1989): Behavior and satisfaction in marriage. In: Hendrick, C. (Hg): Close relationships Review of personality and social psychology 10. 119-143. London: Sage.

5. Bibliographie

Brody, R.; Hall, Judith A. (1993): Gender and emotion. In: Lewis, Michael; Haviland, Jeannette. Handboek of emotions. New York: Guilford.

Brose, Hans-Georg (1990): Berufsbiographien im Umbruch. In: Kölner Zeitschrift für Soziologie und Sozialpsychologie. Opladen: Westdeutscher Verlag. 31 Jg. 179-211.

Brown, G. W.; Harris, T. O. (1978): Social origins of depression. A study of psychiatric disorder in women. New York: Free Press.

StU-HA IX 3319, Blatt 3,7 und 10.

Buchheim, Christioph (1999): Kriegsfolgen und Wirtschaftswachstum in der SBZ/DDR. In: Puhle, Hans-Jürgen (Hrsg.): Ostdeutschland unter dem Kommunismus 1945 – 1950. Geschichte und Gesellschaft 4. Göttingen: Vandenhoeck & Ruprecht. 515-529.

Büchtemann, Christoph, F. (1984): Der Arbeitslosigkeitsprozess. In: Bonss, W.; Heinze, R. G. (Hg.): Arbeitslosigkeit in der Arbeitsgesellschaft. Frankfurt/Main: Suhrkamp. 53-105.

Bundesarchiv. DR 2/839. Ministerium für Volksbildung. Berlin.

Burkardt, Günter; Fietze, Beate; Kohli, Martin (1989): Liebe, Ehe, Elternschaft. Eine qualitative Untersuchung über den Bedeutungswandel von Paarbeziehungen und seine demographischen Konsequenzen. In: Bundesinstitut für Bevölkerungsforschung (BIB). Heft 60, Wiesbaden.

Carison, Kathie ([1989] 1992): Nicht wie meine Mutter. München: Kösel.

Campell, A.; Converse, Pl.; Rodgers, W. (1976): The quality of american life. Perceptions, evaluations and satisfactions. New York: Russell Sage.

Cattell, Raymond, B. (1975): Motivation and dynamic strukture. London: Holt.

Cicourel, Aaron V. ([1973] 1975): Sprache in der sozialen Interaktion. München: List.

5. Bibliographie

Ciompi, Luc (1997): Die emotionalen Grundlagen des Denkens. Göttingen: Vandenhoeck & Ruprecht.

Csikszentmihaly, Mihalyi ([1975] 1996): Das flow-Erlebnis. Jenseits von Angst und Langeweile. Im Tun aufgehen. Stuttgart: Klett.

Csikszentmihaly, Mihalyi; Rochberg-Halton, Eugene ([1981] 1989): Der Sinn der Dinge. Das Selbst und die Symbole des Wohnbereichs. Weinheim: Psychologie Verlags Union.

Degenhardt, Annette (1979): Geschlechtstypisches Verhalten über die Lebensspanne. In: Degenhardt, Annette; Trautner, Hanns Martin (1979): Geschlechtstypisches Verhalten. Mann und Frau in psychologischer Sicht. München: Beck.

Delhees, Karlheinz (1975): Motivation und Verhalten. München: Kindler.

Diewald, Martin; Solgar, Heide (1995): Die feinen, aber deutlichen Unterschiede am Vorabend der Wende. In: Huining, Johannes u. a. (1995): Kollektiv und Eigensinn, Lebensverläufe in der DDR und danach. Berlin: Akademie-Verlag.

Dolto, Francoise ([1988] 1993): Scheidung. Wie ein Kind sie erlebt. Francoise Dolto im Gespräch mit Inès Angelino. Stuttgart: Klett Cotta.

Engler, Wolfgang (2000): Die Ostdeutschen. Kunde von einem verlorenen Land. 2. Aufl. Berlin : Aufbau-Taschenbuch-Verlag.

Enzensberger, Hans Magnus (1976): Von der Unaufhaltsamkeit des Kleinbürgers. Eine soziologische Grille. In: Kursbuch 45, 9/1976. 1-8.

Freud, Sigmund ([1900] 1942): Die Traumdeutung. Frankfurt: Fischer.

Friedrichs, Jürgen; Kamp, Klaus (1978): Methodologische Probleme des Konzeptes „Lebenszyklus". 175. In: Kohli, Martin (1978): Soziologie des Lebenslaufs. Darmstadt: Luchterhand. 173-190.

Fromm, Erich ([1976] 1981): Haben oder Sein. München: Deutscher Taschenbuch Verlag.

5. Bibliographie

Fuchs-Heinritz, Werner; Lautmann, Rüdiger; Rammstedt, Otthein; Weinold, Hanns (Hrsg.) ([1973] 1994): Lexikon zur Soziologie. Opladen: Westdeutscher Verlag.

Gaier, Otto R. (1988): <Manchmal mein' ich, ich hätt' auf der Welt nix verloren>. Scheidungskinder erzählen. Hamburg: Hoffmann und Campe.

Gauck, Joachim (1999): Stand der deutschen Einheit. Vortrag an der Hochschule Magdeburg-Stendal. In: Magdeburger Zeitung. 06.05.1999.

Geißler, Rainer (1996a): Die Sozialstruktur Deutschlands. Zur gesellschaftlichen Entwicklung mit einer Zwischenbilanz zur Vereinigung. Opladen: Westdeutscher Verlag. 2. Aufl..

Ibid (1996b): Sozialer Wandel. In: Weidenfeld, Werner; Korte, Karl-Rudolf (Hg.) (1996): Handbuch zur deutschen Einheit. Bonn: Bundeszentrale für politische Bildung. 621.

Gerhardt, Uta (1971): Rollenanalyse als kritische Soziologie. Neuwied und Berlin: Luchterhand.

---: Gesetzblatt (GBL). Gesetz über den Mutter- und Kinderschutz und die Rechte der Frau vom 27.9.1950 (GBL S. 1037) i. d. G. des Gesetzes zur Änderung vom 28.5.1958 (GBL I S. 416).

Glaser, Barney G.; Strauss, Anselm (1969): The Discovery of Grounded Theory. Strategies for qualitative Research. II. Generating Theory. 21-43. Chicago: Aldine Publishing Company.

Glick, Paul C ([1977] 1978): Neue Entwicklungen im Lebenszyklus der Familie. In: Kohli, Martin (1978): Soziologie des Lebenslaufs. Darmstadt: Luchterhand. 140-153.

Goffmann, Erwing (1961): Asylum-essays on the social situation of mental patients an other inmates. New York: Harmondsworth.

Ibid ([1963] 1994): Stigma. 11. Aufl. Frankfurt am Main: Suhrkamp.

5. Bibliographie

Ibid ([1974] 1993): Rahmen-Analyse. Ein Versuch über die Organisation von Alltagserfahrungen. 3. Aufl. Frankfurt/M.: Suhrkamp.

Gottman, John (1993): What predicts divorce? New York: Lawrence Erlbaum Associates.

Ibid (1994): Why marriages succeed or fail. New York: Simon and Schuster.

Grathoff, Richard (1981): Zur Bestimmung der soziologischen Struktur von Biographien. In: Matthes, Joachim; Pfeiffenberger, Arno; Stosberg, Manfred (Hg) :Biographie in handlungswissenschaftlicher Perspektive. Nürnberg: Verlag der Nürnberger Forschungsvereinigung.

Gripp, Helga (1979): Problemfeld Ehe – eine Fallanalyse. Stuttgart: Klett-Cotta.

Grottian, Peter (1991): Zwei radikale Vorschläge: Alternativer Solidaritätsvertrag und 500.000 `Ossis´ suchen sich selbst ihre gesellschaftlich finanzierten Arbeitsplätze! In: Grözinger, Gerd (1991): Probleme der Einheit. Marburg: Metropolis-Verlag. 97-105.

Gut, Peter (1993): Normative Regulierung von Arbeit. Zum Wandel betrieblicher Arbeitsbeziehungen in Unternehmen der ehemaligen DDR. Kurzstudie im Auftrag der Kommission für die Erforschung des sozialen und politischen Wandels in den neuen Bundesländern (KSPW) und Arbeitspapier der Arbeitsstelle Politik und Technik der Freien Universität Berlin. Nr. 1/1993.

Haase, Norbert u. a. (Hrsg.) (1993): VEB Nachwuchs. Jugend in der DDR. Reinbek: Rowohlt.

Habermas, Jürgen (1962): Strukturwandel der Öffentlichkeit. Neuwied: Luchterhand.

Ibid (1971a): Der Universalitätsanspruch der Hermeneutik. In: Hermeneutik und Ideologiekritik. Frankfurt/M.: Suhrkamp.

5. Bibliographie

Ibid (1971b): Vorbereitende Bemerkungen zu einer Theorie der kommunikativen Kompetenz. In: Habermas, Jürgen; Luhmann, Niklas (1971): Theorie der Gesellschaft oder Sozialtechnologie. Was leistet die Systemforschung? Frankfurt/M.: Suhrkamp. 101-121.

Ibid ([1976] 1982): Können komplexe Gesellschaften eine vernünftige Identität ausbilden? Langfassung der Hegelpreisrede vom 19.01.1974. In: Ibid (1982): Zur Rekonstruktion des Historischen Materialismus. Frankfurt/M.: Suhrkamp. 92-126.

Ibid (1981): Theorie des kommunikativen Handelns. Bd. 1. Frankfurt/Main: Suhrkamp.

Hagemann-White, Carol (1984): Sozialisation: Weiblich – männlich? Alltag und Biographie von Mädchen. Opladen: Leske + Budrich.

Hahlweg, K. (1986): Partnerschaftliche Interaktion. München: Röttger.

Ibid (1991): Störungen und Auflösungen von Beziehungen: Determinanten der Ehequalität und –stabilität. In: Melang, M.; Ahrens, H. J.; Bierhoff, H. W. (Hrsg.) (1991): Partnerwahl und Partnerschaft. Göttingen: Hohgrefe. 117-152.

Hampele, A. (1993): Arbeite mit, plane mit, regiere mit. – Zur politischen Partizipation von Frauen in der DDR. In: Helwig, Giesela; Nickel, Hildegard Maria (Hrsg.) (1993): Frauen in Deutschland 1945 bis 1992. Bonn: Schriftenreihe der Bundeszentrale für politische Bildung..

Hanke, I. (1995): Sozialstruktur und Gesellschaftspolitik im SED-Staat und ihre geistig-seelischen Folgen. In: Materialien (1995): Bd. III, 2.

Harvey, J. H.; Agostinelli, G.; Weber, A. L. (1989): Account-making and the formation of expectations about close relationships. In: Hendrick, C. (1989): Close relationships. Review of personality and social psychologie, 10. 39-62. London: Sage.

5. Bibliographie

Harvey, J. H.; Orbuch, T. L.; Weber, A. L. (Hg.) (1991): Attributions, accounts and close relationship. New York: Springer.

Heilmann, Christa M. (1993): Geschlechtsspezifische Aspekte des Zurückweisens. In: Pawlowski, Klaus (Hg.): Sprechen, hören, sehen. Sprache und Sprechen. Bd. 26. München, Basel: Reinhardt. 72-80.

Heinemeier, Siegfried; Matthes, Joachim; Pawelcik, Cornelia; Robert, Günter (1981): Arbeitslosigkeit und Biographie-Konstruktion. Bericht über ein laufendes Forschungsprojekt. In: Matthes, J.; Pfeiffenberger, A.; Stosberg, M. (Hg.): Biographie in handlungswissenschaftlicher Perspektive. Nürnberg: Verlag der Nürnberger Forschungsvereinigung. 169-189.

Helwig, Giesela (1987): Frau und Familie. Bundesrepublik Deutschland-DDR. Köln.

Ibid (1995): Frauen im SED-Staat. In: Materialien (1995): Band III, 2.

Helwig, Giesela; Nickel, Hildegard Maria (Hrsg.) (1993): Frauen in Deutschland 1945 bis 1992. Bonn: Schriftenreihe der Bundeszentrale für politische Bildung..

Hentschel, Uwe; Hickel, Ulrike (1984): Familienbeziehungen: Eine Untersuchung mit sozialpsychologischer und diagnostischer Fragestellung zu Selbstbild, Interpersoneller Wahrnehmung und Kommunikation in der Familie. In: Hentschel, Uwe; Wigand, Andrea (1984): Persönlichkeitsmerkmale und Familienstruktur. München: Weixler. 71-122.

Herber, Hans-Joerg (1976): Motivationspsychologie. Stuttgart: Kohlhammer.

Herbst, Andreas; Ranke, Winfried; Winkler, Jürgen (1994): So funktionierte die DDR. Bd. 1. Reinbek: Rowohlt.

Herlth, Alois (1989): Problembehandlung im Familienalltag. Strukturen, Bedingungen, Grenzen. In: Bertram, H. et al (Hrsg.) (1989): Blickpunkt Jugend und Familie. München: Juventa. 533-554.

5. Bibliographie

Ibid (1994): Was macht Familien verletzlich? In: Herlth, Alois; Brunner, Ewald Johannes (Hrsg.) (1994): Abschied von der Normalfamilie. Heidelberg: Springer.

Hertle, Hans-Hermann; Junkernheinrich, Martin; Koch, Willy; Nooke, Günter (1998): Vom Ende der DDR-Wirtschaft zum Neubeginn in den ostdeutschen Bundesländern. Sonderauflage für die Landeszentrale für politische Bildung des Landes Sachsen-Anhalt (Hrsg.). Hannover.

Hildenbrand, Bruno (1983): Alltag und Krankheit. Ethnographie einer Familie. Stuttgart: Klett-Cotta.

Hille, Barbara (1985): Familie und Sozialisation in der DDR. Opladen: Leske und Budrich.

Hilmer, Rita (1995): Übersiedler aus der DDR (Tabellen). In: Materialien 1995. Bd. VII, 1.

Huinik, Johannes; Mayer, Karl Ulrich (1993): Lebensläufe im Wandel der DDR-Gesellschaft. In: Joas, Hans; Kohli, Martin (1993): Der Zusammenbruch der DDR. Frankfurt/Main: Suhrkamp.

Hockerts, Hans Günter (1994): Grundlinien und soziale Folgen der Sozialpolitik in der DDR. In: Kaelble, Hartmut u. a. (Hrsg.) (1994): Sozialgeschichte der DDR. Stuttgart: Klett-Cotta. 519-546.

Horkheimer, Max ([1936] 1968): Autorität und Familie. Paris. Neuauflage o. O. Raubdruck.

Hoff, Ernst-Hartmut (1982): Probleme empirischer Studien zum Zusammenhang von Arbeitswelt und familialer Sozialisation. In: Vaskovics, Laszlo A. (1982): Umweltbedingungen familialer Sozialisation. Stuttgart: Enke. 58-72.

Hübner, Peter; Tenfelde, Klaus (Hrsg.) (1999): Arbeiter in der SBZ-DDR. 1. Aufl. Essen: Klartext-Verlag.

5. Bibliographie

Jahoda, Marie (1983): Wieviel Arbeit braucht der Mensch? Arbeit und Arbeitslosigkeit im 20. Jahrhundert. M. e. Vorw. v. Willy Brandt. Weinheim, Basel: Beltz.

Jahoda, Maria; Lazarsfeld, Peter ([1933] 1978): Die Arbeitslosen von Marienthal. Frankfurt/M.: Suhrkamp.

Jessen, Ralph (1995): Die Gesellschaft im Staatssozialismus. Probleme einer Sozialgeschichte der DDR. In: Geschichte und Gesellschaft 21. (1995). 96-110.

Jucknat, Margarete (1987): Leistung, Anspruchsniveau und Selbstbewußtsein. In: Ibid: Erfolg oder Mißerfolg. Darmstadt: Wissenschaftliche Buchgesellschaft. 103-162.

Jung, Carl Gustav (1909): Die Bedeutung des Vaters für das Schicksal des Einzelnen. In: Ibid (1971): Der Einzelne in der Gesellschaft. Olten: Walter.

Kaelble, Hartmut u. a. (Hrsg.) (1994): Sozialgeschichte der DDR. Stuttgart: Klett-Cotta.

Kaufmann, Franz-Xaver (1970): Sicherheit als soziologisches und sozialpolitisches Problem. Stuttgart: Enke.

Keller, Evelyn Fox (1986): Liebe, Macht und Erkenntnis. Männliche und weibliche Wissenschaft. München: Hanser.

Klann, N.; Hahlweg, K.; Hank, G. (1992): Deutsche Validierung des <Martial satisfaction inventory> (MSI von Snyder (1981). System Familie. No. 5.

Kleßmann, Christoph (1991): Die Beharrungskraft traditioneller Milieus in der DDR. 146-54. In: Hettling, Martin (1991): Was ist Gesellschaftsgeschichte? München: Beck.

Kleßmann, Christoph; Wagner, Georg (1991): Das gespaltene Land. Leben in Deutschland 1945 – 1990. München: Beck.

Kluth, Heinz (1957): Sozialprestige und sozialer Status. Stuttgart: Enke.

5. Bibliographie

Kohli, Martin (1981): Biographische Organisation als Handlungs- und Strukturproblem. Zu Fritz Schütze: Prozeßstrukturen des Lebensablaufs. In: Matthes, Joachim; Pfeifenberger, Arno; Stoßberg, Manfred (Hg.): Biographie in handlungswissenschaftlicher Perspektive. Kolloquium am Sozialwissenschaftlichen Forschungszentrum der Universität Erlangen-Nürnberg. Nürnberg: Verlag der Nürnberger Forschungsvereinigung. 157-168.

Ibid (1986): Gesellschaftszeit und Lebenszeit. In: Berger, Johannes (Hrsg.): Die Moderne – Kontinuitäten und Zäsuren. Sonderband 4 der Sozialen Welt (1986): Göttingen: Otto Schwartz & Co. 183-208.

Ibid (1994): Die DDR als Arbeitsgesellschaft? Arbeit, Lebenslauf und soziale Differenzierung. In: Kaelble, Hartmut; Kocka, Jürgen; Zwahr, Hartmut (Hrsg.): Sozialgeschichte der DDR. Stuttgart: Klett-Cotta. 31-61.

Krech, David; Crutchfield, Richard Stanley; Ballachey, Egerton L. (1962): Individual in society. New York: Mc Graw-Hill.

Krug, Manfred (1998): Abgehauen. München/Düsseldorf: Econ.

Le Doux, Joseph E. (1993): Emotional memory systems in the brain. In: Behavioural Brain Research.No. 58. 69-79.

Lee (1973): Codifications of reality. Lineal and non-lineal. In: Urstein. 128. Zitiert nach: Rogers, Carl R.; Rosenberg, Rachel L. ([1977] 1980): Die Person als Mittelpunkt der Wirklichkeit. Stuttgart: Klett Cotta. 66.

Lepsius, Rainer M. (1994): Die Institutionenordnung als Rahmenbedingungen der Sozialgeschichte der DDR. In: Kaelble, Hartmut u. a. (Hrsg.) (1994): Sozialgeschichte der DDR. Stuttgart: Klett-Cotta.17-30.

Levenson, Robert; et al (1994): The influence of age and gender on affect, physiology and their interrelations: A study of longterm marriages. In: Journal of personality and social psychology. 67/1994.

5. Bibliographie

Levenson, Robert; Ruef, Anna (1992): Empathy: A physiological substrate. In: Journal of personality an social psychology. 63.

Luhmann, Niklas (1968): Vertrauen. Ein Mechanismus der Reduktion sozialer Komplexität. Stuttgart: Enke.

Ibid ([1970] 1974): Reflexive Mechanismen. In: Ibid: Soziologische Aufklärung. Bd. 1. Opladen: Westdeutscher Verlag. 92-112.

Ibid (1985): Zum Begriff der sozialen Klasse. In: Ibid: Soziale Differenzierung. Opladen: Westdeutscher Verlag. 119-162.

Ibid (2000): Organisation und Entscheidung. Opladen: Westdeutscher Verlag.

Lüscher, Max (1991): Die Lüscher Würfel. Düsseldorf/Wien: Econ.

Mc Grath, J. E. (1964): Social Psychology: A brief introduction. New Jersey: Holt. Rinehart & Winston.

Mannheim, Karl ([1921/22] 1964): Beiträge zur Theorie der Weltanschauungsinterpretation. In: ibid: Wissenssoziologie. Neuwied + Berlin: Luchterhand. 116-129.

Ibid ([1928)] 1964): Das Problem der Generationen. In: ibid (1964): Wissenssoziologie. Berlin/Neuwied: Luchterhand. 509-565.

Ibid ([1922-25 unveröffentl. Manuskript] 1980): Strukturen des Denkens. Frankfurt/M.: Suhrkamp.

Manz, Günter (1992): Armut in der „DDR" - Bevölkerung. Lebensstandard und Konsumtionsniveau. Augsburg: Marco-Verlag.

Marz, Lutz (1992): Dispositionskosten des Transformationsprozesses. Werden mentale Orientierungsnöte zum wirtschaftlichen Problem. In: Aus Politik und Zeitgeschichte. B 24/92. 5.6.1992. 13ff.

Mattes, Martin (1999): Vom Ich der Küche zum Wir des Kollektivs. Zur Geschichte der Hausfrauenbrigaden. In: Zeitschrift für Sozialgeschichte des 20. und 21. Jahrhunderts 2. 36-61.

Matthes, Joachim (1978): Wohnverhalten, Familienzyklus und Lebenslauf. In: Kohli, Martin (1978): Soziologie des Lebenslaufs. Darmstadt/Neuwied: Luchterhand. 154-172.

Matthes, Joachim; Schütze, Fritz ([1973] 1976): Zur Einführung: Alltagswissen, Interaktion und gesellschaftliche Wirklichkeit. In: Arbeitsgruppe Bielefelder Soziologen (Hg.) ([1973] 1976): Alltagswissen, Interaktion und gesellschaftliche Wirklichkeit, Bd. 2. Reinbek: Rowohlt. 11-53.

Mead, George Herbert ([1934] 1995): Geist, Identität und Gesellschaft aus der Sicht des Sozialbehaviorismus. Frankfurt/Main: Suhrkamp.

Mecke, Irmtraut (2001): Partnerschaftliche Interaktionsprozesse arbeitsloser Frauen oder verändert die Arbeitslosigkeit der Frau die partnerschaftliche Interaktion und die Partnerschaft? Diss. Berlin.

Merkel, Ina (1996): Der aufhaltsame Aufbruch in die Konsumgesellschaft. In: Neue Gesellschaft für bildende Kunst (Hrsg.) (1996): Wunderwirtschaft. Köln: Böhlau. 8-20.

Merton, Robert King (1965): Die Eigendynamik gesellschaftlicher Voraussagen. In: Topitsch, Ernst (1970): Logik der Sozialwissenschaften. Köln: Kiepenheuer & Witsch.

Meulemann, Heiner; Reuband, Karlheinz (1984): Soziale Realität im Interview. Frankfurt/Main/New York: Campus.

Mitscherlich, Alexander; Mitscherlich, Margarete ([1967] 1969): Die Unfähigkeit zu trauern. Grundlagen kollektiven Verhaltens. München: Piper.

Mitscherlich, Margarete (1978): Das Ende der Vorbilder. München: Piper.

5. Bibliographie

Mollenhauer, Klaus; Brumlik, Micha; Wudtke, Hubert (1979): Kommunikations- und interaktionstheoretische Analysen zur Sozialisationsleistung der Familie. In: Cloer, Ernst (Hr.) (1979): Familienerziehung. Bad Heilbrunn: Klinkhardt.

Nickel, Hildegard Maria (1995): Frauen im Umbruch der Gesellschaft. Die zweifache Transformation in Deutschland und ihre ambivalenten Folgen. In: Aus Politik und Zeitgeschichte. B 36/71995. 23-33.

Ibid (1993): Mitgestalterinnen des Sozialismus –Frauenarbeit in der DDR. In: Helwig, Giesela; Nickel, Hildegard Maria (Hrsg.) (1993): Frauen in Deutschland 1945 bis 1992. Berlin: Akademie-Verlag. 233-256.

Nisbett, R. E.; Ross, L. (1980): Human inference: strategies and shortcomings of social judgement. New York/Englewood Cliffs, N.J.: Prentice Hall.

Nolen-Hoeksema, S. (1987): Sex differences in unipolar depression. Evidence and theory. In: Psychological Bulletin. No. 101. 259-282.

o. A. (1978): Arbeitsgesetzbuch der DDR. Berlin: Staatsverlag der DDR.

o. A. (1961): Die Frau. Kleine Enzyklopädie. Leipzig: Bibliographisches Institut. 6. Aufl. 1967.

Oldemeyer, Helmut (1979): Zum Problem der Umwertung von Werten. In: Klages, Helmut; Kmieciak, Peter (1979): Wertewandel und gesellschaftlicher Wandel. Frankfurt/M:Campus. 597-617.

Oppermann, Katrin; Weber, Erika (1995): Frauensprache – Männersprache. Die verschiedenen Kommunikationsstile von Männern und Frauen. Zürich: Füssli.

Pankoke, Eckart (1984): Gesellschaftlicher Wandel und soziale Werte. Kurseinheit 1: Gesellschaftlichkeit von Wertorientierungen: Norm und Wert, Bedarf und Bedürfnis, Sinn und System. Fernuniversität Hagen, Fachbereich Erziehungs-, Sozial- und Geisteswissenschaften.

5. Bibliographie

Parin, Paul (1978): Der Widerspruch im Subjekt. Frankfurt/M.: Syndikat 117. Zitiert nach Richter, Horst-Eberhart (1995): Bedenken gegen Anpassung: Psychoanalyse und Politik. Hamburg: Hoffmann & Campe.

Ibid (1981): Erfahrungen mit der Psychoanalyse bei der Erfassung gesellschaftlicher Wirklichkeit. Wien: Verlag des Verbandes der Wissenschaftlichen Gesellschaft Österreichs.

Parow, Eduard (1973): Die Dialektik des symbolischen Austauschs. Frankfurt/M.: Europäische Verlagsanstalt.

Parsons, Talcott (1986): Aktor, Situation und normative Muster. Ein Essay zur Theorie sozialen Handelns. Frankfurt/M.: Suhrkamp.

Pearlin, L.; Liebermann, M. (1979): Social sources of emotional distress. In: Simmons, Roberta G. (Ed.): Research in community and mental health. An annual compilation of research. Greenwich, Conn.: Jai Press.

Ibid (1988): Martial status, life-strains and depression. In: American Sociological Review. Nr. 42. 704-15.

Piaget, Jean ([1975] 1976): Die Äquilibration der kognitiven Strukturen. Stuttgart: Klett.

Prokopp, Ulrike (1977): Weiblicher Lebenszusammenhang. Von der Beschränktheit der Strategien und der Unangemessenheit der Wünsche. Frankfurt/M.: Suhrkamp.

Pruitt, D. G. (1968): Reciprocity and credit building in a laboratory dyad. In: Journal of personality and social psychology, Nr. 8.

Rehbein, Jochen (1982): Biographisches Erzählen. In: Lämmert, Eberhard (Hg.): Erzählforschung. Stuttgart: Metzler. 51-73.

Richter, Horst-Eberhard (1970): Patient Familie. Entstehung, Struktur und Therapie von Konflikten in Ehe und Familie. Reinbek: Rowohlt.

5. Bibliographie

Ibid (1995): Bedenken gegen Anpassung. Psychoanalyse und Politik. Hamburg: Hoffmann & Campe.

Riessmann, Catherine Kohler (1990): Divorce Talk. Woman and men make sence of personal relationships. New Brunswick (NL): Rutgers University Press.

Roethe, Thomas (1999): Arbeiten wie bei Honecker, leben wie bei Kohl. Ein Plädoyer für das Ende der Schonfrist. Frankfurt/M.: Eichborn.

Rogers, Carl R.; Rosenberg, Rachel L. ([1977] 1980): Die Person im Mittelpunkt der Wirklichkeit. Stuttgart: Klett Cotta.

Roggendorf, Giesela (1992): Denkformen von Mann und Frau. Bielefeld: Roggendorf.

Ross, C. E.; Morowsky, J. (1988): Child care and emotional adjustment to wives' employment. In: Journal of health and social behavior. 29. 127-138.

Roth, Roland (1987): Kommunikationsstrukturen und Vernetzungen in neuen sozialen Bewegungen. In: Roth, Roland (Hrsg.) (1987): Neue soziale Bewegungen in der Bundesrepublik. Frankfurt/Main: Campus. 68-88.

Rühle-Gerste, Alice (1932/ 1972): Die Frau im Kapitalismus. Nachdruck. Frankfurt/Main: Verlag Neue Kritik.

SAPMO. Stiftung Archive der Parteien und Massenorganisationen der DDR im Bundesarchiv. u. a. DSF, FDGB, FDJ, SED, DY 24/8566; FDJ-Bestand. Berlin.

Schelsky, Helmut ([1957] 1983): Die skeptische Generation. Frankfurt/M.: Econ.

Scholz, Horst (1966): Die Beziehungen zwischen Umfang und Struktur der Freizeit der Frauen und dem Verbrauch von Waren sowie Dienstleistungen. Unveröff. Diss. an der Hochschule für Ökonomie Berlin (DDR). (Zitiert nach Merkel, Ina: a.a. O.)

Scholze, Siegfried (1986): Zur Rolle der Frau in der Geschichte der DDR. Eine Chronik. Leipzig.

5. Bibliographie

Schütz, Alfred ([1962] 1971): Gesammelte Aufsätze. Bd. 1. Das Problem der sozialen Wirklichkeit. Den Haag: Nijhoff.

Ibid (1962): Collected papers. Bd. 1. Den Haag: Nijhoff.

Ibid ([1964] 1972): Gesammelte Aufsätze. Bd. 2. Das Problem der sozialen Wirklichkeit. Den Haag: Nijhoff.

Schroeder, Klaus (1998): Der SED-Staat, Partei, Staat und Gesellschaft 1949-1990. München: Hanser.

Schütze, Fritz (1977): Die Technik des narrativen Interviews in Interaktionsfeldstudien – dargestellt an einem Projekt zur Erforschung von kommunalen Machtstrukturen. Universität Bielefeld, Fakultät für Soziologie: Arbeitsberichte und Forschungsmaterialien, Nr. 1. Bielefeld.

Ibid (1981): Prozeßstrukturen des Lebensablaufs. In: Matthes, Joachim; Pfeifenberger, Arno; Stoßberg, Manfred (Hg.) (1981): Biographie in handlungswissenschaftlicher Perspektive. Kolloquium am Sozialwissenschaftlichen Forschungszentrum der Universität Erlangen-Nürnberg. Nürnberg: Verlag der Nürnberger Forschungsvereinigung. 67-156.

Ibid (1982): Narrative Repräsentation kollektiver Schicksalsbetroffenheit. In: Lämmert, Eberhard (Hg.): Erzählforschung. Stuttgart: Metzler.

Ibid (1983): Biographieforschung und narratives Interview. In: Neue Praxis. Heft 3. 283-293.

Ibid (1987): Das narrative Interview in Interaktionsfeldstudien: Erzähltehoretische Grundlagen. Studienbrief der Fernuniversität Hagen. Teil I. Merkmale von Alltagserzählungen und was wir mit ihrer Hilfe erkennen können. Hagen.

Selbach, C. (1996): Reisen nach Plan. Der Feriendienst des Freien Deutschen Gewerkschaftsbundes. In: Stiftung Haus der Geschichte der Bundesrepublik Deutschland (Hrsg.) (1996): Endlich Urlaub! Die Deutschen reisen. Köln.

Shorter, E. (1983): Die Geburt der Familie. Reinbek: Rowohlt.

5. Bibliographie

Silbermann, Alphons (1963): Vom Wohnen der Deutschen. Eine soziologische Studie über das Wohnerlebnis. Köln und Opladen: Westdeutscher Verlag.

Sillars, A. L. (1985): Interpersonal perception in relationships. In: Ickes, W. (Hg.) (1985): Compatible and incompatible relationships. New York: Springer. 277-305.

Singly, Francois de ([1993] 1994): Die Familie der Moderne. Konstanz: Universitätsverlag.

Soeffner, Hans-Georg (1986): Emblematische und symbolische Formen der Orientierung. In: ibid: Sozialstruktur und soziale Typik. Frankfurt/Main: Campus. 1-30.

Soest, Marja (1990): Kan alleen een vrouw zich in een vrouw verplaatsen? In: Opzij, 2/1990, 44-7.

Starke, Kurt (1979): Jugend im Studium. Zur Persönlichkeitsentwicklung von Hochschulstudenten. Berlin (Ost): Dt. Verlag der Wissenschaften.

Statistische Jahrbuch. 1995.

Statistisches Jahrbuch der DDR 1990. Berlin.

Statkowa, Susanne (1974): Die Frau im Sozialismus. Informationen, Fakten, Zahlen über die Gleichberechtigung der Frauen in der DDR. Berlin: Dt. Verlag der Wissenschaften.

Steiner, André (1999): Die DDR-Wirtschaftsreform der sechziger Jahre. Konflikt zwischen Effizienz- und Machtkalkül. Berlin: Akademie Verlag.

Steinkamp, Günther (1979): Selegierende Sozialisationsprozesse in der Familie. In: Cloer, Ernst (Hg.) (1979): Familienerziehung. Bad Heilbrunn: Klinkhardt.

5. Bibliographie

Steinkamp, Günther; Stief, Wolfgang H. (1978): Lebensbedingungen und Sozialisation. Die Abhängigkeit von Sozialisationsprozessen in der Familie von ihrer Stellung im Verteilungssystem ökonomischer, sozialer und kultureller Ressourcen und Partizipationschancen. U. Mitarbeit von Zwingmann, Marita. Opladen: Westdeutscher Verlag.

Stiemerling, Dietmar (1986): Gestörte Zweierbeziehung. Der Hunger nach Verständnis und der Schmerz des Nichtverstandenseins. München: Pfeiffer.

Stierlin, Helm (1971): Das Tun des Einen ist das Tun des Anderen. Frankfurt/M.: Suhrkamp.

Stöckmann, Peter (1971): Zur Entwicklung der Heimwerkerbewegung in der DDR. In: Marktforschung 10. Heft 2.

Strehmel, Petra (1992): Mutterschaft und Berufsbiographieverlauf; Entwicklungskonsequenzen bei jungen Akademikerinnen. In: Brüderl, Leokadia; Paetzold, Bettina (Hrsg.) (1992): Frauenleben zwischen Beruf und Familie. Weinheim/ München: Juventa. 71ff.

Tannen, Deborah ([1986] 1992): Das hab´ ich nicht gesagt! Kommunikationsprobleme im Alltag. Hamburg: Kabel.

Ibid ([1990] 1991): Du kannst mich einfach nicht verstehen. Hamburg: Kabel.

Tenfelde, Klaus (1999): Konsummuster. In: Hübner, Peter; Tenfelde, Klaus (Hrsg.) (1999): Arbeiter in der SBZ-DDR. 1. Aufl. Essen: Klartext-Verlag. 527-553.

Teruel, Guilermo (1966): Neue Wege der Diagnose und Behandlung von Ehekonflikten. In: Psyche (1966). 20. Jahrg. 600-621.

Trappe, Heike (1995): Emanzipation oder Zwang? Frauen in der DDR zwischen Beruf, Familie und Sozialpolitik. Berlin: Akademie-Verlag.

5. Bibliographie

Trautner, Hanns Martin (1979): Psychologische Theorien der Geschlechtsrollenentwicklung. In: Degenhardt, Annette; Trautner, Hanns Martin (1979): Geschlechtstypisches Verhalten. Mann und Frau in psychologischer Sicht. München: Beck.

Trefz-Winter, Elke (1975): Kommunikation in der Familie. Stuttgart: Klett.

Voigt, Dieter (1985): Arbeitsbeziehungen in der DDR. In: Endruweit, Günter u. a. (Hrsg.) (1985): Handbuch der Arbeitsbeziehungen, Deutschland, Österreich, Schweiz. Berlin.

Vonderach, Gerd; Siebers, Ruth; Barr, Ullrich (1992): Arbeitslosigkeit und Lebensgeschichte: eine empirische Untersuchung unter jungen Langzeitarbeitslosen. Opladen: Leske + Budrich.

Vortmann, H. (1989): Die soziale Sicherheit in der DDR. In: Weidenfeld, Werner; Zimmermann, H. (Hrsg.): Deutschland-Handbuch. Eine doppelte Bilanz 1949-1989. München: Hanser.

Wagner, Wolf (1999): Kulturschock Deutschland. Der zweite Blick. Hamburg: Rotbuch.

Watzlawick, Paul; Beavin, Janet H.; Jackson, Den D. ([1967] 1993): Menschliche Kommunikation. Bern: Huber.

Watzlawick, Paul; Weakland, John H.; Fisch, Richard (1974): Lösungen. Bern: Huber.

Wehler, Hans-Ulrich (2000): Emotionen in der Geschichte. Sind soziale Klassen auch emotionale Klassen? In: Dipper, Christof (2000): Europäische Sozialgeschichte. Festschrift für Wolfgang Schieder. Berlin: Duncker und Humblot. 461-484.

Weinberg, Richard B.; Mauksch, Larry B. (1991): Examining family-of-origin influences in life at work. In: Journal of marital and familiy therapy. Vol. 17, No. 3. 233-242.

5. Bibliographie

Weizsäcker, Victor Frhr. (1923): Das Antalogische. Psychologische Forschung Bd. III. 302. Zit. nach Mannheim, Karl (1980): Strukturen des Denkens. Frankfurt/M.: Suhrkamp .317 ff.

Wierling, Dorothee (1999): Das Weiblich-proletarische Tüchtigkeitsideal der DDR. 831-848. In: Hübner, Peter; Tenfelde (Hrsg.) (1999): Arbeiter in der SBZ-DDR.1. Aufl. Essen: Klartext-Verlag.

Wilbertz, Norbert (1966): Man kennt sich, man trennt sich. Von den Ursachen der Partnerschaftskrisen und den Chancen einer Lösung. In: Busch, Friedrich, W.; Nave-Herz, Rosemarie (1966): Ehe und Familie in Krisensituationen. Oldenburg: Isensee.

Winkler, Gunnar (1990): Sozialreport '90, Daten und Fakten zur sozialen Lage in der DDR. Berlin (Ost): Verlag Die Wirtschaft.

Wirtschaft und Statistik (1993).

Wolf, W. (1987): Alltagsbelastung und Partnerschaft. Eine empirische Untersuchung über Bewältigungsverhalten. Freiburg, Schweiz: Universitätsbuchhandlung.

WZB (1991): Sozialreport 1990. Berlin.

Zahlmann-Willenbacher, Barbara (1979): In: Degenhardt, Annette; Trautner, Hanns Martin (1979): Geschlechtstypisches Verhalten. Mann und Frau in psychologischer Sicht. München: Beck.

Zapf, Wolfgang u. a. (1993): Eine demographische Revolution in Ostdeutschland? In: Informationsdienst sozialer Indikatoren (1993): Nr. 10., Juli. 1-5.

Zilch, D. (1996): Wer war die FDJ? In: Timmermann, Heiner (Hrsg.) (1996): Diktaturen in Europa im 20. Jahrhundert – Der Fall DDR. Berlin: Duncker und Humblot.

5. Bibliographie

Zimmermann, Hartmut (1987): Die Arbeitsverfassung der DDR. In: Bundesministerium für innerdeutsche Beziehungen (Hrsg.) (1987): DDR-Handbuch. Köln: Verlag für Wissenschaft und Politik.

Zwahr, Hartmut (1994): Umbruch durch Ausbruch und Aufbruch. Die DDR auf dem Höhepunkt der Staatskrise 1989. 426-465. In: Kaelble, Hartmut, u. a. (Hrsg.) (1994): Sozialgeschichte der DDR. Stuttgart: Klett-Cotta.